权威·前沿·原创

皮书系列为

“十二五”“十三五”国家重点图书出版规划项目

智库成果出版与传播平台

中国冬季奥运会发展报告（2019）

REPORT ON WINTER OLYMPICS DEVELOPMENT IN CHINA (2019)

主　编／伍　斌　魏庆华　张鸿俊　于　洋
执行主编／赵昀昀

社会科学文献出版社
SOCIAL SCIENCES ACADEMIC PRESS (CHINA)

图书在版编目（CIP）数据

中国冬季奥运会发展报告. 2019 / 伍斌等主编. --
北京：社会科学文献出版社，2020.3
（冰雪蓝皮书）
ISBN 978-7-5201-6235-7

Ⅰ.①中… Ⅱ.①伍… Ⅲ.①冬季奥运会-影响-中国经济-经济发展-研究报告-2019 Ⅳ.①G811.212 ②F124

中国版本图书馆 CIP 数据核字（2020）第 031418 号

冰雪蓝皮书
中国冬季奥运会发展报告（2019）

主　　编／伍　斌　魏庆华　张鸿俊　于　洋
执行主编／赵昀昀

出 版 人／谢寿光
组稿编辑／邓泳红　吴　敏
责任编辑／王　展　柯　宓

出　　版／社会科学文献出版社·皮书出版分社（010）59367127
地址：北京市北三环中路甲 29 号院华龙大厦　邮编：100029
网址：www.ssap.com.cn
发　　行／市场营销中心（010）59367081　59367083
印　　装／天津千鹤文化传播有限公司

规　　格／开　本：787mm×1092mm　1/16
印　张：14.75　字　数：218 千字
版　　次／2020 年 3 月第 1 版　2020 年 3 月第 1 次印刷
书　　号／ISBN 978-7-5201-6235-7
定　　价／128.00 元

《中国冬季奥运会发展报告（2019）》
编　委　会

北京卡宾冰雪产业研究院

北京卡宾冰雪产业研究院是由北京卡宾滑雪集团成立的专门从事冰雪产业研究的智库。北京卡宾滑雪集团创立于2010年，是中国滑雪场“一站式服务”品牌，也是国内首家滑雪产业综合服务商。集团深耕滑雪产业数十年，于2017年12月获“北京市体育产业示范单位”称号，2018年1月获国家体育总局颁发的“体育产业研究基地”称号，为研究院提供专业与科学的平台支撑。北京卡宾冰雪产业研究院依托北京卡宾滑雪集团在中国冰雪产业领域丰富的实践经验、领先的技术优势和业内实力地位，旨在搭建一个集产业规划实践与研究、咨询服务与人才培养于一体的开放、创新、前沿的冰雪产业智库平台。

北京卡宾冰雪产业研究院围绕中国冰雪产业发展中的重大问题与战略性问题，对冰雪产业的政府规划、发展定位、产业体系和产业链、产业结构、空间布局、经济社会环境影响、市场运营、产业可持续发展等做出系统性的科学调查和分析研究。研究院组建了一支专业的研究团队，团队成员包括资深中外行业专家、高级咨询顾问和研究员、技术专家、场地规划设计专家以及中国首位滑雪冠军，平均行业经验超过10年。团队成员参与了冬奥会相关业务，如冬奥会人员培训工作、冬奥会场地规划等。

北京卡宾冰雪产业研究院与中国滑雪协会、新浪网冰雪频道、环球网滑雪频道、中国青年网等专业机构和媒体建立了战略合作关系，形成了“产学研媒”一体化的现代研究体系，加速推动研究成果转化，实现了理论、产品与产业的协同创新。

2016~2018年，北京卡宾冰雪产业研究院连续三年出版“冰雪蓝皮书”系列，含《中国滑雪产业发展报告》、《中国冰上运动产业发展报告》与

《中国冬季奥运会发展报告》；2017 ~ 2019 年，连续三年协助出版《中国滑雪产业白皮书》；2016 ~ 2019 年，连续四年协助出版《全球滑雪市场报告》（中文版）；协助出版《中国·阿勒泰国际古老滑雪文化论坛报告》《雪·鉴——人类滑雪的摇篮》等滑雪文化历史研究领域专业报告。除此之外，编制《2017 年北京市冰雪产业发展白皮书》《河北省冰雪产业发展规划（2018 ~ 2025 年）》《抚顺市冰雪产业发展规划（2018 ~ 2025 年）》《张家口市冰雪运动培训体系建设规划（2019 ~ 2022 年）》《全球冰雪运动培训行业研究报告》等多项冰雪产业发展报告。

主要编撰者简介

伍　斌　北京雪帮雪业企业管理有限公司创始人及CEO，北京市滑雪协会副主席，北京市石景山区冰雪体育顾问，《中国滑雪产业白皮书》主要撰稿人，北京体育大学特聘专家讲师，北华大学客座教授，曾任北京卡宾滑雪集团总裁。长期致力于推动中国滑雪产业发展，对国际国内滑雪产业有深入的研究。主编了2015～2019年度《中国滑雪产业白皮书》、2016～2018年度《中国滑雪产业发展报告》、《中国冬季奥运会发展报告（2017）》，参与编写了《中国冰上运动产业发展报告（2017）》，以及《张家口市冰雪运动培训体系建设规划（2019～2022年）》《全球冰雪运动培训行业研究报告》《我国冰雪产业发展现状及国际比较研究》《全国冰雪运动发展规划（2016～2025年）》《全国冰雪场地设施建设规划（2016～2022年）》《河北省冰雪产业发展规划（2018～2025年）》《抚顺市冰雪产业发展规划（2018～2025年）》等多项冰雪产业政府报告，参与编译了2016～2018年度《全球滑雪市场报告》（中文版）。

魏庆华　资深滑雪场管理专家，中雪众源（北京）投资咨询有限责任公司董事长。从事滑雪行业的高级管理和运营工作近30年。主编了2016～2018年度《中国滑雪产业发展报告》，参与编写了2015～2018年度《中国滑雪产业白皮书》、《体育场所开放条件与技术要求》的“第6部分：滑雪场所”、《全国冰雪运动发展规划（2016～2025年）》、《全国冰雪场地设施建设规划（2016～2022年）》等。作为资深的滑雪运动专家，全程参与了北京携手张家口申办2022年冬奥会的工作。

张鸿俊 北京卡宾滑雪集团董事长，黑龙江冰雪产业研究所滑雪场设备运营与管理客座教授，中国最早最大的滑雪场——亚布力滑雪场的开拓者、建设者、管理者。主要研究方向为中国造雪系统的技术与设备研发。已成功研发国产人工造雪机，为业内公认的中国滑雪设备技术专家、中国造雪系统专家。主编了《滑雪去：跟着冠军学滑雪》、2016～2018年度《中国滑雪产业发展报告》、《中国冰上运动产业发展报告（2017）》、《中国冬季奥运会发展报告（2017）》，同时参与冬奥会相关业务。

于　洋 北京卡宾滑雪集团副总裁，中国滑雪文化研究的践行者，投身冰雪行业近10年，专注于滑雪场规划与落地、冰雪文化及其传承与创新、冰雪产业资源整合等方面的研究。积极参与国内外冰雪文化、冰雪产业论坛与学术研讨会，并多次前往奥地利、意大利、挪威、芬兰、瑞典、德国等地交流探讨滑雪文化发展历史及从事与滑雪相关的历史文化研究。开创了具有中国特色的冰雪旅游产品设计、雪场品牌形象包装、雪场大型活动策划等全方位一体化的服务模式，并立足于雪场经营者角度，潜心研究不断探索适合中国冰雪产业未来发展的全新服务理念。

赵昀昀 北京卡宾冰雪产业研究院研究员，参与编写“冰雪蓝皮书”系列——《中国滑雪产业发展报告》《中国冬季奥运会发展报告》《中国冰上运动产业发展报告》，以及《中国滑雪产业白皮书》等多项中国冰雪产业研究报告，《人类滑雪的太阳最先从阿勒泰升起》《雪·鉴——人类滑雪的摇篮》《冬奥来了——冠军从零教滑雪》等多项冰雪文化研究报告，《2017年北京市冰雪产业发展白皮书》《河北省冰雪产业发展规划（2018～2025年）》《抚顺市冰雪产业发展规划（2018～2025年）》《张家口市冰雪运动培训体系建设规划（2019～2022年）》《全球冰雪运动培训行业研究报告》《我国冰雪产业发展现状及国际比较研究》等多项冰雪产业政府报告，参与翻译2019年度《全球滑雪市场报告》。

序　一

时光荏苒，距离 2022 年北京携手张家口冬奥会正式开幕已不足 1000 天。与此同时，专注于跟进冬季奥运会发展的“冰雪蓝皮书”系列之一——《中国冬季奥运会发展报告（2019）》迎来了它的出版。在此，我感到十分欣慰，向《中国冬季奥运会发展报告（2019）》的成功出版表示由衷的祝贺！

《中国冬季奥运会发展报告（2019）》为我们构筑了一个走近冬奥会、了解冬奥会、洞察冬奥会的重要窗口，让社会大众详尽了解冬奥会发展脉络。同时，它记录了宝贵的冬奥会经验，为我国提升奥林匹克运动发展的创造力和推动力、为举办高水平体育比赛留下了弥足珍贵的“借鉴遗产”。

随着 2022 年北京携手张家口冬奥会日益临近，中国冬季运动如火如荼地开展起来。冰雪产业链条日益完善，大众冰雪运动广泛开展，冰雪专业人才培养越发有力，奥林匹克文化氛围日渐浓厚，与北京携手张家口冬奥会发展相关的动态持续增多。望“冰雪蓝皮书”不忘初心，继续保持对冬奥会的关注与研究，产出更多具有推动作用、参考价值的优质内容。

最后，再次祝贺《中国冬季奥运会发展报告（2019）》成功出版，在助力 2022 年北京携手张家口冬奥会的道路上越走越扎实。同时，也祝愿 2022 年北京携手张家口冬奥会圆满成功！

国际奥林匹克委员会副主席

北京 2022 年冬奥会和冬残奥会组织委员会副主席

序　二

北京携手张家口冬奥会伴随着人们的关注与期待，一步步向我们走来。筹备工作高效有序，冰雪活动亮点纷呈，体育产业展现成果，盛世盛会使命光荣。《中国冬季奥运会发展报告（2019）》在筹备冬奥会的关键时期问世了。这是抓住冬奥会历史机遇、总结冬奥会影响力、推进中国奥林匹克运动与中国冰雪产业快速发展的报告，让人们从更多视角、不同领域、不同层面观察冬奥会、了解冬奥会、参与冬奥会、支持冬奥会。

未来的奥林匹克运动发展在亚洲、在中国。应抓住筹办冬奥会机遇，搭建世界舞台，演好中国角色，共享奥运成果，让办奥理念深入人心，使冬奥会参与度、支持度更高，影响更深远，推动力更强大，为推动京津冀协同发展、践行“三亿人参与冰雪运动”、冬季体育与夏季体育协同前进、迈向体育强国留下浓墨重彩的一笔。

《中国冬季奥运会发展报告（2019）》得到多方支持和赞誉，对科技冬奥、共享冬奥、可持续办奥等亮点进行一系列阐述，对社会力量抢抓历史机遇参与冬奥会、发展冰雪产业的事例加以总结分析，在经济社会发展中起到积极作用，很有意义。当然，由于站位不同，视角不同，分析问题、认识问题深度不同，该书内容在全面性上及其间有的观点还有待商榷和完善，以期进一步提高。

感谢为此书执着努力、不懈奋斗、付出劳动和汗水的人们。祝贺《中国冬季奥运会发展报告（2019）》成功出版，精彩呈现。祝愿北京携手张家口冬奥会精彩、非凡、卓越！

中国雪橇协会主席

北京 2022 年冬奥会组委会顾问

国家体育总局冬季运动管理中心原主任

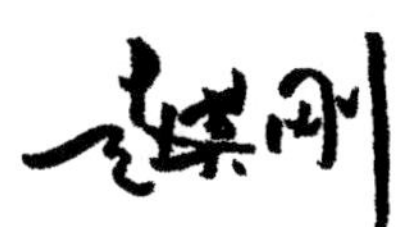

摘　要

随着2018年平昌冬奥会顺利闭幕，冬奥会正式进入“北京周期”。2022年冬奥会与冬残奥会筹办阶段由“基础规划”进入“专项计划”，场馆建设由“规划建设”转入“全面建设”，筹办工作由“学习积累”进入“创新实践”，为筹办精彩、非凡、卓越的奥运盛会奠定坚实基础。结合此背景，《中国冬季奥运会发展报告（2019）》紧抓实际，分为总报告、热点篇、案例篇与国际借鉴篇四部分。

总报告从2022年冬奥会发展概况与形势入手，分析了冬奥会正式进入北京周期的筹备现状、各赛区场地建设进程、冬奥人才培训及国际奥委会项目培训等相关内容。

热点篇紧跟国际潮流，结合2022年冬奥会办奥理念，从“三亿人上冰雪”活动、区域冰雪产业发展、冬奥会可持续发展新动向、社会力量参与冰雪运动发展、冬奥会延庆赛区PPP项目新动向、冰雪节推升“冰雪热”等热点出发，阐述冬奥会为中国冰雪运动及社会发展带来的新亮点。

案例篇从政府部门、国内企业及相关组织入手，选取北京冬奥组委所在地石景山区、与中国奥委会同行10年的安踏体育以及国际冬季运动（北京）博览会主办方国际数据亚洲集团，解读汇聚资源、助力冬奥的经典案例。

国际借鉴篇选取1998年长野冬奥会和2018年平昌冬奥会两个国际案例进行多方位解读，以期为2022年冬奥会成功筹办提供借鉴。

关键词：2022年冬奥会　“三亿人上冰雪”　冰雪产业　可持续发展　社会力量

目　录

Ⅰ　总报告

Ⅱ　热点篇

Ⅲ 案例篇

Ⅳ 国际借鉴篇

皮书数据库阅读**使用指南**

总 报 告

General Report

B.1 中国冬季奥运会发展概述与形势分析

伍 斌 赵昀昀*

摘 要： 2022 年北京冬奥会越发临近，离正式开幕已不足 1000 天，研究冬奥会发展形势，探究发展动态具有重要作用。本文以文献综述法、实地考察法等，对 2022 年北京冬奥会发展进行研究，研究认为：①2022 年北京冬奥会的场馆及基础设施、测试赛、文化元素、冬奥人才培训、项目培训五方面筹备状况基本正常；②2022 年北京冬奥会具有打造冰雪城市与冬奥名片、冰雪利好政策推动发展、社会力量动力十足、创造我国冬季运动发展历史新高、奥林匹克运动进入新的发展历程这五个发展特点；③2022 年北京冬奥会主要在“三亿人参与冰

* 伍斌，北京雪帮雪业企业管理有限公司创始人及 CEO，北京市滑雪协会副主席，北京市石景山区冰雪体育顾问，北京体育大学特聘专家讲师，北华大学客座教授；赵昀昀，北京卡宾冰雪产业研究院研究员，主要研究方向为冰雪产业。

雪运动”持续开展、“冰雪运动进校园”持续推进、可持续发展理念深入人心、遗产战略计划如期开展四方面产生了积极影响；④2022 年北京冬奥会主要描绘了改变“冰强雪弱”的发展态势、加快冰雪运动场地设施建设、举办冰雪文化主题推广活动、加快构建冰雪运动竞赛体系、冰雪竞技水平显著提高五方面前景。

关键词： 2022 年冬奥会 冰雪产业 冬季运动 冰雪人才

一 2022年北京冬奥会筹备现状

随着 2018 年平昌冬奥会和冬残奥会闭幕，冬季奥林匹克进入“北京周期”，2022 年北京冬奥会和冬残奥会（以下简称“北京冬奥会”）的筹办阶段由“基础规划”进入“专项计划”，场馆建设由“规划建设”转入“全面建设”，筹办工作由“学习积累”进入“创新实践”，为筹办精彩、非凡、卓越的奥运盛会奠定坚实基础。

（一）场馆及基础设施

2022 年北京冬奥会计划使用 25 个场馆，分布在北京、延庆和张家口 3 个赛区。

1. 北京赛区

2018 年 5 月 31 日，《北京 2022 年冬奥会场馆及配套基础设施总体建设计划》正式发布，共列入 52 个建设项目，确定了 2022 年北京冬奥会场馆和配套设施建设时间表。

2019 年 3 月 27 日，《北京市 2022 年冬奥会场馆及配套基础设施总体建设计划（2019 年版）》（以下简称《计划》）印发实施。《计划》充分考虑北京冬奥组委场馆功能使用需求及首批测试赛项目时间安排，制定了北京市冬奥会工程建设任务书、时间表和路线图。其中，首钢滑雪大跳台等 4 个项目将完工时间调整提前，国家高山滑雪中心等部分项目完工时间适当延迟。《计划》对北京赛区、延庆赛区冬奥会工程项目建设做出了全周期、科学性的工作安排，共列入项目 52 项，其中场馆 17 项（新建 8 项、改造 7 项、临建 2 项），配套基础设施 31 项（交通 11 项、水利 4 项、电力 12 项、通信 3 项、综合管廊 1 项），其他配套项目 4 项。

（1）建设工程

截至 2019 年上半年，冬奥会北京赛区场馆建设项目共 17 项。除国家体育场、五棵松体育中心及颁奖广场 3 项按计划分别于 2020 年度、2020 年度及 2021 年度开工建设外，其余 14 项冬奥工程均完成 2019 年度上半年建设目标。

北京赛区国家速滑馆幕墙 S 形龙骨于 2019 年 7 月底完成安装施工，幕墙玻璃于 6 月中旬开始安装，计划 9 月底完成幕墙全部施工，实现“丝带飞舞”；位于朝阳区国家奥林匹克体育中心南侧的北京冬奥村预计 2019 年底实现结构封顶，2020 年底基本完工；位于首钢园区的滑雪大跳台主体钢结构第一段桁架梁已经开始吊装，预计 2019 年底完成主体施工；首体短道速滑馆等新场馆建设进展顺利。基础设施方面，京张高速铁路和京礼高速公路将在 2019 年底实现贯通。

（2）改造工程

国家游泳中心进入北京冬奥会冰壶场馆全面改造阶段，国家体育馆、首都体育馆等场馆改造工作也已全面启动。其中，首都体育馆场馆群包括首都体育馆、首体综合馆、首都滑冰馆这三个改造场馆与新建的综合训练馆，整个首都体育馆场馆群计划于 2020 年竣工。

在北京冬奥会举办期间，国家游泳中心将通过“水冰转换”结构和可拆装制冰系统，拥有水上和冰上两种功能，成为世界首例在泳池内搭建冰壶赛道的冬奥场馆。按照规划，春、夏、秋三个季节国家游泳中心可开展游泳比赛、群众水上活动以及文化演出活动；冬季可开展冰壶、冰球等冰上比赛，形成冰上赛季。冬奥会后，通过冰场可转换结构和可拆装制冰系统的“搭”和“拆”，水立方每年可进行一次“水冰转换”。

（3）5G 智慧场馆建设

2022 年北京冬奥会期间，北京赛区国家速滑馆、国家游泳中心、国家体育场三大冬奥场馆均将由北京市国有资产经营有限责任公司与中国联通合作，充分发挥各自资源优势，在安全、稳定、可靠的前提下，利用 5G、边缘计算、人工智能等技术，打造冬奥智慧场馆，围绕智慧观赛体验、智能赛事服务、智慧场馆运营等内容，为观众、赛事组织者、赛事参与者、场馆业主提供优质的观赛体验、完备的服务保障和高效的运营支撑，为冬奥会保驾护航，在后冬奥时期推广冬奥科技经验，助力“三亿人参与冰雪运动”宏伟目标的实现。

2. 延庆赛区

延庆赛区核心区位于山顶海拔 2199 米的小海坨山，山的南麓将建设国家高山滑雪中心、国家雪车雪橇中心两个竞赛场馆和延庆冬奥村、延庆山地新闻中心两个非竞赛场馆。2022 年北京冬奥会时，将举行滑降、超级大回转、大回转、回转等 11 个项目的比赛，产生 21 块冬奥金牌、30 块冬残奥金牌。延庆赛区的北京冬奥会遗产包括北区高山运动探险组团、南区雪车雪橇中心组团、奥运村组团、综合服务组团、营地拓展组团、西大庄科村及大众雪场组团，共同构建一个大型冬奥主题园区六大组团。

截至 2019 年 5 月初，国家高山滑雪中心、国家雪车雪橇中心两个竞赛场馆和延庆冬奥村、延庆山地新闻中心两个非竞赛场馆均已开工建设，国家高山滑雪中心累计完成总工作量的 57%，竞速赛道建设计划在 2019 年 10 月底达到测试赛基本要求，相关配套的水、电、通信、道路等设施建设将在 10 月前具备保障条件；国家雪车雪橇中心累计完成总工作量的 42%，截至 2019 年 7 月，国家雪车雪橇中心 54 段制冷单元中，已有 30 段完成混凝土喷射，预计于 2019 年 8 月完成全部赛道喷射，打造 16 个角度不同、倾斜度各异的国家雪车雪橇中心赛道，在 2020 年 3 月达到国际组织场地预认证条件；延庆冬奥村及延庆山地新闻中心正在进行土方及支护施工，计划于 2021 年 4 月实现完工。

基础性保障工程方面，截至 2019 年 7 月底，7.9 公里综合管廊隧道全线贯通，为延庆赛区造雪用水、生活用水、再生水、电力、电信及有线电视等市政能源接入提供了通道。

交通建设方面，截至2019年5月初，延庆赛区5号路已经通车，为小海陀山上各施工单位的材料运输、人员运输、物资运输以及各项施工任务提供了保障。

3. 张家口赛区

张家口赛区冬奥会场地“三场一村”包括国家冬季两项中心、国家跳台滑雪中心、国家越野滑雪中心三大赛事场馆和奥运村，均建在张家口市崇礼区太子城，届时将承办含冬季两项、越野滑雪、跳台滑雪、北欧两项、自由式滑雪和单板滑雪在内的6个分项55个小项的比赛，产生51枚金牌。

张家口赛区国家越野滑雪中心、国家冬季两项中心及张家口奥运村计划于2019年底全部完成主体工程。云顶滑雪公园已完成U形场地、坡面障碍技巧、平行大回转项目赛道，并已举办了2018～2019国际雪联自由式滑雪及单板滑雪世界杯比赛；雪上技巧赛道设计方案于2019年3月5日通过国际雪联确认，2019年5月开工建设，计划于2019年底前建成，达到测试赛要求。其中，国家跳台滑雪中心是中国首个跳台滑雪场地，由顶峰俱乐部、竞赛区以及看台组成，顶部最高点与底部地面的落差达160多米，是全球首个在顶部出发区设置大型建筑物的跳台滑雪场地，也是全球首个采用全钢筋混凝土框架结构的滑雪中心。国家跳台滑雪中心的外形酷似如意，所以又被称作“雪如意”。国家跳台滑雪中心按计划将在2019年8月底完成主体结构施工，10月底在完成外围装饰钢骨架和大部分装饰面板安装后完工。

截至2019年5月，太子城冰雪小镇项目文创商街、会展中心地下基础工程和景观湖坝体工程已全部完成，计划2019年底前完成主体工程；景观湖工程计划2019年5月复工，10月底前完成环坝道路、景观及其他附属设施建设。

关于配套基础，交通方面，张家口宁远机场改扩建项目进展顺利，航站楼、航管楼已完成基础工程，预计2019年12月全面竣工；崇礼城区至万龙公路、崇礼城区至长城岭公路、崇礼综合客运枢纽、张家口南综合客运枢纽项目按计划全面复工，崇礼城区至太子城公路于2019年5月开工建设。

（二）测试赛

1. 延庆

2019年6月3日，2019/2020国际雪联高山滑雪世界杯延庆站场馆运行团队正式入驻延庆赛区，标志着北京冬奥会场馆化工作的正式启动。

2020年2月15～16日，国际雪联高山滑雪男子世界杯延庆站将在国家高山滑雪中心举行，将举办速降和超大回转项目的比赛。这是我国首次举办高山滑雪速降项目国际比赛，也是2022年北京冬奥会前“相约北京”系列测试赛的首场测试赛，对检验冬奥会场馆设施、锻炼运行团队、摸清办赛规律、磨合工作机制、落实属地保障、测试运行指挥具有重要意义。

2. 张家口

按照《北京2022年冬奥会和冬残奥会测试赛赛事安排》，2020～2021雪季，张家口赛区将承办7项测试赛。其中冬奥会测试赛5项，含国际雪联自由式滑雪及单板滑雪世界锦标赛（分别在首钢园区及崇礼云顶滑雪公园进行）、国际雪联越野滑雪世界杯总决赛、国际雪联跳台滑雪世界杯、国际雪联北欧两项世界杯及国际冬季两项联盟世界杯，包括2个大项6个分项，涉及含首钢场馆在内的5个竞赛场馆；冬残奥会测试赛2项，含国际残奥会单板滑雪世界杯、国际残奥会冬季两项和越野滑雪世界杯，包括2个大项3个分项，涉及3个竞赛场馆。

2022年北京冬奥会项目建设绝大部分能够覆盖测试赛的项目建设，但部分项目无法满足测试赛需求。以2021年世锦赛为例，存在三个问题：一是场馆建设完成时间节点不同，如延庆冬奥村、延庆山地新闻中心虽已开工建设，但北京冬奥组委初步计划于2021年6月前后安排人员物资进场，开始设备安装调试工作，晚于世锦赛举办时间；二是临建设施完成时间节点不同，如看台、颁奖广场等临建设施开工时间在2021年夏季，晚于世锦赛举办时间；三是设施地点不同，如冬奥会山地转播中心设在古杨树场馆群，世锦赛山地转播中心需设在云顶滑雪公园，无法共用。

测试赛测试的内容包括场馆运行、服务接待、赛事运行等诸多方面，旨在以竞赛为中心，全面检测冬奥会竞赛场地、辅助设施、技术系统、相关基础设施及无障碍设施等，锻炼场馆运行团队综合能力，检验竞赛组织团队（包括技术官员）、各类专业系统保障团队专业能力，摸清办赛规律，磨合工作机制，提高办赛水平，落实属地保障，测试运行指挥，为实现“精彩、非凡、卓越”的办赛目标奠定坚实基础。

（三）文化元素

1. 会徽

2017年12月15日，北京举行2022年冬奥会会徽“冬梦”发布仪式。会徽以汉字“冬”为灵感来源，运用中国书法的艺术形态，将厚重的东方文化底蕴与国际化的现代风格融为一体，呈现新时代中国的新形象、新梦想，传递新时代中国为办好北京冬奥会、圆冬奥之梦、实现“三亿人参与冰雪运动”目标、圆体育强国之梦、推动世界冰雪运动发展、为国际奥林匹克运动做出新贡献的不懈努力和美好追求。

2. 吉祥物

奥运会吉祥物是奥运会视觉形象系统与景观设计的重要元素，是最受公众欢迎、最具纪念价值的奥运品牌形象，也是最受社会关注、最易于青少年参与的奥运文化活动。

2018年8月8日，北京奥林匹克公园庆典广场举办了2018年全国“全民健身日”活动主会场·北京2022年冬奥会和冬残奥会吉祥物全球征集启动仪式。仪式计划2022年冬奥会和冬残奥会吉祥物的全球征集时间为2018年8月8日至10月31日，随后将经专家评审、修改深化、社会评议、法律查重和审批等程序，最终确定设计方案，计划于2019年下半年适时发布。

3. 会歌

奥运歌曲是重要的奥运文化艺术元素，对于展现主办国家和主办城市文化魅力与精神风貌、传播奥林匹克精神、提升奥运会影响力具有重要的促进作用。

2019 年 8 月 8 日，北京冬奥组委、中国文联和河北省政府在张家口市大境门广场联合主办 2019 年度北京冬奥会和冬残奥会音乐作品征集活动启动仪式，标志着 2019 年度北京冬奥会和冬残奥会音乐作品征集活动正式开始。

2022 年北京冬奥会主题歌曲要求充分体现北京冬奥会和冬残奥会“纯净的冰雪、激情的约会”愿景，抒发对“理解、友谊、团结和公平竞争”奥林匹克精神的真切感悟，展现冬季运动速度与激情的节奏韵律，表达“大好河山、锦绣中华，激情冬奥、四海一家”的东道主好客精神。

北京冬奥会和冬残奥会音乐作品征集活动将于 2019 ~ 2021 年连续举办，每年举办 1 次，共举办 3 次。

4. 市场开发

2017 年 2 月，《北京 2022 年冬奥会和冬残奥会市场开发计划》启动。《北京 2022 年冬奥会和冬残奥会市场开发计划》由赞助计划、特许经营计划和票务计划三大部分组成。其中，赞助计划包含官方合作伙伴（Official Partner）、官方赞助商（Official Sponsor）、官方独家供应商（Official Exclusive Supplier）、官方供应商（Official Supplier）四个层级；特许经营计划包括特许商品计划、纪念币钞/钞币计划和纪念邮票计划；票务计划将通过科学的门票销售和宣传推广计划、青少年教育计划、家庭观赛计划等激发社会公众观赛热情，将为公众和各客户群观赛提供优质服务，丰富和提升观赛体验。

《北京 2022 年冬奥会和冬残奥会市场开发计划》旨在为促进奥林匹克运动发展及加强冬奥会和冬残奥会品牌宣传，为筹办 2022 年冬奥会和冬残奥会筹集和提供资金、物资、技术和服务保障，为中国奥委会和冬奥会中国体育代表团、中国残奥委会和冬残奥会中国体育代表团提供资金和物资支持，为 2022 年冬奥会和冬残奥会赞助企业提供独一无二的市场营销平台，促进经济、社会、环境可持续发展。

截至 2019 年 7 月，2022 年冬奥会和冬残奥会市场开发工作进展顺利。其中，已签约并对外公布了 9 家官方合作伙伴、5 家官方赞助商；北京冬奥会特许商品销售已超过一年，营业收入超过 2 亿元，取得了良好的成效。

（四）冬奥人才培训

1. 人才现状分析

随着冬奥会进入北京周期，我国冰雪场馆数量增速明显，各类冰雪人才需求日益增加。然而，目前我国冰雪运动技术官员、专业技术人员、专业志愿者及冰雪运动普及人才、冰雪赛会组织人才、冰雪专业竞技人才等冬奥会专业人才数量、质量与现实需求差距较大，无法满足冰雪产业与冰雪运动发展的需要，无法满足冬奥会与发展冰雪运动人才的需求。冬奥会专业人才培训工作迫在眉睫。

在此背景下，各级政府非常重视冰雪人才教育，并将其作为政府推进当地冰雪事业发展的重要任务和重要业态。采取的措施包括增加冰雪教育院校数量、将冰雪发展规划作为政府工作主要内容、通过社会力量和政府“两个轮子”共同推动冰雪专业人才培养等。

随着北京冬奥会筹备工作的开展，将逐步解决以下几个问题：一是历史欠账多，人才培训少的问题；二是过去专业部门注重专业培训多，社会力量支持推进少的问题；三是北方人才资源多，中西部地区发展不平衡的问题；四是各类配套专业人才需求大，对口人才培养不足的问题；五是快速发展时期，各种业态堆积，而真正从事专业的人员少的问题。

2018 年 5 月，北京冬奥组委会同国家体育总局、中国残联、北京市政府、河北省政府联合印发了《北京 2022 年冬奥会和冬残奥会人才行动计划》（以下简称《人才行动计划》），提出加快建设专业化、国际化人才队伍的总体目标，明确了开发培养 11 支人才队伍的路线图和时间表。《人才行动计划》立足树立“大人才观”，以全球视野发现和遴选人才，注重引进与培养并重，坚持“走出去”与“请进来”相结合，以建成一支专业化、国际化的人才队伍，在保障成功办赛的同时，为经济社会长远发展留下丰厚的人才储备。

人才开发必须围绕冬奥赛事的战略布局，人才是2022年冬奥会和冬残奥会筹办工作的第一资源和战略要素。为了更好地推进人才开发培养工作，《人才行动计划》分两个层面，布局了11个专项计划；立足于办赛需要，北京冬奥组委将牵头实施7个专项计划，包括以下内容：①国际优秀人才集聚专项计划，②工作人员队伍建设专项计划，③竞赛管理人才开发专项计划，④专业技术人才培养专项计划，⑤竞技体育人才发展专项计划，⑥志愿服务行动专项计划，⑦合同商人才联络培养专项计划。除了抓紧培养办赛人才以外，北京冬奥组委还注重从京津冀协同发展大局出发，着眼于为经济社会长远发展保留人才资源，面向主办城市各行业系统，布局实施4个专项计划：①城市运行人才队伍开发专项计划，②青少年奥林匹克教育专项计划，③群众体育骨干人才培养专项计划，④创新创业人才发展专项计划。

2. 冰雪人才特色培养途径

（1）跨界、跨项选材

冬奥会竞技强国运动员培养路径主要采用短期和长期相结合的方式。短期培养主要采用两种途径：一是政府选拔年轻的天才潜能运动员到国外最好的训练中心训练，提高竞技实力；二是归化明星运动员。这两种途径都能够有效地提升奖牌获得率。长期培养路径以运动员可持续发展模式为主，典型的代表是美国冰球运动员发展模式和加拿大运动员长期发展模式。

从全球来看，冬季奥运会竞技实力不均衡，带有区域性特征，总体以中欧为核心最强、北美北欧次之。随着时间推移，强实力区域分布发生变化。从我国来讲，冬季奥运会竞技实力总体呈上升趋势，短道速滑、速度滑冰、自由式滑雪等项目优势明显。

2015年，北京携手张家口成功申办2022年冬奥会，我国冬季运动发展势头迅猛。然而，当前我国冬季体育项目人才少、基础差、底子薄，冰雪人才的培养、充实、发展日显重要，选材问题是积极备战2022年北京冬奥会不可小视的大问题。在此大背景下，“举国发力、恶补短板”的新理念和跨界、跨项选材的新思路应运而生。

冬季项目中跨界、跨项选材的项目有十余项，在平衡能力、协调性、灵敏性、力量、速度等方面要求较突出，针对其运动技术特征与体能要求，选材来源主要聚焦在杂技、武术、体操、跳水、蹦床等项目及关联度较高的其他行业与领域（见表1），重点着眼于项目发展水平高、参与人数多、区域优势明显的地区，注重从武校、体校、杂技团、体操队、体工队、专项协会等领域选材。

表1　我国冬季项目跨界、跨项选材项目及来源

跨界、跨项选材项目	选材来源
自由式滑雪（空中技巧、U形场地技巧、坡面障碍技巧）	体操、蹦床、武术、杂技等
单板滑雪	蹦床、武术、杂技、田径等
速度滑冰、短道速滑	轮滑、速度滑冰与短道速滑转换
花样滑冰	速度滑冰、短道速滑、舞蹈等
越野滑雪	田径、自行车、赛艇、轮滑等
高山滑雪	田径、轮滑、自行车、球类等
冰球	田径、篮球、排球、足球、皮划艇、轮滑、速度滑冰、短道速滑、花样滑冰、曲棍球等
跳台滑雪	跳远、三级跳、排球
雪车、钢架雪车、雪橇	田径（短跑、跳远、三级跳）、举重、摔跤、柔道、橄榄球、速度滑冰短距离等

跨界、跨项选材符合冬季项目人才成长和奥运备战规律，是举国体制的有力抓手，是超常规储备和培养体育人才的重要举措，体现了对相关竞技体育项目规律的认识和把握，更新了冬季运动人才发展观念，打破了传统竞技冰雪人才选材限制，拓宽了竞技冰雪人才选拔渠道，能够充分利用各省份天然资源和地域优势，加强冬季项目后备人才梯队建设。同时，利用夏季项目的人才基础，通过科学选材，提高运动员的成才率，能够缩短冬季项目运动

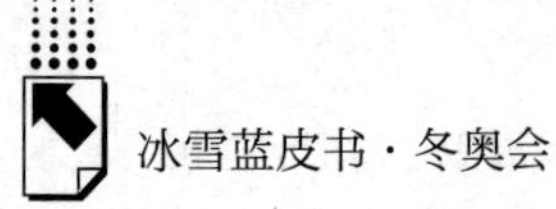

员的培养周期，弥补我国冬季运动人才储备的短板，实现冬季竞技体育项目跨越式发展，提升冰雪运动水平，推动“三亿人参与冰雪运动”宏伟目标早日实现。

（2）奥林匹克教育计划

2018 年 1 月，教育部、国家体育总局、北京冬奥组委参考国际奥委会提供的奥林匹克教育教材和《“北京 2008”中小学生奥林匹克教育计划》，联合印发《北京 2022 年冬奥会和冬残奥会中小学生奥林匹克教育计划》（以下简称《教育计划》）。该政策面向全国，按照《国家中长期教育改革和发展规划纲要（2010—2020 年）》的要求制定，坚持“绿色办奥、共享办奥、开放办奥、廉洁办奥”的理念，按照“共同参与、共同尽力、共同享有”的要求，以全国中小学生为实施对象，坚持因地制宜、科学布局、统筹协调、广泛参与的原则，首次提出将奥林匹克教育纳入学校常规教育教学工作中，推广普及奥林匹克和冬季运动知识。2019 年，教育部、国家体育总局、北京冬奥组委等相关单位成立“北京 2022”奥林匹克教育工作协调小组。

《教育计划》组织北京市与河北省两地设立“同心结”学校，并与其他地区学校进行结对联系；东北、华北及西北地区积极推进各项冬季运动进校园工作，有条件的地区将冬季运动纳入学校体育课教学范围并制定冬季运动教学计划；其他地区因地制宜，重点做好冬季奥林匹克知识宣传工作。

《教育计划》鼓励各地方建设冰雪运动特色学校，加强高校高水平冰雪运动队建设。到 2020 年，全国中小学冰雪运动特色学校将达到 2000 所，2025 年将达到 5000 所。鼓励各地方分批次建设北京 2022 年冬奥会和冬残奥会奥林匹克教育示范学校，宣传奥林匹克知识，弘扬奥林匹克精神，普及冰雪运动，提升中小学生综合素质和促进全面发展。

（3）全面招聘志愿者

2019 年 5 月 10 日，北京冬奥会倒计时 1000 天，北京冬奥组委发布《北京 2022 年冬奥会和冬残奥会志愿服务行动计划》，正式启动冬奥志愿服务工作。

2022 年冬奥会和冬残奥会共设立 5 个志愿服务项目，包括前期志愿者项目、测试赛志愿者项目、赛会志愿者项目、城市志愿者项目、志愿服务遗产转化项目。为扩大公众参与，将设立宣传动员、招募选拔、公益实践、教育培训、激励保留、岗位运行等 6 个运行计划。

按照同国际奥委会商定的第二版人员计划，冬奥会赛会志愿者计划招募 2.7 万人，冬残奥会志愿者计划招募 1.2 万人。为降低奥运成本、促进奥运会可持续发展，与 2008 年北京夏奥会 80000 人的志愿者规模相比，北京冬奥会志愿者总体规模偏小。测试赛及冬奥会时，计划招募 8 万～10 万名城市志愿者承担城市运行保障工作。

赛会志愿者主要有 6 类来源：高校本专科生及研究生志愿者、中学生志愿者、内地各省份志愿者、港澳台志愿者、海外华侨华人志愿者、国际志愿者。

志愿者采用团体报名与个人报名相结合、公开招募与定向招募相结合、网络申请与书面申请相结合的方式招募。对于国际友人，将以国际社会接受度较高的招募方式设计实施，简化报名申请与信息采集流程。

从人员构成来看，主要分为通用志愿者和专业志愿者。专业志愿者对专业要求较高，需掌握娴熟的冰雪运动技能。

3. 北京冬奥会人才培养途径

2018 年 5 月，冬奥组委印发了《北京 2022 年冬奥会和冬残奥会人才行动计划》，确立了人才发展顶层设计，提出统筹推进 11 支人才队伍建设的工作格局。其中，包括海外人才引进专项计划、筹办人员队伍建设专项计划、国内技术官员培养专项计划等工作措施，旨在拓宽选人用人视野，遴选优秀人才参与冬奥会筹办工作，加快培养一支专业化、国际化的冬奥会人才队伍。

2018 年，组委会已由成立初期的 9 个工作部门、2 个运行中心发展到 16 个工作部门、2 个运行中心。2018 年，新进工作人员 101 人，其中，既有从党政机关、事业单位选调而来的，也有面向社会公开招聘而来的。

平昌冬奥会期间，北京冬奥组委累计派出 254 人赴韩国学习考察，其中，派出41名业务骨干到平昌冬奥组委开展了为期1～4个月的顶岗实习，144名观察员参与国际奥委会、国际残奥委会组织的官方观察员项目。除此之外，向平昌冬奥会各个部门派出赛事组织、转播服务和技术保障等专门团队，与当地组委会共同工作，积累了大量有价值的工作信息，为北京冬奥会的筹办提供了重要依据。

（1）国外人才引进

①特聘外国专家

组委会建立了符合国际规则、符合中国政策法规的特聘专家制度。截至2019年5月，已经分6批引进了25名外国专家，在场馆设计、竞赛组织等方面发挥了重要指导和咨询作用，帮助我国培养起一支国内的专业人才队伍。

②团队式引进外籍专业人才

根据办赛需要，对技术难度较大、技能要求较高的专业工种人员，采取与境外相关组织、机构合作的方式，团队式引进外籍人才。在分析往届冬奥会人才结构的基础上，初步制定急需紧缺人才开发目录，梳理了3000多个专业岗位需求，掌握了部分竞赛项目的外籍人才名单。在科技部、国家移民局等单位的指导和支持下，制定了外籍人才引进政策。未来将走出国门，精准地寻访和引进人才。

③全球招聘员工

2016年，冬奥组委组织了首次全球招聘，从来自法国、俄罗斯等不同国家和地区提交申请的3500多人中择优选拔了一批人才。2017年和2018年，冬奥组委组织了社会招聘和校园招聘。同时，从平昌冬奥组委引进了6名经验丰富的员工。在2018年度校园招聘中，有4600多人提交申请，1860人参加笔试，其中就有一大批海外留学人员报名。

（2）国内人才培养

①人才储备性培养

注重同专业机构的合作，调研并掌握了3090名国内冰雪运动人才的基本信息，深化拓展专业人才储备。一是技术官员培训。截至2019年5月，会同国家体育总局冬运中心等单位，已举办高山滑雪、单板滑雪和自由式滑雪、冰球等15个国内技术官员培训班，采取边培训、边保留的方式，储备1200名专业人才。二是赛事保障人才培训。会同主办城市的相关政府部门，加强赛事保障人才培养，举办安保、交通、医疗、餐饮、住宿等8个培训班，累计培训482人次。已参加培训的专业人才，将成为办赛一线的重要工作力量。同时，会同19所高校招收287名赛时实习生。

②滑雪战队组建

针对首场测试赛专业人才短缺的问题，冬奥组委以雪上项目人才为重点，面向社会公开招募和培养了数百名专业人才组建滑雪战队。战队来源于群众，根植于群众，利用周末接受培训，开展理论学习、体能训练、实战培训等，储备了一批滑雪水平高、专业技术强、有团结奉献精神的赛道作业人员。截至2019年7月，滑雪战队已经开展了18次集中教学，其中，14次是依托各类雪上项目赛事开展的实战培训。经过2017～2018与2018～2019两个赛季，实战培训已成为北京冬奥组委人才培养工作的品牌。组委会已经连续3个赛季派出645人次业务骨干赴境外和境内相关地区学习重要赛事组织运行工作，收获了丰硕的学习成果，受到国际奥委会的充分肯定和高度评价。

北控置业是2022年北京冬奥会延庆赛区建设主体和国有出资人代表，承担国家高山滑雪中心、国家雪车雪橇中心及配套基础设施的建设工作。除场馆建设工作外，北控置业同时组建“北控滑雪战队”，进行冬奥会冬训工作，如冰状雪制作、冰状雪道打造等。2019年1月15日，在张家口崇礼太舞滑雪场成功打造国内首条竞赛级别冰状雪道。此类雪道可承担滑降、超级大回转、大回转、回转等11个项目的比赛。

除此之外，2018年10月至2019年3月，冬奥组委围绕“相约北京”系列冬季体育赛事筹办工作需要，依托一系列冬季项目世界杯、世锦赛等与北京冬奥会测试赛同级别的重要国际赛事，选派业务骨干赴境内外相关地区开展实战培训，共实施了8个境外培训项目、6个境内培训项目。其中，98人次参与了境外培训，77人次参与了境内培训。滑雪战队探索了“外籍专家指导＋培训基地承接＋实战培训历练＋赛事工具应用＋团队文化建设”5种要素融合的特色专业人才培养模式，让人才培养工作更加体系化、专业化。未来将积极推广这种培养模式，适时在河北、东北地区组建分队。

③培训基地建设

注重同北京大学、清华大学、北京外国语大学、北京体育大学等高校合作，首批布局和建设了11个培训基地。各高校依托自身学科专业优势，在工作人员英语培训、冬奥培训教材编写、前期志愿者和赛时实习生培养等方面做了大量工作，盘活了专业人才资源。2019年将与8所高校合作招收36名驻会志愿者，与19所高校合作招收287名赛时实习生。

2018年，北京体育大学成立“冬奥培训学院”，与继续教育学院合署办公。冬奥培训学院坚持高点站位，服务国家战略，组建国际化培训精英团队。在具体工作中，把握方式方法，充分整合资源，创新培训模式，扎实务实开展工作。面对冬奥竞赛组织系统与国内冰雪竞赛组织人才现状，统筹规划各竞赛岗位的空间分布，确定各级各类部门的群体结构和人员素质要求，制定人才培养措施，满足奥运会竞赛组织工作对人员的需求，培养一批适应国际竞赛组织模式、可走向国际竞赛赛场的竞赛组织人员，从而提高学校综合实力，推动建设世界一流的体育大学。推动冬奥培训工作有序高效运转，更好地为北京冬奥会和冬残奥会服务。

哈尔滨体育学院是国内第一所开展冰雪教育的体育院校，冬季培训项目开展全面、基础好、学科全，冬季项目人才多。同时，自2015年北京携手张家口成功申办2022年冬奥会，哈尔滨体育学院即积极组织科研团队，开展科研工作，编制完成《雪务保障专题研究报告》《冬奥会“窗口期”气象数据分析报告》《2022年冬奥会赛事组织人才需求分析》等材料，参与冬奥知识读本编写工作，多次为北京冬奥组委相关机构和志愿者进行冰雪知识培训，输送冰雪体育专业人才。2018年12月3日，哈尔滨体育学院荣获“北京2022年冬奥会和冬残奥会培训基地”称号。

（五）项目培训

国际奥委会奥运会知识管理（OGKM）是国际奥委会实施的一项核心

战略，目的是提供教育服务、传授办赛知识、培养筹办人员等，国际奥委会奥运会知识管理团队对北京冬奥组委人才培养和学习培训工作给予了大力支持。

1. 2022学习项目

国际奥委会实施北京2022学习战略，设计55个业务领域学习路径，实施11个学习项目，形成融入中国元素、体现北京特色的奥运会学习模式。

北京冬奥组委定期针对冬奥会与冰雪相关知识，对组委会工作人员进行系统培训；通过组织国内比赛，对竞赛队伍、裁判队伍进行赛事培训；通过组织不同类型专业培训班，对不同领域相关人员进行培训；同时，针对2022年北京冬奥会三大赛区，对场地管理人员进行有组织的培训。

2. 深化观察与体验项目

截至2019年，北京冬奥组委派出数百人次工作人员及利益相关方人员赴里约夏奥会、平昌冬奥会以及世界杯、世锦赛等赛事开展实习计划、影随计划和观察员项目，收获了丰硕的学习成果，培养了办赛骨干队伍。

2018年平昌冬奥会期间，北京冬奥组委利用派出观察员项目、采用顶岗实习等方式，全方位观摩和考察竞赛组织、赛事服务、场馆管理、城市运行等方面的办赛工作，综合学习掌握平昌冬奥会各方面赛时运行情况，考察学习不同运行模块的实际运行状况，帮助2022年北京冬奥组委工作人员向上一届冬奥组委学习，打造北京冬奥组委办赛的先锋团队和骨干力量。

3. 推进国际培训项目

北京冬奥组委已与国际奥委会合作举办了42次OGKM系列研讨会，系统学习国际办赛经验。2018年6月，成功举办平昌冬奥会总结会，完成了平昌冬奥组委向北京冬奥组委的全面知识转移，获得了较好的国际国内反响。

2022年北京冬奥会成功申办后，国际奥委会定期访问中国，针对冬奥会不同领域工作及冬奥会热点问题，如可持续发展、场馆建设等，以项目审议会的方式进行现场交流、实地考察、问题反馈与意见交换，对问题进行深入探讨和研究，进一步明确工作标准，确定工作路径。

二 2022年北京冬奥会发展特点

（一）依托可持续发展，打造冰雪城市与冬奥名片

可持续发展是奥运会的主要命题。为成功筹办2022年北京冬奥会，实现可持续发展，北京成立北京冬奥会和冬残奥会可持续性咨询和建议委员会，定期召开全体会议，为奥运会可持续发展提供“北京模式”。

可持续发展为奥林匹克运动增加了新动力，改变了人们的生活方式与教育方式；通过冬奥会的举办，打造冰雪城市与冬奥名片，提升城市影响力，为城市发展带来新的动力，使冰雪旅游成为热点活动，也推动奥林匹克运动在世界各地的发展和扩张。

在冬奥会比赛场地利用方面，将2022年北京冬奥会场地发展为奥林匹克运动宣传地、青少年比赛高地与人才培养输送地、国际冬季体育交流优选地、四季健身休闲康养体验地、冰雪旅游目的地、国家级高水平专业训练基地及绿色低碳环保示范地等，打造为集会议、比赛、大众活动、演出展览于一体的综合活动地。

（二）冰雪利好政策推动发展

各级政府响应国家号召，纷纷出台冰雪产业相关发展规划，以冬奥会为契机，开展冰雪运动，促进消费，拉动内需，推动冰雪运动的普及；将冰雪运动纳入学校教育计划，着力推进“青少年上冰雪”与“冰雪运动进校园”活动；将冰雪元素融入体育小镇，鼓励更多人参与到冰雪运动中，最终实现“三亿人参与冰雪运动”的目标。

（三）社会力量动力十足

2022年北京冬奥会筹办期间，体现了社会力量支持体育运动的十足动力。各类社会力量参与到冰雪场地设施建设、赛事运营服务、冰雪活动组

织、冰雪设备器材生产、冰雪人才培养活动中来，形成多业态经营与冰雪体育产业融合发展的态势，为冰雪产业发展奠定了强有力的社会基础。

（四）创造我国冬季运动发展历史新高

2022 年北京冬奥会将创造我国冬季运动发展历史新高度。冰雪场馆数量增速明显，雪场由单一滑雪转向四季经营，冰场从独立经营转向区域联合经营，冰雪产业由单一业态选择转向多业态选择发展。

（五）奥林匹克运动进入新的发展历程

自 1924 年法国夏蒙尼第一届冬奥会至今，冬奥会已有近百年历史，始终践行奥林匹克“更快、更高、更强”的格言。2022 年北京冬奥会正值冬奥百年奥运周期，具有深刻的历史意义。随着冬奥会的进一步发展，将由单纯的运动成绩比拼变成各国加强合作、增进友谊、展示卓越的舞台；冬奥赛场将由单纯的运动赛场变成促进国际和平交流的舞台。冬奥会将更加影响年轻一代，激发其参与热情及积极性，应紧密结合习近平总书记提出的强国梦、中国梦的贯彻落实，让冬季运动更加深入人心，成为人们建立美好生活、促进消费、拉动内需的主要推动力。

三　2022年北京冬奥会对中国冬季运动的影响

冬奥会进入“北京周期”，除奥林匹克精神的影响与传承外，也带动了我国冰雪赛事、冰雪活动、冰雪教育、体育产业的发展，提高了奥林匹克运动的传播力和影响力，为我国可持续发展战略带来更多的发展机会。

2018 年 4 月 25 日，北京奥运城市发展促进会发布了《北京奥促会冬奥会北京周期行动计划》（以下简称《行动计划》），《行动计划》推进了全民健身体育文化工程、国际体育文化交流工程、青少年奥林匹克教育工程、体育文化产业发展工程、“双奥”遗产规划传承工程等 5 项重点工程和包含丰富北京奥运城市体育文化节、创新策划开展“悦冬”系列大众冰雪健身活动、推动奥运知识普及、传播冰雪文化、促进冬奥文化与北京传统文化相结合等在内的19项重点工作。《行动计划》将助力北京冬奥会筹办，推动全民健身活动蓬勃开展，普及冬季体育活动，助力“三亿人参与冰雪运动”，深化体育文化交流，传播奥林匹克知识和冰雪文化；规划传承冬奥会遗产，推进“双奥”遗产造福大众；促进冬奥产业合作，推动体育文化旅游产业发展。

（一）“三亿人参与冰雪运动”持续开展

我国冰雪产业起步晚、起点低、机遇好、发展快、潜力大，在经济发展转型升级的新时代具有重要的战略意义，大力发展冰雪产业是落实商业参与冰雪运动、促进供给侧结构性改革的重大举措。北京冬奥会的成功申办与积极筹备，推动了我国冰雪运动南展、西扩、东进的深入，逐步解决了受气候条件影响导致的“冰雪不过山海关”的问题，起到点燃冰雪运动火炬的作用。

中国申办2022年北京冬奥会时，提出“三亿人参与冰雪运动”的口号；借助北京冬奥会历史契机实现“三亿人参与冰雪运动”的伟大目标，是发展冰雪运动的初心，其目的是让群众在参与冰雪运动的过程中收获健康和快乐。

带动“三亿人参与冰雪运动”的参与者主要分为两类。一是直接参与冰雪运动的群体，包括从事系统冰雪训练的人群，到冰场滑冰、到雪场滑雪的爱好者，接受冰雪课程知识教育、技能学习的在校学生，参加冰雪俱乐部锻炼、培训活动的人员等。二是冰雪体育比赛和冰雪活动影响到的群体，包括冰雪嘉年华、冰雪季、旅游节等活动吸引到的参与者、体验者，冰雪训练、竞赛、冬令营等活动影响到的学生及家长，借助冰雪场地设施、场馆组织举办冰雪展览、表演、宣讲的受众人群，冰雪知识讲座、知识竞赛等活动的受众人群，冬季项目体育产业的从业人员等。

为切实推动“三亿人参与冰雪运动”的进程，国家体育总局于2018年9月5日正式公布《“带动三亿人参与冰雪运动”实施纲要（2018～

2022 年)》,[①] 设置 4 个阶段目标，通过丰富赛事活动、普及青少年冰雪运动、培育冰雪文化、加强人才培养、加大场地设施供给、完善标准规范、加强服务保障等措施，使群众性冰雪运动广泛开展，群众性冰雪赛事活动丰富多彩，群众性冰雪运动服务标准完善，群众性冰雪运动场地设施基本满足人民群众多样化、多层次需求。冰雪运动更加贴近、更加融入百姓生活，人民群众对冰雪运动发展成果的获得感进一步增强，对冰雪运动的关注度、喜爱度、支持度、参与度达到更高水平，实现带动“三亿人参与冰雪运动”的目标。

随着北京冬奥会的临近，中国冰雪产业迎来新一波发展契机。截至 2018 年底，中国已有 742 个雪场和 596 个冰场；在 2018 ~ 2019 冰雪赛季，中国共举办了 4401 场区域性和全国性冰雪赛事，吸引 815 万人参与。[②] 参与冰雪运动人数的增加，也对专业指导员、高质量器材和培训中心提出了更高需求。通过“三亿人参与冰雪运动”，一是将促进我国冬季体育与夏季体育的平衡；二是通过政府力量与社会力量的推动，改变我国冰雪格局，推动冰雪运动由北方向南方扩展；三是改变人民生活习惯，使冰雪运动成为人民日常生活的一部分。

北京冬奥会的进一步筹办，冰雪运动的进一步普及，将带动我国“三亿人参与冰雪运动”，改善国民健康和生活水平，增强整个中华民族体质，实现中华民族伟大复兴的中国梦；将推动我国冬季项目体育设施建设、体育人才培养、赛事市场培育、器材开发应用等发展，带动引领更多社会力量参与冰雪运动项目，促进我国体育产业快速提升与发展；能够提升我国冰雪运动技术水平，推动世界范围内冰雪运动的推广普及，在青少年中普及奥林匹克教育、弘扬奥林匹克精神，培育民众积极向上的生活态度，为奥林匹克精神传播和奥林匹克事业发展做出巨大的贡献。

---

① 同时公布的还有《2022 年北京冬奥会参赛实施纲要》《2022 年北京冬奥会参赛服务保障工作计划》《2022 年北京冬奥会参赛科技保障工作计划》《2022 年北京冬奥会参赛反兴奋剂工作计划》，共两个纲要和三个计划，对北京冬奥会的参赛工作做出全面规划，统称为“两纲三划”。

② 资料来源于国际奥委会官方网站。

（二）“冰雪运动进校园”持续推进

在2022年冬奥会申办过程中，我国提出“冰雪运动进校园”的设想。中国代表团在申奥陈述中强调，中国奥委会正在落实带动“三亿人参与冰雪运动”计划，并将持续实施“百万青年上冰雪”“冰雪阳光运动”等推广项目。申奥成功后，国家体育总局在《冰雪运动发展规划（2016～2025年）》中明确提出推行校园冰雪计划，促进青少年冰雪运动的普及发展。明确以政府购买服务的方式，支持学校与社会培训机构合作开展冰雪教学。就北京而言，在《北京市人民政府关于加快冰雪运动发展的意见（2016～2022年）》中，扩大青少年冰雪运动的覆盖面被列为重要任务，并单独制定了《北京青少年冰雪运动发展规划》。

“冰雪运动进校园”围绕“三亿人参与冰雪运动”开展，以校园中的青少年为主体，让其更直观地感受冰雪的魅力，带动冰雪运动的发展。“冰雪运动进校园”的形式丰富，以实践校园冰雪计划的核心地区北京为例，自2016年9月开始，在全市16个区的中小学全面普及与冰雪相关的活动。各中小学主要通过开展丰富多彩的冬奥主题活动、有区域特色的冰雪运动、在课程中增设冰雪教学内容、组建冰雪社团，以此带动青少年参与冰雪运动。

2022年北京冬奥会工作关键是冬奥项目人才培养，尤其是青少年后备力量，“冰雪运动进校园”是夯实我国冬奥会项目发展基础的有效手段。通过政策引导广大青少年积极投身冰雪运动，形成人数众多的青少年冰雪运动爱好者群体，为冬奥项目发掘和培养有天赋的人才，提高项目成绩，推动“三亿人参与冰雪运动”愿景早日实现。

另外，在冬奥背景下，“冰雪运动进校园”是奥林匹克教育的重要传播途径，两者的结合具有重要意义。主要体现在奥运精神与理念的传递、体育教育的补充、青少年人格塑造等方面。以冬奥会、“冰雪运动进校园”为契机，进行深入的奥林匹克教育，不仅使我国青少年受益，也是奥林匹克思想在世界范围内弘扬的需要。

（三）可持续发展理念深入人心

可持续发展是经济、社会、环境的协调发展，是全球共同的事业和目标。2015 年，联合国发布了《2030 年可持续发展议程》，确定了 2030 年全球可持续发展的目标。2014 年，国际奥委会力推改革，在全世界征集了 120000 条意见，归纳为 4000 条意见，成立了 14 个工作组，发布了《奥林匹克 2020 议程》，将可持续作为奥林匹克运动的核心概念。

可持续发展是 2022 年北京冬奥会的三大理念之一，2022 年北京冬奥会的可持续发展理念是 2008 年北京夏奥会的延伸。2022 年北京冬奥会全面践行《奥林匹克 2020 议程》和《奥林匹克 2020 议程新规范》，在场馆、人才、环境、区域、民众生活等诸多方面积极践行可持续发展理念。

以场馆建设为例，2022 年北京冬奥会赛区内绿色电力使用率将达到 100%，坚持绿色办奥理念，兑现申办承诺；部分冰上项目场馆将在冬奥会历史上首次采用二氧化碳制冷系统，减少北京冬奥会的总体碳排放量，这相当于减少 3900 辆汽车的二氧化碳年排放量或相当于种植超过 120 万棵树实现的碳减排量。2022 年，北京将努力打造一届节俭、智慧、绿色的冬奥会，为全球环境保护做出贡献。

（四）遗产战略计划如期开展

北京携手张家口成功申办 2022 年冬奥会，北京成为既举办过夏奥会又将要举办冬奥会的“双奥之城”，拥有丰富的奥运遗产。2019 年 2 月，北京冬奥组委发布《北京 2022 年冬奥会和冬残奥会遗产战略计划》，提出通过筹办 2022 年北京冬奥会，创造体育、经济、社会、文化、环境、城市发展和区域发展 7 个方面的丰厚遗产（见表 2）。

表 2　遗产战略计划内容

遗产类别	遗产内容
体育遗产	冰雪运动普及与发展、残疾人冰雪运动普及与发展、体育场馆、办赛人才、赛会运行组织、赛会服务保障、筹办知识转移

续表

遗产类别	遗产内容
经济遗产	冰雪产业发展、科技冬奥、市场开发、财务管理、物流管理
社会遗产	社会文明、志愿服务、国际交流、包容性社会、权益保护与法律事务、廉洁办奥
文化遗产	文化活动、宣传推广、媒体与转播、档案管理
环境遗产	生态环境、低碳奥运、可持续性管理
城市发展遗产	城市基础设施、城市管理、城市服务保障、城市无障碍环境
区域发展遗产	京张地区交通基础设施、京张地区生态环境、京张地区冰雪产业、京张地区公共服务、京张地区体育文化旅游带建设、京张地区促进就业

以场馆为例，2022年北京冬奥会将最大程度利用2008年北京夏奥会奥运遗产。北京赛区13个场馆中有11个为2008年北京夏奥会奥运遗产，国家体育场“鸟巢”将作为冬奥会开幕式和闭幕式所在地，国家游泳中心将承担冰壶赛事，国家体育馆和五棵松体育馆将举行冰球赛事，新建国家速滑馆将面向公众开放，首钢滑雪大跳台场地将作为国内外相关项目的比赛训练场地。延庆赛区的国家高山滑雪中心、国家雪车雪橇中心和延庆冬奥村作为新建场馆，赛后永久性设施将全部保留，国家高山滑雪中心将用于中国国家队和国内外专业队的训练和国际赛事的举办；国家雪车雪橇中心赛后将增设群众体验入口，开展大众项目；延庆冬奥村将改造成温泉度假酒店，为该区域提供度假场地。同时，延庆赛区内将建设多处大众滑雪道，向大众开放。① 张家口赛区的国家冬季两项中心赛后将保留冬季两项和越野滑雪两个项目的比赛和训练功能；国家越野滑雪中心赛后将重新开发利用，打造成“山地公园”和“户外冰上娱乐中心”。

四　2022年北京冬奥会发展前景展望

（一）改变“冰强雪弱”的发展态势

1980年美国莱普西德湖第十三届冬奥会，我国首次派出代表团参加；

① 2019年2月19日，《北京2022年冬奥会和冬残奥会遗产战略计划》发布会举办。

1992年法国阿尔贝维尔第十六届冬奥会，我国首次获得冬奥会奖牌；2002年美国盐湖城第十九届冬奥会，我国首次获得冬奥会金牌。截至2018年韩国平昌第二十三届冬奥会，我国总共参加过11届冬奥会，在短道速滑、速度滑冰、花样滑冰、冰壶、自由式滑雪及单板滑雪6个项目中共获得13枚金牌、28枚银牌、21枚铜牌，合计62枚奖牌（见表3）。

表3　历届冬奥会我国各项目获得奖牌数

单位：枚

项目	金	银	铜	奖牌总数
短道速滑	10	15	8	33
速度滑冰	1	3	4	8
花样滑冰	1	3	4	8
冰壶	0	0	1	1
自由式滑雪	1	6	4	11
单板滑雪	0	1	0	1
奖牌合计	13	28	21	62

由我国历届冬奥会获得奖牌数量可以得出，我国冬季运动竞技项目“冰强雪弱”态势明显。截至目前，冰上项目共获得奖牌50枚，占奖牌总数的80.65%，其中，金牌12枚，占金牌总数的92.31%；银牌21枚，占银牌总数的75.00%；铜牌17枚，占铜牌总数的80.95%。

应以2022年北京冬奥会为契机，发展冰雪产业，提高冬季运动普及程度，加大冰雪产业尤其是滑雪产业人才培养力度，让中国雪上运动走上健康发展之路，改变冬季运动竞技项目“冰强雪弱”的局面，实现冰上运动与雪上运动协调发展。

（二）加快冰雪场地设施建设

冰雪场地设施建设是冰雪产业的发展龙头，是带动冰雪产业健康发展的主要动力。2022年北京冬奥会的成功申办，激发了我国广大人民群众参与冰雪运动的热情，为我国冰雪运动发展创造了历史机遇，也对我国冰雪场地设施建设提出了更高的要求。以《全国冰雪场地设施建设规划（2016～2022年）》为发展依据，在冰雪运动传统强省，扩大场地规模，提高设施质量；在冰雪运动新兴地区，着重建设休闲设施为主的冰雪场地设施，或利用当地资源建设室内冰雪场馆，普及冰雪运动，发展冰雪产业，实现“三亿人参与冰雪运动”的伟大目标。

（三）举办冰雪文化主题推广活动

以“冰雪旅游节”“冰雪文化节”“冰雪嘉年华”“赏冰乐雪”“冰雪马拉松”等活动为抓手，充分利用各地冰雪场地资源，推广滑冰、滑雪、冰上自行车、冰上龙舟、雪地拔河等冰雪娱乐项目，开展冰雪运动普及工程，带动更多的人参与冰雪运动，扩大冰雪运动受众范围；组织“冬奥宣讲团”，普及冬奥知识，传承冬奥文化，扩展冰雪项目教育空间，让冬奥会理念深入人心。

（四）加快构建冰雪运动竞赛体系

紧抓冰雪市场，发展冰雪赛事，打造包含职业联赛、青少年联赛在内的冰雪运动竞赛体系，培养冰雪竞技后备人才，培养懂冰雪、会办赛的冰雪运动赛事组织人员与服务人员；加强与国际冰雪运动组织的合作，引入国际高端赛事，充分利用冬奥会遗产，提高国内冰雪场地办赛标准与水平。

（五）冰雪竞技水平显著提高

就中国体育代表团参加冬奥会取得的成绩而言（见表4），其经历了四个阶段，第一阶段是1980～1989年，正式登上历史舞台；第二阶段是1990～1999年，冬奥会成绩显著提升；第三阶段是2000～2009年，冬奥会金牌实现“零”的突破；第四阶段是2010年至今，实现重大历史突破。

随着冬奥会筹办工作的推进，各级政府对冬季运动支持力度加大，全民参与冬季运动的热情持续高涨，中国冬季运动迎来新的发展契机。冬季运动参与人群基数扩大、冰雪竞技项目后备人才培养力度显著提升，将有利于提高中国体育代表团冬奥会成绩，提高我国冬季运动竞技项目国际影响力。

表4 历届冬奥会中国体育代表团成绩

年份	举办地	运动员人数(人)	参加分项(项)	参加小项(项)	奖牌(枚)	排名
1980	普莱西德湖	28	5	18	0	—
1984	萨拉热窝	37	5	26	0	—
1988	卡尔加里	15	4	18	0	—
1992	阿尔贝维尔	33	6	34	3银	15
1994	利勒哈默尔	28	6	—	1银2铜	19
1998	长野	60	7	40	6银2铜	16
2002	盐湖城	72	7	38	2金2银4铜	13
2006	都灵	76	9	47	2金4银5铜	14
2010	温哥华	91	10	49	5金2银4铜	7
2014	索契	66	11	49	3金4银2铜	12
2018	平昌	82	12	55	1金6银2铜	16

热 点 篇

Hot Reports

B.2
冬奥会推动“三亿人上冰雪”活动

屈振江*

摘　要： 在习近平总书记的感召下，推动“三亿人上冰雪”成为2022年北京冬奥会背景下的重要战略。本文以“三亿人上冰雪”为对象进行研究，研究认为“三亿人上冰雪”在冰雪赛事及活动、冰雪运动进校园、北冰南展西扩东进三个方面发挥了重要作用。①冰雪赛事及活动方面，已形成国际性冰雪赛事、区域性冰雪赛事、大众冰雪活动、冰雪文化活动的整体格局；②冰雪运动进校园方面，具有有助于丰富中小学及高校体育教育文化体系、有利于强化学生体质及提升冰雪运动品质、为我国冰雪运动储备人才和为我国冰雪运动造势的重要意义；③北冰南展西扩东进方面，“南展—西扩—东进”层层推进，

* 屈振江，西安体育学院在读硕士研究生，主要研究方向为休闲体育。

井然有序。在推进过程中，发现有人才队伍不完善、专业技能缺乏，大众参与度较低、冰雪产业基础薄弱，资金投入力度不足、基础设施设备不完备等几个痛点；需要抢抓机遇，着力打造特色冰雪运动，扩大宣传和实施品牌战略，发展连锁经营，进行品牌输出。

关键词： 2022年冬奥会　“三亿人上冰雪”　冰雪产业

一　冰雪产业发展政策

随着第二十四届冬季奥林匹克运动会的成功申办，冰雪运动作为我国新兴体育运动日益走入大众的视线。在此之前，我国体育事业就已经迎来热潮，2008年北京夏奥会的成功举办，带动了我国体育事业的发展以及国家对大众体育运动的重视。国家对体育产业的重视使体育产业有了广阔的发展空间和良好的发展条件，在我国体育产业逐渐取得发展的同时，冰雪产业也顺势得到重视与发展。由于特殊的季节性需求，相比其他体育项目而言，我国冬季项目仍然处于较为劣势的地位。基于此背景，国务院、国家体育总局等相继推出一系列政策（见表1），支持和推动冰雪产业发展，并逐渐形成具体的目标性、指导性的政策带动。

表1　我国冰雪产业发展相关政策

政策	发布时间	发布主体
《全国体育人才发展规划(2010～2020年)》	2011年3月	国家体育总局
《国务院关于加快发展体育产业促进体育消费的若干意见》	2014年10月20日	国务院
《体育发展“十三五”规划》	2016年5月5日	国家体育总局
《全民健身计划(2016～2020年)》	2016年6月15日	国务院
《体育产业发展“十三五”规划》	2016年7月14日	国家体育总局

续表

政策	发布时间	发布主体
《国务院办公厅关于加快发展健身休闲产业的指导意见》	2016年10月25日	国务院办公厅
《群众冬季运动推广普及计划(2016~2020年)》	2016年11月2日	国家体育总局等23部门
《冰雪运动发展规划(2016~2025年)》	2016年11月25日	国家体育总局、国家发改委、教育部、国家旅游局
《全国冰雪场地设施建设规划(2016~2022年)》	2016年11月25日	国家体育总局等7部门
《北京2022年冬奥会和冬残奥会中小学生奥林匹克教育计划》	2018年1月30日	教育部、国家体育总局、北京冬奥组委
《国务院办公厅关于加快发展体育竞赛表演产业的指导意见》	2018年12月11日	国务院办公厅
《进一步促进体育消费的行动计划(2019~2020年)》	2019年1月15日	国家体育总局、国家发改委
《关于以2022年北京冬奥会为契机大力发展冰雪运动的意见》	2019年3月31日	中共中央办公厅、国务院办公厅
《冰雪装备器材产业发展行动计划(2019~2022年)》	2019年5月20日	工业和信息化部、教育部、科技部等9部门
《教育部等四部门关于加快推进全国青少年冰雪运动进校园的指导意见》	2019年5月20日	教育部、国家发改委、财政部、国家体育总局

政策的支持和保障为我国冰雪产业与冰雪事业的发展奠定了基石。一方面，在我国冰雪事业高歌勇进的过程中，政策起着保驾护航的作用；另一方面，也在督促着我国冰雪事业加快发展脚步，尤其在冰雪产业和冰雪运动方面，政策的制定和推行成为体育事业发展的强大动力和明确引领。一系列政策的先后出台有利于各部门层层把关，精密分析形势，形成严密的组织网，科学周密地引导国内冰雪市场和冰雪竞技事业的发展，让冰雪产业更快地受到重视，更快地走入大众视野，借助冬奥会举办的有利时机，有效贴合“三亿人上冰雪”的要求，及时把握冰雪文化及冰雪产业的发展契机。

二　冰雪赛事及活动

为积极贯彻响应我国相关冰雪产业政策及号召，扩大我国冰雪产业和冰雪赛事影响力，根据不同地域特征以及不同人群特征发展多样性的冰雪赛事和冰雪活动成为重要而迫切的目标。

（一）国际性冰雪赛事

国际雪联自由式滑雪雪上技巧世界杯、单板滑雪 U 形场地和坡面障碍技巧世界杯、自由式滑雪 U 形场地世界杯、单板滑雪平行项目世界杯、自由式滑雪空中技巧世界杯等国际 5A 级滑雪赛事已在 2018～2019 雪季落地中国；2019 年 4～5 月，2019 年第四届“奥运城市杯”北京国际青少年冰球邀请赛在北京奥众冰上运动中心举办；2019 年 4 月，2019 年国际冰联女子冰球世界锦标赛甲级 B 组比赛在首钢冰球馆举办；2019 年 5 月，首届世界壶联冰壶世界杯总决赛在北京首钢冰球馆举办。

国家体育场（鸟巢）是承办北京夏奥会和冬奥会开幕式与闭幕式的标志性场馆，已连续成功举办 10 届鸟巢欢乐冰雪季，自 2015 年北京携手张家口成功获得 2022 年冬奥会举办权以来，鸟巢欢乐冰雪季加大了对冬季项目的开发力度，着力提升冰雪品牌，打造国际级冬季体育赛事平台。2015 年 12 月，沸雪北京世界单板滑雪赛与现场音乐会、国际雪联自由式滑雪空中技巧世界杯这两项顶级冰雪赛事相继在鸟巢举办。

2018 年平昌冬奥会的顺利举办为我国举办 2022 年北京冬奥会提供了重要参考，无论是在项目设置、场馆建设、社会力量动员中，还是在冬奥会举办期间的社会基础设施完善、体育文化建设等方面，都提供了重要的经验和借鉴。而在平昌冬奥会上，无论是武大靖收获金牌，还是在单板滑雪、女子跳台滑雪等项目上取得的新突破，国家队的健儿们可谓书写下中国冬奥发展史的新篇章。在参加冬奥会取得的成绩方面，中国在 2018 年平昌冬奥会上收获了 1 金 6 银 2 铜的成绩，居于奖牌榜第 16 位。相比于 2014 年索契冬奥会 3 金 4 银 2 铜的成绩来说，中国在冬季项目上仍然面临着严峻的考验和挑战，这为 2022 年北京冬奥会带来一定压力，也留下了展望与期待。

第二十四届冬季奥林匹克运动会将于 2022 年 2 月 4～20 日在北京市和张家口市举行。2022 年冬奥会设 7 个大项 102 个小项。北京将承办所有冰上项目，延庆和张家口将承办所有的雪上项目。北京成为奥运史上第一个举办过夏季奥林匹克运动会和冬季奥林匹克运动会的城市，也是继 1952 年挪威的奥斯陆之后时隔整整 70 年后第二个举办冬奥会的首都城市。同时中国也成为第一个实现奥运“全满贯”（先后举办夏季奥林匹克运动会、夏季残疾人奥林匹克运动会、青年奥林匹克运动会、冬季奥林匹克运动会、冬季残疾人奥林匹克运动会）的国家。

（二）区域性冰雪赛事

随着 2022 年北京冬奥会的脚步临近，在“以运动员为中心、可持续发展、节俭办赛”三大理念的引领下，北京冬奥会的筹办已全面驶入快车道。在北京冬奥会筹办过程中，将积极落实“三亿人参与冰雪运动”的要求，推动冰雪运动普及。让更广阔的人群接触到冰雪运动成为可能。滑雪、滑冰、冰球、冰壶运动越来越贴近群众，2022 年北京冬奥会带来的福利正惠及越来越多人。

除国际高端冰雪赛事外，我国大众性冰雪赛事也呈现蓬勃发展的态势。2016 年至今，北京各区积极开展了各项区级的校际冰球联赛。2017 年，新浪体育成功举办了“新浪杯”亚洲青少年冰球联赛，既能通过赛事的举办和宣传促进冰球运动的推广，又能结合新媒体的力量进行进一步宣传和呼吁。2017 年 12 月 7 日，新浪体育和中国冰球协会联合在北京举办了首届冰球校长论坛活动，为冰球运动的推广打开了一扇大门，促进了各学校、冰场、俱乐部以及媒体等多方对中国青少年冰球运动发展的关注和深入探讨，以期集合最广泛的资源把这项值得期待的运动做好做强，为冰场、俱乐部、学校的融合提供一个有利的平台。在这次活动中探讨了冰球运动的现状以及未来的发展方向，论坛最后由新浪体育和中国冰球协会共同发起了《中国青少年冰球运动发展倡议》，以助力青少年冰球运动的推广和发展。

2018 年 5 月，第二届冰球校长论坛在北京举行，更加细致地对青少年冰球运动进行了探讨。活动最后，为响应“三亿人参与冰雪运动”的号召，发起《2018中国青少年冰球运动发展倡议》，号召社会各界为推动中国青少年冰球运动的发展贡献力量。面对冰球运动发展的新契机，新浪体育2018年推出全新冰雪赛事——信和杯国际青少年冰球公开赛。2018年5月8日，信和杯国际青少年冰球公开赛发布会暨2018冰球校长论坛在北京圆满落幕。此次国际青少年冰球公开赛由新浪体育和中商华通资产管理有限公司联合主办，双方勇担使命，积极落实国家“三亿人上冰雪”的要求，使中国冰球走向国际。信和杯国际青少年冰球公开赛于2018年5~7月进行，在全国5个赛区陆续举办14场分站赛和1场总决赛，辐射将近300支球队3000名青少年参赛，对冰球运动产生了巨大的带动效应和深刻的影响。

2017年8月27日，中华人民共和国第十三届运动会于天津举行，此届全运会共设33个大项417个小项，为期13天。其中，轮滑冰球成为此届全运会新增项目之一，并于7月在天津市体育馆提前开赛。轮滑冰球比赛是轮滑球与冰球结合的一项运动，比赛过程中，运动员手持冰球球杆，在轮滑球场上打轮滑球状的球，并采用冰球比赛的竞技规则，不允许身体触碰。轮滑冰球比赛创新性地将冰雪项目与传统轮滑相结合，在降低场地难度、增加比赛趣味性的同时，能够将冰雪项目顺利引入全运会赛事，提高对冰雪项目的关注度和参与度，推动冰球运动的发展。

此次轮滑冰球比赛女子组有9支队参加，分别是北京队、贝朗队（来自黑龙江的一支社会俱乐部队）、广东美洲狮队、河北队、黑龙江队、湖北队、内蒙古队、上海队、天津队；男子组有11支队参加，分别是北京队、重庆队、广东美洲狮队、河北队、黑龙江队、湖北队、内蒙古队、上海队、山东力速雷鹰队、香港队、天津队。从参赛队分布省份数量来看，北方有6个省份，南方有5个省份，南方、北方参赛省份数量相差不大，这也体现出近年来我国对于冰雪项目及冰雪运动的推广效果颇佳。天津队与黑龙江队更是展现出了北方省份的优势，在此次赛事中表现出色。

此前，为确保第十三届全运会轮滑冰球比赛的圆满顺利进行，国家体育总局冬季运动管理中心于2017年6月27日在北京首体宾馆召开了第十三届全运会轮滑冰球比赛赛风赛纪和反兴奋剂工作动员大会。轮滑冰球虽然是第十三届全运会新增加的项目，但赛事组给予了高度关注和大力支持。由于没有以往的经验和成绩做参考，通过男子预赛和女子决赛抽签仪式，产生了完整的竞赛日程。整个抽签过程公平、公正、公开，得到了各参赛队的高度认可。此届全运会轮滑冰球比赛的顺利举办为之后轮滑冰球比赛的开展打下了基础，提供了经验和借鉴。

（三）大众冰雪活动

随着北京冬奥会的临近，各级政府部门、社会企业团体对于冰雪产业和冰雪项目的重视，带动了更多人参与冰雪运动，带动并吸引了更多社会资本、社会力量投入冰雪产业，从而为人民群众提供了全方位、多层次、高质量的冰雪运动服务，进而扩大了冰雪运动覆盖面，夯实了冰雪运动群众基础。

2018 年冬季，北京举办了首届北京市冬季运动会、北京市民快乐冰雪季、大众冰雪季北京公开赛、滑冰滑雪公益体验课等多项市区级赛事和活动。通过企事业单位、学校、社区等统一组织，让广大市民参与冰雪运动，调动和激发了北京市民的冰雪热情，对引导广大市民形成健康文明的生活方式、掀起参与冬奥筹办的新热潮具有积极而重要的影响。

2018 年 12 月 31 日，由北京 2022 年冬奥会和冬残奥会组织委员会指导，北京国资公司、北投集团联合主办，北奥集团主承办的首届“相约 2022”冰雪文化节开幕。文化节集文化、运动、科技、娱乐于一体，通过文化推广、科技展示、冰雪体验等方式，向公众全方位展示了奥林匹克精神、冰雪运动以及中国文化的融合，让更多有兴趣了解奥林匹克文化、想要参与冰雪运动的公众切身体验冰雪。

2018 年 12 月 29 日至 2019 年 2 月 28 日，第十届鸟巢欢乐冰雪季开幕。作为“相约 2022”冰雪文化节的重要组成部分，第十届鸟巢欢乐冰雪季承担各类雪上项目活动，现场开展了高台滑雪、越野滑雪、雪地 CS、打雪仗等 20 余项雪上健身游玩活动，吸引上百万人次参与。冰雪文化节不仅是北京市乃至整个京津冀地区展示冬奥文化、宣传冬奥项目、营造冬奥氛围的全民参与的龙头品牌活动，同时还向世界展示了中国冰雪运动和冰雪文化①，为推进“三亿人上冰雪”提供了又一途径。

借助2022年北京冬奥会的热潮以及京津冀地区协同发展的政策利益，旅游业蓬勃发展，生态红利快速释放。在“相约2022”冰雪文化节中，北京国资公司发挥资源优势和协同作用，助力推动竞技性冰雪运动、群众性冰雪运动、冰雪产业、冰雪文化等发展，为北京奥运地标提升了冰雪运动品牌效应和社会效益，盘活了冰雪产业商业价值，擦亮了北京的冰雪名片。同时，进一步响应了习近平总书记“三亿人参与冰雪运动”的号召，把专业的场馆运营和运动保障服务提供给广大人民群众，让民众全方位、多角度、沉浸式体验冬奥冰雪文化魅力；通过打造京津冀体育精品赛事，带动区域经济的发展和产业的优化升级，让人民共享发展成果，践行国企社会责任。

（四）冰雪文化活动

冰雪赛事的组织与文化宣传是促进冰雪运动及冰雪产业迅速发展的两大重要途径。在冰雪赛事举办的过程中，文化宣传相伴而生。着力打造和提升冰雪文化的影响力和带动力，发挥其对社会各界潜移默化的影响，是不容忽视的一环。新浪体育成立于1998年，是中国第一个互联网体育媒体平台，包括PC网站、手机WAP和新浪体育App客户端、微博矩阵等，通过网络渠道第一时间向全国体育爱好者提供全面、专业、丰富的全球体育新闻和赛事报道。从2015年开始，新浪体育深化改革，从体育媒体向体育产业公司方向转型。除了赛事宣传和报道，新浪体育还拥有多个自主知识产权的品牌赛事，包括3×3篮球黄金联赛、5×5足球黄金联赛、亚洲青少年冰球联赛等。此外，利用媒体进行的各式各样的体育赛事及体育活动宣传，已经成为关注重点。除新浪体育外，腾讯体育、搜狐体育、虎扑体育、网易体育等各大体育门户网站，也都在提供体育咨询、宣传体育文化上起着重大作用。

---

① 《“相约2022”冰雪文化节落幕　打造北京冰雪城市名片》，人民网，http://bj.people.com.cn/n2/2019/0220/c82846-32661595html，2019年2月20日。

为做好体育文化的宣传推广，满足人民日益丰富的体育竞技和体育娱乐需要，自2017年起，国家体育总局开始全面布局电视和网络宣传平台，使之成为搞好体育文化宣传的一大推手。2018年3月8日，国家体育总局召开新春体育记者座谈会，强调要突出宣传体育系统贯彻党的十九大精神和习近平总书记关于体育的重要论述；突出宣传亚运会、奥运会，深度挖掘体育故事；突出宣传2022年北京冬奥会的备战工作；突出宣传大健康理念和全民健身工作；突出宣传体育文化的新格局；突出宣传体育产业的新发展；突出宣传体育改革的新举措。要加强舆论引导和规范，助力我国体育文化事业发展。在体育文化方面，除了做好宣传，更应做好体育文化的积极建设，加强同国际文化的交流和接轨，在宣传我国体育文化事业推动其走向世界的同时，积极引进国外先进的体育竞技技术和体育文化产业。

近年来，体育文化作为娱乐文化的一部分，逐渐借助娱乐文化的发展而实现引流，除各大电视网络媒体进行赛事报道之外，与体育相关的综艺节目也日渐走红，为体育运动的推广打开了有利的突破口。2019年4月12日，华策天映文化传媒联合北京卫视制作的大型青春艺术实验节目——《花样中国》开播。《花样中国》是张艺谋导演为助力2022年北京冬奥会、响应“三亿人上冰雪”号召、鼓励更多人热爱冰雪运动的集艺术与真实于一体的新型节目，它从艺术层面出发为“三亿人上冰雪”助力。

在此之前，体育界各类优秀的运动员包括奥运冠军也已逐渐走入娱乐界，以参加综艺节目等形式来促进体育文化事业的发展，从跳水冠军田亮到游泳健将孙杨、乒乓球冠军张继科以及在2016年里约夏奥会中收获较高人气的傅园慧等人，体育界各个领域的优秀健儿都活跃在近几年的荧幕上。随着冰雪运动在我国的不断发展，一些优秀的冰雪运动员也逐渐走入人们的视线。1994年7月24日出生于黑龙江省佳木斯的武大靖，是中国男子短道速滑队运动员，是短道速滑男子500米世界纪录保持者、奥运会纪录保持者，以及2018年平昌冬奥会短道速滑男子500米冠军。在短道速滑项目上已经收获了多项荣誉的他，在2018~2019年这两年时间里，曾先后以嘉宾身份参加过《欢乐中国人》第二季、《奔跑吧兄弟》第六季、《向往的生活》第二季以及《一封家书》第二季等不同类型的综艺节目，这不仅使之成为综艺节目的热门嘉宾，也使越来越多的人了解短道速滑这项运动，进而起到扩大冰雪运动影响力的效果。这是体育与娱乐的一种融会，在这个过程中，文化的宣传作用对我国体育运动尤其是冰雪运动的发展起到了推动的效果，成为当下的一种趋势。

除具体的赛事活动和文化宣传外，我国冰雪产业的不断发展推动了冰雪活动场地建设，为冰雪项目和冰雪运动的发展提供了必需的设施，同时也反过来带动了冰雪产业的发展。2018 年 12 月 21 日，全国主要滑雪场发展规划与经营战略研究班结业仪式暨全国滑雪场联盟成立大会在长白山鲁能胜地举行。全国滑雪场联盟是全国滑雪场的大家庭，是一个非实体存在、非营利性的平台组织，本着友好、自愿、平等、互利、共赢的联盟原则，在未来滑雪场发展中共商、共创、共荣、共发展。在冰雪事业高速发展的时代背景下，在各家雪场紧抓发展机遇的同时，应严格规范市场竞争，优化提升滑雪体验软环境，共担新时代滑雪场转型发展重任，为 2022 年北京冬奥会助力，响应“三亿人上冰雪”号召，使中国滑雪市场迎来黄金发展期。雪场企业自发成立全国滑雪场联盟，标志着中国滑雪场从以往的单打独斗逐渐向行业统一标准发展，为行业的规范经营注入新的力量。

2019 年 3 月 19 日，全国滑雪场联盟第一届全体成员大会暨冰雪运动与营地教育发展峰会在吉林市万科松花湖度假区召开。大会成员达成共识：“联盟的成立，既是大势所趋，也是必然要求。对标国外先进技术和经验，吉林文旅人深谙，单兵作战已成往事，唯有强强联合，抱团取暖，取他人之长，补己之短，才是顺应潮流的明智之举，才能推动冰雪产业持续健康发展，蹚出一条高质量发展的新路。”同时强调，联盟要发挥作用，首先要将行业研究放在第一位。联盟将参与中国冰雪产业的整体制度建设与顶层设计，做好政府参谋。政策措施的出台、实施，离不开企业、离不开真正的市场运营主体，真正了解市场的是企业、行业组织，行业组织可以在政府支持性资金的使用上，在各级各类滑雪场的评优奖励工作以及企业评价、产品评价、认证工作等方面发挥作用，更可以在市场开发与建设、重点技术创新计划、重大装备设备的国产化利用、数字化发展、智能化改造项目计划等方面发挥作用。

大型滑雪场和滑雪场联盟的发展依赖于国民收入的稳健提升和冰雪市场的逐步开拓，当下滑雪场的建设和滑雪场联盟的成立也能带动中国冰雪产业与冰雪项目的发展，为其提供必要的设施保障和发展条件。随着我国经济的不断发展、人民生活水平的不断提高，对于冰雪项目的需求也会随之上升，滑雪场与滑雪场联盟也会不断朝着规范化、科学化、多元化的方向发展。反之亦然，中国国内滑雪场的运营和建造、滑雪场联盟的发展和壮大，也会加快促进滑雪运动走向大众，成为中国新的消费点和经济增长点，成为中国体育文化新的热点。

三 冰雪运动进校园

在“三亿人上冰雪”活动口号引导下，冰雪活动的受众已经不仅限于冰雪运动者和冰雪爱好者。在冰雪运动的普及和推广过程中，学校教育是不可缺少的一环，对学生群体的冰雪运动普及是我国冰雪运动人才储备的一项重要措施。《冰雪运动发展规划（2016～2025 年）》开辟了“校园冰雪计划”专栏，鼓励有条件的北方地区中小学将冰雪运动项目列入冬季体育课教学内容，鼓励南方地区中小学积极与冰雪场馆或俱乐部建立合作，开展冰雪运动课程。为培养青少年的冰雪运动技能，推进“百万青少年上冰雪”和“校园冰雪计划”，促进青少年冰雪运动的普及发展，以政府购买服务方式，支持学校与社会培训机构合作开展冰雪运动教学活动。

2019 年 6 月，教育部体卫艺司负责人在就《教育部等四部门关于加快推进全国青少年冰雪运动进校园的指导意见》答记者问中提到，推进冰雪运动进校园分为三个阶段。第一阶段为 2016～2018 年，2016 年在《国务院办公厅关于强化学校体育促进学生身心健康全面发展的意见》中明确提出，在全国中小学积极推进冰雪运动等特色项目，逐步形成“一校一品”“一校多品”教学模式。鼓励和支持京、津、冀及东北三省教育部门积极开展冰雪运动特色学校建设试点工作，不断总结和积累试点经验。同时加强与国家体育总局、北京冬奥组委等部门的协同合作，联合制定并印发《冰雪运动发展规划（2016～2025年）》《北京2022年冬奥会和冬残奥会中小学生奥林匹克教育计划》，为今后“冰雪运动进校园”的开展做好顶层设计，打下良好基础。第二阶段为2019～2022年，在全面总结前三年工作经验的基础上，面向全国开展全国青少年校园冰雪运动特色学校及2022年北京冬奥会和冬残奥会奥林匹克教育示范学校、试点县（区）、改革试验区遴选工作。中办、国办印发的《关于以2022年北京冬奥会为契机大力发展冰雪运动的意见》，教育部办公厅印发的《关于做好全国青少年校园冰雪运动特色学校及2022年北京冬奥会和冬残奥会奥林匹克教育示范学校遴选工作》，以及教育部、国家发改委、财政部和国家体育总局联合印发的《教育部等四部门关于加快推进全国青少年冰雪运动进校园的指导意见》，都明确提出通过特色学校、示范学校、试点县（区）、改革试验区遴选，树立一批校园冰雪运动教育教学工作的先进典型，推动校园冰雪运动普及，促进青少年对冬奥会和冬残奥会项目知识的了解和兴趣的培养，不断丰富体育教学活动内容，构建具有中国特色的冰雪运动教学、训练、竞赛和条件保障体系，为2022年北京冬奥会和冬残奥会营造浓厚的教育氛围。第三阶段是在2022年冬奥会结束后，充分利用冬奥会留下的精神遗产、文化遗产和物质遗产，继续做好特色学校、示范学校、试点县（区）、改革试验区创建和遴选工作，让校园冰雪运动教学、训练、竞赛和管理体系更加健全，冰雪运动特色学校示范引领作用更加强劲，学校冰雪运动场地设施和师资队伍等条件保障更加有力，冬季奥林匹克教育深入人心，参与冰雪运动的学生显著增多，青少年冰雪运动水平稳步提升，学校、家庭和社会促进冰雪运动发展的融合机制更加完善，政府主导、部门协作、社会参与的校园冰雪运动推进机制更加成熟。

（一）“冰雪运动进校园”的意义

“冰雪运动进校园”任务具有深远的战略意义。

1. 有助于丰富中小学及高校体育教育文化体系

随着时代的发展，传统的体育教学模式也需要一定的补充和改变。中小学阶段的学生容易接受新事物，在此阶段融入冰雪运动这一全新的体育项目，激发学生学习的热情和主动性，能够在实践参与的过程中让学生感受到冰上运动和雪上运动的乐趣，拓展学生的视野。冰雪运动以它本身的趣味性和竞技性，能带给学生别样的体验和乐趣。冰雪运动能够磨炼学生的意志，激发学生在困境中勇往直前的激情，让学生更近距离地观察自然、体验自然、亲近自然，是一项让学生发现自我、展示自我、锻炼自我的高尚运动，有助于学生的综合发展。在学校体育教学中，冰雪运动能够充分发挥学生的体育锻炼自主性，有助于丰富中小学及高校体育教育文化体系。

2. 有利于强化学生体质及提升冰雪运动品质

冰雪运动对环境氛围和运动方式要求的特殊性决定了进行冰雪运动需要具备不怕艰苦、不畏严寒的顽强意志品质，以及坚韧不拔、坚持到底的毅力。因此，学校通过开展冰雪运动教育可以锻炼学生的意志力，提升学生的运动品质，对培养学生勇于挑战自我、勇于克服困难的精神具有重要意义。同时冰雪运动进校园可以将奥林匹克教育的实施融入体育实践活动中，促进青少年“坚持”“拼搏”“顽强”等品质的培养。

现阶段初高中体育教学内容比较单调，教学方法比较单一，学生对体育课程的学习热情和学习兴趣不够高涨，学生课业压力较大，学生所进行的体育锻炼较少，身体素质也较差。而初高中阶段正是学生成长和发育的关键阶段，适当的体育锻炼能够促进学生体质的增强和身心的健康发展。

3. 为我国冰雪运动储备人才和为我国冰雪运动造势

在欧美及日、韩等国，冰雪运动早已进入大众生活，成为一种休闲娱乐、时尚健康的运动方式。这与其日常的教育教学活动有着不可分割的联系。在欧美，冰雪运动已经列入中小学体育课程。在日本，冰雪运动课程已经成为必修课，在中小学的冰雪社团中，每周也会开展至少三次的冰雪活动。这应当对我国发展冰雪运动有所启发。对于我国来说，冰雪运动是近几年才兴起的运动形式，而其与普通大众的距离依然很远。青少年是国家的未来和希望，“冰雪运动进校园”从学生群体抓起，这能为我国的冰雪运动在未来几年甚至几十年里带来源源不断的活力，使冰雪运动在未来全面走向大众视野和走进大众生活。冰雪运动在学生群体中的壮大，能够起到为我国冰雪运动造势的作用，在响应国际冰雪产业及冰雪项目发展潮流的同时，能够使我国冰雪运动拥有辉煌而广阔的前景。

进入 21 世纪以来，我国以大国形象屹立在世界舞台上，国家形象的树立离不开综合国力的壮大，综合国力的壮大离不开各项实力的提升。我国已经成功举办 2008 年夏季奥林匹克运动会、2014 年青年奥林匹克运动会等国际重大赛事，并且在各大国际赛事上取得了令人瞩目的成绩，体育实力也成为我国国际影响力的重要组成部分。近年来，顺应国际潮流，我国在冰雪运动、冰雪竞技方面也逐渐投入较大心力，在冰雪运动的各大赛事中取得不错的成绩，一些优秀的冰雪运动健儿也开始崭露头角，我国的冰雪运动发展未来可期。凭借这样的发展趋势，我国在 2015 年成功获得 2022 年第二十四届冬奥会的举办权，从此进入冰雪事业发展的加速期，掀起了“三亿人上冰雪”的热潮，吸引了广大的学生群体。“冰雪运动进校园”让我国参与冰雪事业的群体日渐庞大，也为我国冰雪事业储备后备人才提供了最为有效的方法和途径。从学习能力来看，学生群体具备高效的学习能力和良好的学习状态；从年龄层次来讲，运动竞技性的冰雪活动，对年龄和身体素质的要求较高，学生是最具备这些优势的群体，具有广阔的发展前景；从我国冰雪事业长远发展来看，体育教学应该从小抓起，这样才能为我国体育事业的更新换代提供充足的保障。

（二）“冰雪运动进校园”的困境

近年来冰雪运动逐渐为人们所熟知，作为体育运动项目逐渐被重视。作为近代体育运动项目的冰雪运动，由于其自身独特的场地设施和运动环境的需求，其发展一直存在诸多困难和限制因素。学校体育教育作为国民体育的基础，也应肩负起对冰雪运动的推广和教学任务，但就目前的总体状况来看，冰雪运动“在我国没有被列入学校体育教育内容的范畴中，即使在东北等寒冷地区也很少有学校开设冰雪项目课程”。[①]

1. 冰雪运动受气候条件影响大

冰雪运动本身更适合在冬季进行，这是其固有的季节性特征决定的。一方面，冰雪运动项目多适合在室外或者较为广阔的室内空间进行，而且冰雪运动项目的场地设施以及器材用具专业化程度高，需要温度条件，即便可以克服自然因素，需要的资金包括科学器械投资规模也十分庞大。另一方面，冰雪运动项目内容丰富。其对运动者的身体素质和运动技巧有很高的要求，需要专业的运动技能指导和体能素质锻炼。很多冰雪运动项目难度系数较高，危险性也较大，不适合在中小学开展，如何解决季节限制、降低冰雪运动项目的难度使其适应学生群体，如何解决运动设施专业化程度过高且保证学校用于教学的器材安全性也是当下需要面对并解决的问题。

2. 学校教育存在挑战

首先，对于学校教育来说，学校承担着保障学生安全的责任，尤其是中小学学校教育，面对学生发展发育还不成熟等客观因素，在进行体育教学和体育锻炼时，需要切合学生发展实际，开展适合学生进行的体育运动，运动的强度和难度都要有所限制。

其次，当前的学校教育对体育教育的重视程度远远不够，开展冰雪运动教学的更是寥寥无几。虽然在近几年的宣传推动之下，陆续有一些学校开始进行冰雪运动教育，但各中小学校缺少冰雪运动教学大纲和冰雪运动教材等课程资源，在众多的冰雪运动项目中，应该选择哪些项目、哪些项目在中小学校可行、如何进行教学和训练等，这些问题依然困扰着教师和学校，从而导致“冰雪运动进校园”活动的开展无章可依、无法可循，目前依然存在许多学校和教师不知从何着手的问题。同时，教师冰雪专业技能缺失也给教学带来困难。截至2018年5月，北京市有9000多名体育教师，只有5%的人接触过冰雪运动。[②]

---

① 李捷：《冰雪运动进校园面临的困难及解决对策》，《体育教学》2018年第7期。

② 2019年4月13日，教育部召开推进冰雪运动进校园专题研讨会。

最后，学校教学环境复杂，运动过程难以保证零干扰。学校的运动场地毕竟有限，一所学校的场地安排是有一定规划的，难以满足冰雪运动项目对于场地的需求；在学校运动场地中进行其他活动的人员又比较多，意外伤害发生的概率比较高。在“冰雪运动进校园”过程中，如何预防意外伤害的发生，如何确保冰雪活动有序进行，这需要学校提前制定相关的预防措施和对策，这也是当前“冰雪运动进校园”面临的一项新的挑战，是学校体育教育领域需要探索的新问题。

（三）“冰雪运动进校园”的任务

“国家有要求、学校有追求、学生有需求”，“冰雪运动进校园”不仅能够大力普及和推广冰雪运动，也能够丰富学校体育运动类型，满足不同兴趣爱好学生的体育运动需求，逐步降低冰雪运动的受众年龄，为培养冰雪体育人才打好基础，完善后备人才培养体系。要促进“冰雪运动进校园”，完成好以下几项任务必不可少。

1. 制定和编写专业的冰雪运动教材，以科学的理论和方式引导学校教育的进行

学校教育是推广冰雪运动的基础性工程，而编写专业的冰雪运动教材则是基础之中的基础，以科学的理论和具体、专业的步骤引导教学，是开展冰雪运动学校教育的第一步。为贯彻落实习近平总书记关于“大力发展群众冰雪运动”的重要指示精神，配合2022年北京冬季奥林匹克运动会战略的实施，推进我国冰雪运动的普及与开展，为中小学校提供冰雪运动项目的教学资源，经过广泛调研与论证，人民教育出版社课程教材研究所体育课程教材研究开发中心开发、编写了适合中小学开展校园冰雪运动教学和训练的系列丛书，包括中小学、中等职业学校的学生用书和教师指导用书，由国际奥委会委员、冬奥会短道速滑冠军杨扬担任编辑顾问；丛书系统地编写了各学段的速度滑冰、花样滑冰、冰球、高山滑雪和单板滑雪等主要冰雪运动项目的教学内容；丛书使用真人照片展示具体的动作技术细节，使用二维码技术链接展示完整的视频录像示范；丛书通过构建3D立体场地和卡通人物来详

细说明学练方法和技战术要点，并结合移动互联网技术将教材延伸到数字学习终端。《中小学校园冰雪运动学生用书》共8册，其中，《中小学校园冰雪运动学生用书：雪上运动》和《中小学校园冰雪运动学生用书：冰上运动》各4册，并包含技术动作视频，适合作为入门级冰雪运动读物。

除了中小学冰雪运动教材的编写和制定，各大高校也陆续开展高校冰雪运动教材的编写和研究工作。2019年6月4日，河北师范大学体育学院召开《高校冰雪运动教程》编写研讨会。该教材是响应习近平总书记关于大力开展冰雪运动的指示，落实中办、国办《关于以2022年北京冬奥会为契机大力发展冰雪运动的意见》，实现河北省委提出的“大力普及冰雪运动，推进冰雪运动进校园、进公园、进社区，力争2022年全省参与冰雪运动人数达到3000万”的目标任务，由河北省体育局立项、河北师范大学体育学院与公体部相关专业教师负责编写的统编教材。教材定位于高校冰雪课程，内容包括真冰、真雪和旱冰、旱雪四部分，并将以二维码的形式加载可视化冰雪技术教学，属于典型的应用型教材。本套教材将填补高校普及冰雪运动的空白，与会领导和专家对教材编写提出了更高的期望与要求，对如何结合河北冰雪运动的现实做到有用、实用，怎样根据高校现有的需求接地气、能落地，解决好“谁来滑、到哪滑、怎样滑”等问题提出意见建议。从基础教育开始，到高校教育深入，体育教材的编写和制定已经引起学校方面的足够重视。

2. 利用社会资源，组织青少年冰雪体育活动及赛事

河北省凭借其地理优势和资源优势，积极响应并开展冰雪活动和组织冰雪赛事，着力打造魅力河北。为助力带动“三亿人参与冰雪运动”，河北省确立了“2022年全省参与冰雪运动人数达到3000万”的目标，积极开展和推广群众性冰雪体育活动和赛事，截至2018～2019雪季末，河北省组织开展了“‘健康河北　欢乐冰雪’2018～2019河北省雪季系列活动”；自2018年11月15日以来，张家口市组织主城区及市直学校的2万余名中小学生体验滑雪、1万余名学生体验滑冰。可见河北省将推进“冰雪运动进校园”付诸实际行动。在2018～2019雪季，河北省紧紧抓住青少年这个关键群体，

积极开展“双百双万”校园冰雪知识宣讲、冰雪电影学堂、陆地冰壶进校园、雪地足球赛、冰雪知识竞赛、“迎冬奥”征文绘画摄影作品征集评选等活动，400多万名中小学生参与。在“冰雪运动进校园”存在资金、场地、专业指导等方面欠缺问题上，河北省通过相关部门引导扶持、社会力量广泛参与，使中小学校园冰雪运动氛围日渐浓厚。作为国内最具影响力的体育文化推广平台，新浪体育先后在体育文化宣传、体育赛事组织等方面做出了不错的成绩，在推动青少年体育文化事业发展和联合社会力量促进校园体育文化生态建设方面都积极贡献了力量，成为有效的社会资源助力站。

2018年3月21日，为大力推进中小学冰雪运动普及，在北京市海淀区教委和体育局的倡议下，海淀区中小学冰雪运动联盟在五棵松HI-PARK篮球公园正式宣告成立。其具体任务包括：充分利用和发挥联盟成员的资源和优势，实现联盟内社会场馆、企业和教育教学科研机构等资源共享；组织教育教学科研机构围绕中小学冰雪运动开展专题研究；定期组织冰雪运动文化宣传活动，营造冰雪运动的浓厚氛围；组织联盟内的冰雪运动场馆在成本核算的前提下，给予中小学生低于市场价格的折扣，每年向海淀区中小学生免费赠送冬季奥林匹克教育冰雪运动体验票等。海淀区中小学冰雪运动联盟整合多方资源，构建起资源共享平台，充分发挥北京市海淀区的资源优势，切实为海淀区中小学冰雪运动的推广和普及提供社会资源支持，更好地促进冰雪运动赛事的组织和承办，推进冰雪运动不断深入学校教育。

作为学校体育课程或学校体育活动进行真冰真雪的学习，需要利用社会现有的冰雪场地和设施等公共资源，需要学校与社会上相关冰雪体育服务机构进行沟通与协调，通过购买社会服务的方式解决学生上冰上雪问题。在北京，一些学校通过购买社会服务，利用大型商场中冰场的空闲时间，组织学校学生“加塞儿”学习冰上项目。我国近年来大力支持发展体育产业，出台了一系列政策。2022年北京冬奥会更是给冰雪体育产业带来了巨大的发展机遇。“冰雪运动进校园”也会带动冰雪体育产业中冰雪体育服务业的发展。除此之外，没有冰雪的地区也可以通过购买社会服务的形式，利用滑草场和旱地滑雪道等休闲娱乐设施，让学生学习冰雪运动技术，发展学生的综合素质。

3. 提供学校资源，强化师资力量，促进青少年冰雪体育运动的培训和指导

在《冰雪运动发展规划（2016~2025年）》中，已经提出“全国中小学校园冰雪运动特色学校2020年达到2000所，2025年达到5000所”的发展目标，鼓励培养中小学冰雪运动教师，实现“到2020年完成对5000名校园冰雪运动项目专职或兼职教师的培训”的目标。

2017年12月23日，廊坊市“大众冰雪运动进校园”活动正式启动。此次活动以“壹佰剧院·超级冰雪嘉年华”场地为基础，以“儿童冰雪教学和训练”为主题，专门配置了初级滑雪教学道，配备了专业教练20人，邀请世界冠军郭丹丹领衔的众多冰雪运动专家，为孩子们进行冰雪运动启蒙，开启了廊坊市中小学生的冰雪运动第一课。培养廊坊市青少年对冰雪运动的了解与兴趣，希望通过学生参与冰雪运动带动整个家庭、带动社会共同参与，从而推动实现“三亿人上冰雪”。郭丹丹领衔的冰雪运动专家的亲力亲为，对推动冰雪运动的普及和冰雪教育的实施具有极其重要的意义。在促进宣传的同时，突出冰雪教育专业指导的重要性，突出对起步教育的重视，是为我国冰雪运动做好储备工作的关键性步骤。

加强教师冰雪培训及课程资源开发是应对当前师资力量薄弱、教学资源缺乏的重要措施。教师是“冰雪运动进校园”的主导者，只有让他们了解和掌握冰雪运动的知识和技能，加强师资队伍建设，才能不断探索和推动校园冰雪运动的开展。因此，应加强对教师的各种培训，不仅是体育教师，也包括班主任，还有学校其他工作人员。此外，加强和体育专业院校教师以及社会上冰雪运动的专家、能人等有贤之士的交流，采取请他们讲课、代课等方式，合理有效地利用各方人才为校园冰雪运动的开展助力。及时总结经验，组织教师编写教材，加强课程资源的开发与建设，保障校园冰雪运动持续稳步发展。

4. 结合学校具体情况因地制宜，积极应用改良和开发成果

由于各地区各学校教学条件不同，冰雪运动的开展必须根据各学校具体情况进行设计、实施。从组织和开展的形式来看，有条件的学校可以将冰雪

运动纳入体育课程中，通过体育课教学，使学生掌握一项冰雪运动的技能。开课条件不充足的学校，可以将冰雪运动纳入课外体育锻炼或学生社团活动中，通过增加冰雪运动的体验性练习，提高学生身体素质。从开展内容来看，滑冰、滑雪、冰壶、冰球等项目可以调整难度，比较适合中小学开展，学校可以根据具体情况进行选择。此外，像北方有自然冰雪条件的学校，可以在冰雪自然环境中进行学习，也可以组织一些竞赛活动。没有自然冰雪条件的学校，可以开展旱地冰雪学习。对于高校来说，由于学生年龄及心理、生理都已经趋向成熟，可以适当地提高冰雪运动的挑战难度，从一定程度上来讲，高校作为冰雪运动的重要节点，更应该高度重视冰雪运动，将其作为学校体育教学的重要组成部分，加大冰雪运动的宣传和组织力度，为冰雪运动发展造势。

另外，为解决冰雪运动受季节和场地限制问题，学校在体育教学中应当通过器材开发和运动形式改良，使冰雪运动旱地化。目前，社会上已经有一些开发和改良的成果可以利用和借鉴，不同地区和学校可以根据具体情况进行引进和应用。比如，校园旱地滑雪是通过对运动器材进行开发，对滑雪运动进行改良，为青少年参与冰雪运动的初级体验和模仿练习而设计的一项运动形式。目前，一些体育产业文化公司设计并生产了校园旱地滑雪运动的器材，穿上它在学校操场和空地就可以滑行。有条件的学校可以购买器材，开设校园旱地滑雪课程。此外，旱地冰球这项运动在欧美国家早已成熟，2008年引进我国，运动器材简单，非常便于引入课堂教学和学校竞赛中。此外，旱地冰壶、桌上冰壶等运动项目的器材开发，都为冰雪运动进校园提供了器物条件。各学校可以根据自己的具体情况进行选择。此外，还有一些通过利用废旧材料制作的与冰雪运动器材相类似的运动器具，让学生模仿体验旱地冰雪游戏，如利用废旧的带轮座椅，或在废旧木板下面安装滑轮，制作成“雪橇”或“雪车”进行单人或多人的滑行比赛。利用学生平日玩的滑板进行扭转前行练习和比赛，体验单板滑雪的身体动作，提高身体的平衡能力等。这些游戏可以作为中小学体育课教学活动内容的补充，用于发展学生的身体素质，激发中小学生冰雪运动学习的兴趣。

做好学校教育是我国“三亿人上冰雪”计划的重要一环，青少年是国家的未来和希望，也是我国冰雪运动和冰雪产业未来发展的希望。同时，“冰雪运动进校园”对高校的体育文化建设也具有重大意义，可丰富高校的体育文化体系，提升高校学生的冰雪运动品质，实现全民运动、全民健身。在认识到学校教育不系统、教材和设施不完善等现实境况的同时，着力解决问题和提升重视程度是学校冰雪教育的重要任务，应全力打好冰雪事业发展的攻坚战。

四　北冰南展西扩东进

（一）战略提出

1. 背景

中国位于亚欧大陆东部、太平洋西岸，季风气候显著，受冬、夏季风交替影响。中国地域辽阔，南北跨纬度较大，从温度带来说，自南向北有热带、亚热带、暖温带、中温带以及寒温带等；秦岭－淮河一线大致为中国南北方分界线、1 月 0℃等温线，南方温暖而北方寒冷，这是中国南北气温的突出特点。结合东西方向来说，西部省份主要包括宁夏、新疆、西藏、内蒙古、广西、重庆、青海、甘肃、四川、陕西、贵州以及云南等，东南部地区降水多于西北部地区。

我国独特的地理位置决定了冰雪活动不平衡的特点，北方在地理、气候等条件上明显占有优势。我国的体育传统决定了体育运动项目冬夏不平衡的特点，传统体育项目、不受季节因素影响的体育项目、夏季运动会及国际赛事一直较受重视，而冰雪运动在我国发展的时间还较短，发展水平远远落后于传统项目。我国经济发展的不平衡也导致了我国在发展冰雪事业时备受阻挠，南方地区虽然由于地理位置和气候因素的影响，冰雪运动还并不普及，但其经济的发展是冰雪运动得以开展的一项优势条件，必须在我国冰雪战略中派上用场，相对而言，西部地区的弱势更为明显。

我国冰雪项目虽然起步较晚，但北方地区凭借得天独厚的地理和气候优势，北京以及东北三省在冰雪运动上已经取得了不错的进展，对南方、西部地区发展冰雪项目有一定的先导和带动作用。2015 年 3 月 25 ~ 29 日，花样滑冰世界锦标赛在上海东方体育中心的“海上王冠”举行，门票收入超过 2000 万元，不论在经济效益还是在冰雪赛事影响力上都收获颇丰；2016 年春节河北省承德市推出四大富有当地特色的冰雪节目，吸引大量的游客前来观光，据统计，仅春节期间承德市共接待 13 万余人，收入超过 210 万元；2019 年 4 月，由国际冰球联合会主办，国家体育总局冬季运动管理中心、中国冰球协会和北京市体育局承办的 2019 年国际冰联女子冰球世界锦标赛甲级 B 组比赛在首钢冰球馆举行。作为国际 A 类赛事，本次世锦赛得到了各参赛国的高度重视和社会各界的广泛关注，共有来自中国、哈萨克斯坦、韩国、拉脱维亚、荷兰和波兰的 6 支女子冰球国家队来京同场竞技。选手们在为期一周的比赛中为球迷们带来 15 场精彩激烈的角逐。女子冰球世锦赛分为顶级、甲级、乙级等档次，其中甲级又分 A 组和 B 组。女子冰球世锦赛甲级 B 组比赛的成功举办将推动冰球运动在我国的普及与发展，推动“三亿人参与冰雪运动”。在随后的揭幕战中，在 2000 多名观众的助威声中，中国队完全占据主动，最终以 3 比 0 击败拉脱维亚队，赢得开门红。此次的国际赛事又一次吸引了世界的目光，吸引了大众对冰雪运动的关注，同时我国冰雪运动健儿也取得了令人瞩目的成绩，提升了我国冰雪竞技的影响力，这对我国冰雪事业的发展不能不说具有极大的鼓舞作用。

2. 北冰南展

20 世纪 90 年代，根据我国冰雪事业发展的实际情况，国家提出“北冰南展”战略，鼓励南方城市参加全国冬季运动会，在青少年中开展各类冰雪项目，培养冬季运动人才，推动南方冰雪活动及冰雪产业的发展。

1959 ~ 2012 年，我国已成功举办 12 届全国冬运会，举办地点相对固定，主要集中在黑龙江、吉林两省，虽然在第四届全国冬运会上北京和乌鲁木齐作为分赛场承办了部分项目，但也没有打破东北地区在全国冬运会上作为主办方的地位。从参赛规模来看，虽然参赛队伍和参赛人数在不断增加，但还是以北方城市为主，南方城市总体来说在全国冬运会中处于弱势，并且参与冬季运动的体育人口偏少。从奖牌分布来看，东北三省在冬季运动上具有很大的优势，黑龙江省哈尔滨市代表队、吉林省吉林市代表队依旧是金牌的有力争夺者，南方以及西部城市虽在奋力追赶但难超北方城市。

3. 北冰南展西扩东进

在注意到南北发展不平衡的同时，我国也逐渐注意到西部资源的可利用性，新疆、内蒙古等省份天然的冰雪资源得到关注和重视，基于冰雪产业发展新形势而提出的“北冰南展西扩东进”战略，以北方为基础，以北京、河北为热点，以西北地区为亮点，实现南方与东部的进一步突破，以形成“东南西北遥相呼应、冬夏两季各具特色、冰上雪上全面开花”的冰雪运动新格局。

2010 年第二十一届温哥华冬奥会结束后，国家体育总局冬季运动管理中心提出制定冬季项目中长期发展规划，同时制定了我国冬季运动发展计划，并将“北冰南展西扩东进”作为其中重要的内容之一。与“北冰南展”战略相比，“北冰南展西扩东进”战略内涵更加广泛，追求多元化发展。多元化发展模式是通过制定相关政策、组织大型比赛、建设冰雪设施、建立冰雪俱乐部、采取商业化运作等，促进冰雪运动的长足发展。在冰雪运动日益掀起热潮的当下，“北冰南展西扩东进”战略将适时地加入“三亿人上冰雪”的落实阵营。在“北冰南移”“北冰西扩”等战略的推动下，2016 年《国务院办公厅关于加快发展健身休闲产业的指导意见》《冰雪运动发展规划（2016～2025 年）》等一系列文件相继出台，为我国冰雪运动的开展提供了政策保障和指导。

“北冰南移”“北冰西扩”强调以东北为基础，进一步推动南方和西部地区发展冰雪运动。一是鼓励在东北以外举办全国冬运会，其中 2016 年第十三届全国冬运会在新疆举办，2020 年第十四届全国冬运会将在内蒙古举办；二是参与人员方面，过去以运动队为主，现在面向社会，鼓励俱乐部等组织参与，社会化参与程度更高；三是国内国际冰雪赛事落户南方；四是“冰雪运动进校园”活动在南方和西部地区开展，通过成立冰雪协会等，使冰雪产业市场化程度更高、水平更高。

第十三届全国冬运会在新疆的成功举办推动了我国“北冰南展西扩东进”战略的实施，将冰雪运动的热潮带到西部地区，可见这一战略对于我国实现“三亿人上冰雪”具有极大的价值。[①]

（二）实施情况

在政策关照下，冰雪活动日益受到重视。北方的冰雪产业继续发挥其优势，南方和西部地区的冰雪产业得到重视和发展。在冰雪竞技活动中，“北冰南展西扩东进”战略的提出使竞技运动走上更加专业化的发展道路；在群众参与的娱乐性冰雪活动中，“北冰南展西扩东进”战略丰富了群众日益增长的运动和娱乐需求；在相关冰雪产业的发展中，“北冰南展西扩东进”战略的提出使冰雪产业链更加齐全，使我国国内的冰雪产业市场日渐扩大。

1. 南展

在“北冰南展”战略指引下，我国冰雪运动在南方不断“升温”。世界雪日暨国际儿童滑雪节活动、全国高山滑雪青少年邀请赛、青少年冬季阳光体育大会等一系列活动在贵州上演，让这个中国南方省份呈现别样的风采。

场馆因素一直是制约南方地区冰雪运动发展的重要因素，如何因地制宜并利用已有资源，实现巧妙地趋利避害，是南方地区发展冰雪事业面临的一个问题。2018 年 10 月 22 日，为期一周的中国冰壶公开赛在重庆市巴南区华熙 LIVE 体育文化中心落下帷幕。这是位于南方地区、素以“火炉”著称的重庆市首次举办国际顶级冰雪赛事。作为冰壶国际顶级赛事，此届中国冰壶公开赛共吸引男子和女子各 8 支冰壶强队参赛，其中包括 2018 年平昌冬奥会男子冰壶冠军美国队、2018 年世界男子冰壶锦标赛冠军瑞典队、2014 年索契冬奥会男子冰壶金牌得主加拿大队等劲旅。9 月 29 日开业的重庆华熙 LIVE 体育文化中心总建筑面积约 11 万平方米，共设 16000 多个观众座

① 汤姣姣、樊炳有：《全国冬运会“北冰南展西扩”战略的价值阐释》，《体育科研》2017 年第 2 期。

席，能在6小时之内实现冰球场、篮球场的转换，同样也满足NBA的赛事标准。场馆建设是冰雪事业发展的基础，此次重庆市举办的冰壶公开赛为南方省份发展冰雪事业提供了一个良好的示范，在解决制约因素的同时，也让更多的重庆市群众感受冰壶魅力，参与冰壶运动，带动相关产业；来自各个国家的冰壶强队参与其中，扩大了重庆市举办国际赛事的影响力，也在一定程度上促进了重庆市冰雪事业的发展。

经过“北冰南展”战略的一番努力，南方已经有部分经济发达城市建立了室内冰场和滑雪场，为南方冰雪运动发展奠定了基础。

2. 西扩

由“北冰南展”而衍生的“西扩东进”战略，也在持续发酵。对于西部省份来说，当前新疆是整个西部地区中冰雪运动发展最好的省份，除新疆、内蒙古外，其余西部省份的冰雪活动都以休闲旅游为主，冰雪设施中很少有训练用冰雪场馆。2016年1月20~30日，第十三届全国冬运会在新疆举行，由乌鲁木齐市、昌吉回族自治州2个赛区联合承办，这是全国冬运会首次在东北之外举办，也是新疆第一次单独举办全国综合性运动会。

2011年新疆成功申办2016年第十三届全国冬运会为西部冰雪运动的发展提供了契机。紧接着，2013年内蒙古自治区呼伦贝尔市提出申办2020年第十四届全国冬运会，2015年12月国家体育总局正式宣布内蒙古为我国第十四届全国冬运会的举办地。2019年5月1日，第十四届全国冬运会圣火采集暨火炬传递启动仪式在内蒙古兴安盟乌兰浩特市举行。位于内蒙古自治区东北部的呼伦贝尔市一直以拥有中国最美丽的草原著称，但其拥有的冰雪资源也同样得天独厚。2020年第十四届全国冬运会的举办，将再一次为西部省份带来冰雪运动的体验和收益，除了内蒙古自治区天然的地理优势能够派上用场来进行冬运会场馆的建设外，这些场馆的建设及冰雪运动设施的采购引进也会为之后的冰雪事业发展提供便利。为成功举办全国冬运会，内蒙古拟定与国家体育总局联合共建国家冬季两项队、越野滑雪队；与哈尔滨市体育局、沈阳体育学院签订了合作发展冰雪运动协议，共同合作培养冰雪人才队伍，这将直接提高西部地区冬季项目的组织和竞技水平，与冰雪运动强省的合作使冰雪运动的推进更快一步。除此之外，为积极响应国家“三亿人参与冰雪运动”的号召，落实国家冰雪运动发展规划，为承办 2020 年第十四届全国冬运会做好准备，内蒙古自治区组织举行了 2018 年内蒙古自治区冬季运动会、百万青少年上冰雪冬令营等活动，广泛地开展群众性冰雪活动，加大宣传力度，制造舆论氛围，广泛调动社会力量，使内蒙古自治区对冰雪体育赛事的组织日渐成熟，进而带动了西部其他省份冰雪事业的发展。

目前，我国大部分城市在积极开展冰雪运动，完善冰雪运动场馆设施，逐渐扩大冰雪运动人口规模；通过组建专业队和推动“冰雪运动进校园”等，培养冰雪项目竞技人才；以发展冰雪运动为手段发展体育产业，尤其是冰雪产业，带动城市经济的发展。这些成绩都得益于我国“北冰南展西扩东进”战略的实施，经过几年的推广，我国“南展西扩”战略已取得了显著的成绩，其产生的经济价值、社会价值都得到了社会的认可。因此，以价值阐释为视角，分析全国冬运会对“北冰南展西扩东进”战略的价值及意义，有利于更好地推广冰雪运动、提高我国参与冰雪运动的人数、促进体育项目结构的调整等。

另外，我国“北冰南展西扩东进”战略在促进冬季体育事业发展的同时，也带动了冰雪产业的发展。西部地区可利用良好的地理区位优势和气候资源优势，来带动冰雪经济和冰雪文化的发展，带动与东南部地区的合作，吸引各地的投资，在发展自身的同时，也能为各地区带来具有西部特色的冰雪资源。我国冰雪产业也应当在冰雪运动加速发展的过程中抓紧机遇，与冰雪运动打好配合战，将打造中国优秀体育品牌作为目标。根据目前国内体育企业发展情况，在国家政策的带动下，再由地方给予重点支持，包括政策、资金等优惠措施，扶持和发展一批优秀体育品牌，提升国际认知度。与此同时，体育产业各相关领域要做到全面发展。要协调好体育健身、体育用品、体育竞赛三者关系，形成互动格局，相互促进和推动，并以体育健身、体育竞赛带动体育用品，以体育用品促进体育健身、体育竞赛，积极运作国际赛事，提供有力的赛事运营保障。利用体育这一国际语言，充分融合各行各业，带动旅游、餐饮等相关产业的共同发展。统筹区域体育产业发展。在国家层面，要重视深化体育产业体制改革，制定长期的发展战略，要建立健全法律法规体系，推动体育产业市场快速发展，为冰雪产业的发展营造良好的环境。

3. 东进

2017 年 5 月 12 日，国家体育总局冬季运动管理中心、江苏省体育局、南京体育学院在南京召开备战奥运会科研服务保障工作座谈交流会。在此次交流会上，江苏省体育局与国家体育总局冬季运动管理中心、南京体育学院正式签订《2022 战略合作框架协议》。这也标志着江苏省冬季项目的发展进入了一个全新的阶段。协议的签订是希望借助江苏省丰富的体育资源、教育资源和科研医疗资源，为我国冬季项目在跨项选材、人才队伍建设、备战参赛、科研医疗服务等方面发挥积极作用。江苏省在 2016 年以“轮转冰”计划为契机，与苏州市体育局、苏州大学共建省速滑队，在冬季项目上拥有一定的优势和经验。在座谈交流会上，与会各方还就运动队转训，组织滑雪训练营，规范化、程序化输送转项运动员，程序化、科学化控体重，跨项选材运动员文化教育，科技服务保障等问题进行了进一步探讨。

在浙江和上海等地，室内外滑雪场不断建成，青少年滑雪逐渐成为时尚潮流。如绍兴乔波冰雪世界拥有近 3 万平方米的滑雪馆，自 2009 年运营以来，每年接待游客近 30 万人次，实现年旅游收入 5000 余万元。

2018 年 9 月，首届冰壶世界杯开幕式在苏州奥林匹克体育中心举行，意味着中国冰雪运动“南展西扩东进”取得新进展。这不仅能够拉近中国与冰壶运动的距离，还将为中国冰壶国家队提供更多、更优质的赛事资源与成长平台。

（三）存在问题及未来展望

我国地理特征表现出的不平衡性直接导致了“北冰南展西扩东进”战略实施的不平衡性，这也是我国冰雪产业发展面临的普遍问题。

首先，人才队伍不完善、专业技能缺乏是“北冰南展西扩东进”面临的最主要问题。冰雪人才缺乏包括专业的冰雪教练员缺乏是我国冰雪产业发展面临的普遍问题，相对而言，西南部地区面临的困难更大。在“北冰南展西扩东进”战略实施中，没有健全完善的冰雪运动项目训练体系和人才培养体系，不仅冰雪运动高水平的运动员和裁判员出现缺乏，由于受地理环境等因素的影响，在人才区域分布上也呈现明显的不平衡性。同时，冰雪产业的发展仅仅依靠这些教练员是不够的，还需要大批拥有丰富专业知识、能熟练从事经营管理业务的专门人才，但是目前对冰雪产业人才的培养难以满足人们对冰雪运动的需求，特别缺乏既懂冰雪运动又懂经营管理的复合型人才。

其次，大众参与度较低、冰雪产业基础薄弱是“北冰南展西扩东进”面临的又一问题。在我国，与传统的乒乓球、羽毛球等体育项目相比，冰雪运动是一个新兴体育项目，缺乏广泛的群众基础。在南方和西部地区，大众对于冰雪运动更是陌生。在缺乏积累的情况下，冰雪运动的发展道路注定不会很顺利，在这个过程中需要克服的问题，从冰雪运动条件本身，延伸到冰雪产业基础等各个方面。此外，“冰雪运动基本都在室外，这才让这项运动有着浓厚的地域特色。虽然人们的生活水平不断提高，但是冰雪运动仍是一项‘贵族运动’”。①

再次，资金投入力度不足与基础设施设备不完备。西部各省份是我国经济发展相对落后的地区，与南方省份不同，西部省份在开展冰雪运动方面缺乏经济优势。即便西部地区拥有天然的气候优势，但建造滑雪场、配备设施设备也需要大量的资金投入，且西部地区的气候条件在带来优势的同时，也存在队员训练方面的不利因素，需要克服许多困难。在没有经济优势的情况下，西部省份要发展冰雪运动就面临如何解决引进先进技术和先进设备所需大量资金的问题。与此同时，由于受自然条件的限制，南方省份开展冰雪运动项目的资金成本过高，如何降低成本，让普通大众能够玩得起，也是当下面临的一个重要问题。

---

① 蔡明明、陈元欣、滕苗苗、何于苗、吕熠：《冰雪运动“南展西扩”的机遇与挑战》，《体育科技文献通报》2017 年第 1 期。

最后，中国冰雪产业起步较晚，需要一定的机遇和带动力。任何一种事物的兴起都需要一定的时间积累，“北冰南展西扩东进”战略更需要时间去实施。2015 年中国成功申办冬奥会，在冰雪产业掀起了一股热潮，这也成为“北冰南展西扩东进”战略推进的大好时机。近几年来，随着冬奥会筹备工作的展开，我国出台了大量的支持政策，进行了大量冰雪赛事的组织和宣传，越来越多的冰雪运动爱好者投入冰雪活动中，冰雪运动群众基础越来越扎实。

“北冰南展西扩东进”战略是为推动我国冰雪事业再攀高峰，也是为了克服我国冰雪运动南北东西间发展的不平衡而提出的针对性战略措施。为了响应“三亿人上冰雪”这一要求和号召，实现“北冰南展西扩东进”重大战略的推进，对于在实行过程中存在的问题须设法解决。一方面，要调整我国竞技体育发展战略，我国历届夏季奥运会不论是关注度还是所获成绩都要明显优于冬季奥运会，这是目前甚至未来较长一段时间内都不会改变的事实。鉴于此，我国应当在经济基础和群众基础两方面加大对冰雪运动的重视程度，在“北冰南展西扩东进”战略实施的过程中，对西南部地区给予适当的资金投入和技术支持。另一方面，还应当加大对冰雪项目的技术研究投入和人才培养力度，要结合国内外竞技体育最新研究成果来制定合理有效的训练方式，并形成一套完整而科学的冰雪运动训练和人才培养方案。对专业人才实施统一的资质认定，促进人才流动，要提供南北东西间人才交流与沟通的途径和机会；培养或引进一批懂管理和懂技术的人才，广泛开展国际交流与合作，以借鉴国外先进的管理经验和方法；完善多元服务体系，加强业务培训。

对于西南部地区来说，“北冰南展西扩东进”战略的实施是一个重要机遇，冰雪运动的发展将会带动东西联通、南北共进，有效促进西南部地区的总体发展。因此，应当及时抓住现有机遇，利用政府产业政策、发展规划积极引导冰雪运动的发展方向。

首先，“十三五”规划强调了“冰雪运动南展西扩”的战略部署。在《体育发展“十三五”规划》中明确指出，要大力普及冰雪运动项目，推进

“冰雪运动南展西扩”战略。随后出台的《竞技体育“十三五”规划》中提出，要推进“冰雪运动南展西扩”战略，鼓励有条件的南方省份和西部省份积极开展冰雪运动。2016 年 7 月发布的《体育产业发展“十三五”规划》中同样指出，要重点打造冰雪运动、山地运动等各具特色的体育产业集聚区和产业带。多项“十三五”政策明确提出了冰雪运动的“南展西扩”。同时不少地区根据国家“十三五”规划，在制定地方“十三五”规划时也将冰雪运动的发展纳入了规划。

其次，随着我国经济社会的不断发展，我国国民生活水平稳步提升，对于生活质量也越来越关注。近年来，大众对于体育健身的热情日益高涨，由于承受着紧张的工作节奏、复杂的人际交往以及日益激烈的社会竞争等多重压力，人们需要通过休闲健身来放松身心、释放压力，达到强身健体的目的。而冰雪运动具有自由、冒险、刺激的特征，特别适合现代人释放压力、缓解疲劳。毋庸置疑，今后冰雪运动项目必将成为国民重要的休闲运动项目之一。因此，要着力打造特色冰雪运动，扩大宣传和实施品牌战略，发展连锁经营，进行品牌输出。注重冰雪文化的挖掘，突出地方特色，丰富冰雪文化内涵，积极开发适合各种消费群体的冰雪项目。加强特色冰雪项目的宣传，吸引国内外游客参与冰雪旅游、感受地域文化、体验冰雪乐趣，扩大冰雪消费群体。这样既有利于实现冰雪运动产业化发展和拓展冰雪市场，也有利于促进冰雪运动对大众生活的渗透。

再次，借助各大体育赛事的带动，全国各地冰雪运动的参与度逐渐提高，随着全国冬运会走出东北，冰雪运动也将逐步往西、往南发展。南方虽然有自然条件的限制，但依旧建设了许多室内滑冰馆，还在山区建设了不少的滑雪胜地。

最后，随着我国对冰雪事业的重视，不少先进技术也逐步应用于冰雪产业，例如位于河北张家口赤城县的新雪国滑雪场，首次将人造雪技术用于滑雪场项目中。早在 2015 年，北京奥悦冰雪旅游投资集团有限公司就在镇江大港新区投资 30 亿元建造大型冰雪乐园，其中也有滑雪场、滑冰场等。众多机遇的出现是“北冰南展西扩东进”战略得以顺利推进的条件，在 2022

年北京冬奥会的带动下，“北冰南展西扩东进”有望实现突飞猛进式的发展。

显然，“北冰南展西扩东进”战略要经历一个漫长而艰难的实施过程，仍需拿出十分的决心和勇气。冰雪运动本身就是一种文化，使越来越多的人了解并参与其中，这是一项于人有利的事业，在未来的社会发展中，它将以越来越耀眼的姿态屹立在世界体育舞台上。而我国也将怀抱信心以新的冰雪态度走向更强的国际赛事，走向更加辉煌的国际舞台。

五　结语

冬奥会的举办在世界各国掀起了冰雪运动的热潮，冰雪竞技和冰雪产业逐渐在全球兴起。各项国际赛事提高了我国对于体育文化事业的重视程度，北京冬奥会的成功申办又指明并拓宽了我国体育事业的发展方向和发展道路，在“三亿人上冰雪”目标的引领下，冰雪这项小众消费体验日渐走入大众视线，冰雪产业在国民经济中的地位日益上升，冰雪运动项目日渐成为全民体育项目中的重要组成部分。通过国家政策的出台、社会各界的关注和支持，冰雪运动走进校园、走向全国各个省份，“北冰南展西扩东进”步伐日益坚定有力，中国的冰雪运动和冰雪产业发展前景大好。

B.3

抓住冬奥机遇，加快区域冰雪产业发展

魏庆华　赵　薇*

摘　要： 2022年北京冬奥会是我国千载难逢的重要发展机遇。应抢抓机遇，使2022年北京冬奥会成为加快区域冰雪产业发展的"主引擎"。本文对于我国区域冰雪产业发展情况的研究显示，我国冰雪产业发展具有冬奥会推动冰雪产业高速发展，政府引导、政策支持，全产业链运作模式，产业共融与资源整合，"互联网+滑雪"异军突起等五方面发展特征；区域冰雪运动发展方面，辽宁、吉林、黑龙江冰雪产业发展情况表现为发展规模全国领先、冰雪旅游享誉全国、群众基础坚实、冰雪人才富集等，北京、河北表现为冰雪产业规模显著扩大、延庆迎来重大历史发展机遇、打造城市冰雪文化新名片、将冰雪与民俗相结合、冰雪产业链全速发展等，新疆表现为旅游业成为重要柱产业、冰雪资源优势备受社会关注、阿勒泰成为冬季旅游新亮点等，四川表现为冰雪竞技运动探索开展、冰雪运动产业市场格局初步形成、政策引导、大力普及、稳步提升等。

关键词： 2022年北京冬奥会　冰雪产业　区域发展

---

* 魏庆华，中雪众源（北京）投资咨询有限责任公司董事长，资深滑雪场管理专家，从事滑雪行业的高级管理和运营工作；赵薇，中雪众源（北京）投资咨询有限责任公司教育培训部总监，从事滑雪产业十余年，在滑雪产业研究、滑雪场服务体系编制、滑雪场运营管理方面拥有丰富的经验。

一　中国冰雪产业发展环境

（一）经济环境

1. 宏观经济发展

2018 年经济增长仍处于平稳区间（见图 1），既未脱离年初制定的“6.5% 左右”的目标范围，也未给就业带来明显压力。

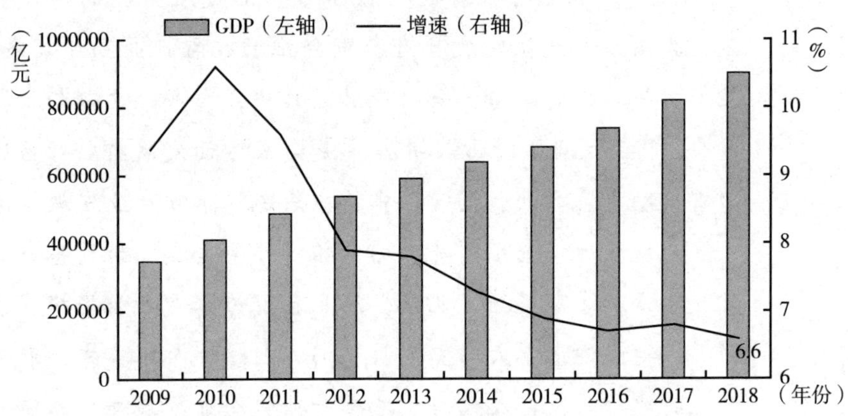

图 1　2009～2018 年国内生产总值（GDP）及增速

资料来源：国家统计局官网。

2. 居民可支配收入和消费情况

2018 年，全国居民人均可支配收入 28228 元（见图 2），比上年名义增长 8.7%，扣除价格因素实际增长 6.5%，快于人均 GDP 增速，与经济增长基本同步。

（二）社会环境

1. 国内体育产业发展情况

2014 年发布的《国务院关于加快发展体育产业促进体育消费的若干意

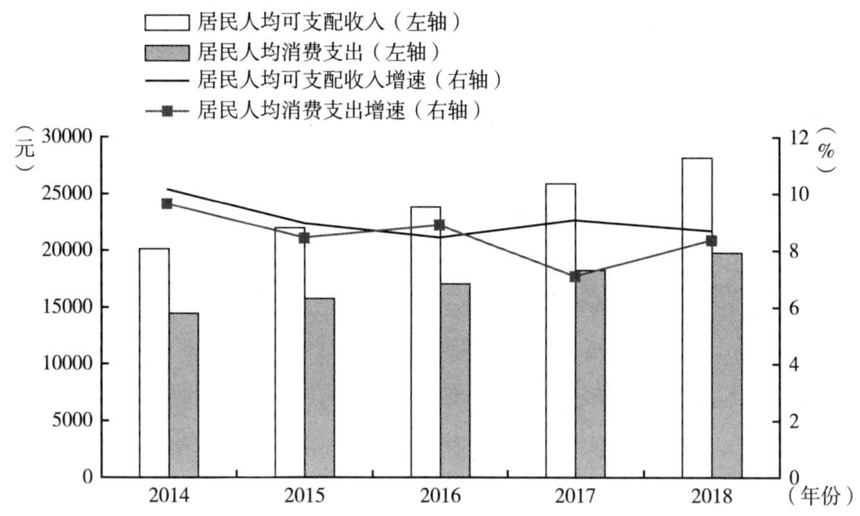

图2　2014～2018年居民人均可支配收入、居民人均消费支出及增速

资料来源：国家统计局官网。

见》（国发〔2014〕46号），提出力争到2025年，体育产业产值总规模超过5万亿元，按此计算，体育产业产值年均增长率要超过15%。然而，实际增速总体上已远超预期，发展势头迅猛（见图3）。

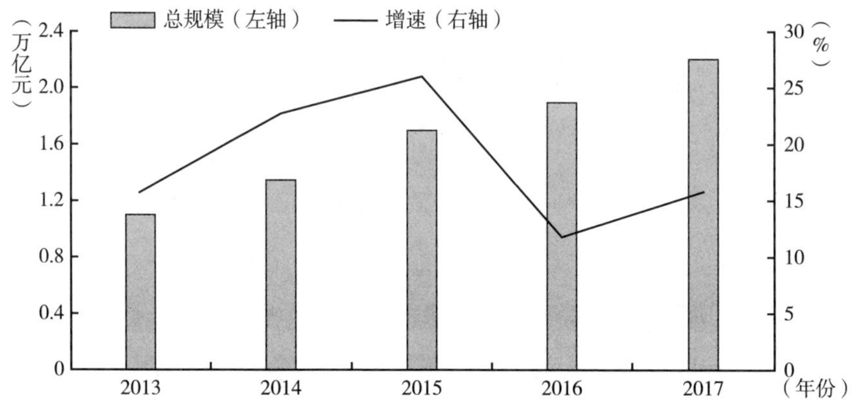

图3　2013～2017年国内体育产业产值总规模及增速

资料来源：国家体育总局官网。

2. 国内旅游业发展情况

2018 年，国内旅游市场持续高速增长，入境旅游市场稳步进入缓慢回升通道，出境旅游市场平稳发展（见表 1）。

表 1 2010～2018 年旅游业主要发展指标

年份	国内旅游人次（亿人次）	国内旅游收入（亿元）	入境旅游人次（万人次）	入境旅游收入（亿美元）	出境旅游人次（万人次）	旅游总收入（万亿元）
2010	21.03	12580	13376	458.14	5739	1.57
2011	26.41	19305	13542	484.64	7025	2.25
2012	29.57	22706	13241	500.28	8318	2.59
2013	32.62	26276	12908	516.64	9819	2.95
2014	36.11	30312	12850	1053.8	10728	3.73
2015	39.9	34195	13382	1136.5	11689	4.13
2016	44.35	39390	13844	1200.00	12203	4.69
2017	50.01	45661	13948	1234.17	13051	5.40
2018	55.39	51278	14120	1271.03	14972	5.97

资料来源：国家统计局官网。

（三）政策环境

近年来，我国冰雪运动发展迅速，特别是 2022 年北京冬奥会的成功申办，为冰雪运动繁荣发展带来了重大机遇。为进一步推动我国冰雪产业的发展，国家先后出台了数项政策，为冰雪产业发展提供了指导方向和政策助力（见表 2）。

表 2 国家关于冰雪产业的政策汇总

时间	政策	主要内容
2014 年 10 月 20 日	《国务院关于加快发展体育产业促进体育消费的若干意见》	支持中西部地区充分利用江河湖海、山地、沙漠、草原、冰雪等独特的自然资源优势，发展区域特色体育产业
2016 年 6 月 15 日	《全民健身计划（2016～2020 年）》	到 2020 年，群众体育健身意识普遍增强，参加体育锻炼的人数明显增加，经常参加体育锻炼的人数达到 4.35 亿，体育消费规模达到 1.5 亿元

续表

时间	政策	主要内容
2016年10月25日	《国务院办公厅关于加快发展健身休闲产业的指导意见》	以举办2022年冬奥会为契机，围绕“三亿人参与冰雪运动”的发展目标，以东北、华北、西北为带动，以大众滑雪、滑冰、冰球等为重点，深入实施“南展西扩”，推动冰雪运动设施建设，全面提升冰雪运动普及程度和产业发展水平
2016年11月2日	《群众冬季运动推广普及计划(2016～2020年)》	到2020年，基本形成群众冬季运动开展地区广泛、场地设施供给充足、赛事活动丰富多彩、体育组织普遍建立、冰雪产业方兴未艾、社会各界广泛参与、冬季运动文化深入人心的群众冬季运动推广普及格局
2016年11月25日	《冰雪运动发展规划(2016～2025年)》	全国冰雪产业总规模到2020年达到6000亿元，到2025年达到1万亿元
2016年11月25日	《全国冰雪场地设施建设规划(2016～2022年)》	到2022年，全国滑冰馆数量不少于650座，滑雪场数量达到800座
2019年1月15日	《进一步促进体育消费的行动计划(2019～2020年)》	到2020年，全国体育消费总规模达到1.5万亿元，人均体育消费支出占人均消费总支出的比重显著提升
2019年5月20日	《冰雪装备器材产业发展行动计划(2019～2022年)》	到2022年，我国冰雪装备器材产业年销售收入超过200亿元，年均增速在20%以上

二　中国冰雪产业发展特征

（一）冬奥会推动冰雪产业高速发展

我国冰雪产业发展起步晚、发展起点低，发展潜力大、发展速度快。自2015年北京携手张家口成功申办冬奥会以来，中国冰雪产业发展迎来了快速发展的黄金期。

2002年，中国收获首枚冬奥会金牌后，冰雪运动开始受到广泛关注。如今在带动“三亿人参与冰雪运动”和2022年北京冬奥会的双重利好推动下，我国冰雪产业持续快速发展，冰雪产业市场规模呈不断扩大的趋势。

《中国冰雪旅游发展报告（2018）》数据显示，2017~2018冰雪季，我国冰雪旅游人数达到1.97亿人次，冰雪旅游收入约合3300亿元，分别比2016~2017冰雪季增长16%、22%。《冰雪运动发展规划（2016~2025年）》指出，预计到2025年，直接参加冰雪运动的人数将超过5000万，冰雪产业产值总规模将达到1万亿元，相当于中国体育产业产值总规模的1/5，冰雪产业发展前景广阔。

（二）政府引导、政策支持

近年来，我国在推广冰雪运动方面取得不少成绩，但与世界冰雪强国相比，仍存在竞技水平不高、群众参与面不广、产业基础薄弱等问题，发展任务艰巨繁重。为创新体制机制、明确备战任务、普及冰雪运动、发展冰雪产业、落实条件保障、努力实现我国冰雪运动跨越式发展，政府引导与政策支持尤为关键和重要，它将为冰雪运动的发展提供方向指引和实际支持。

（三）全产业链运作模式

冰雪产业是一个结合了体育运动和旅游休闲等商业项目的庞大体系。以冰雪运动及冰雪场馆的经营为中心，根据不同产品与服务衍生了多个关联行业。随着“2022年北京冬奥会”这一助燃剂的加入，我国冰雪产业开始迎来最佳的发展契机，一些拥有冰雪资源的地区开始重视冰雪产业的发展，并致力于打造地区性的全方位冰雪产业链。

（四）产业共融与资源整合

在滑雪产业链里，冰雪场馆的经营是其中的一个重要环节。相对于传统的以滑雪竞技、滑雪运动为主营业务，现代的冰雪场馆从单一的业务经营模式逐步向结合酒店、餐饮、商业零售及休闲配套等资源的综合度假模式转变，注重冰雪与旅游度假、户外体验、文化娱乐和房地产等领域的融合。在冰雪场馆的开发过程中，多元规划，根据冰雪产业政策，依托自然资源，完善休闲度假配套，聚合高端的商务、时尚、度假元素，全面拓宽冰雪产业的关联业务，原有的滑雪场冬季旅游模式逐步转变为四季经营模式。

（五）“互联网 + 滑雪”异军突起

近年来，随着通信技术与科学水平的飞速发展，互联网思维逐渐应用到发展、创新、改革的方方面面。“互联网 + ”模式已经成为体育产业全新的推广方式，在“互联网 + 滑雪”这一新的产业模式中，创业者摈弃传统注重盈利的模式，以用户体验为切入点，通过依托线下各种实体资源，线上打造滑雪社交和服务平台、电商平台等，既有效做到了项目的推广传播，又拉近了滑雪运动和用户的距离，利用用户黏性，实现业内的合作共赢。

三　冬奥会推动我国区域冰雪产业发展

2016 年 6 月 15 日国务院印发《全民健身计划（2016 ~ 2020 年）》（以下简称《计划》)。《计划》指出冰雪运动的推动将以经济优先发展为带动，以东北地区提升发展为重要基础，以华北地区、西北地区发展为重点，引领一部分南方地区推动发展。

以下，我们将以东北地区的辽宁、吉林、黑龙江，华北地区的北京、河北，西北地区的新疆，南方地区的四川为例，了解一下区域冰雪产业的发展现状。

（一）辽宁、吉林、黑龙江

辽宁、吉林、黑龙江三省位于我国东北部地区，作为中国冰雪运动、冰雪旅游的发源地，拥有得天独厚的冰雪资源、独具匠心的冰雪艺术、美不胜收的冰雪风光和质优量多的冰雪人才。2022 年北京冬奥会的举办为东北地区带来了许多机遇，为该地区的旅游、经济、文化等都带来了新气象。

1. 辽宁、吉林、黑龙江冰雪产业发展现状

（1）发展规模全国领先

东北地区是中国冰雪文化的发源地和中国现代冰雪产业的兴盛地，其开发程度、发展规模均居全国领先地位。东北地区的滑雪场数量约占全国的1/3，其中黑龙江省以124家高居全国之冠（见表3）。全国有8家雪道面积超过100公顷的滑雪场，其中东北地区就占据了3家。全国有26家垂直落差超过300米的滑雪场，其中东北地区就占据了9家。2018年，黑龙江省124家滑雪场接待滑雪游客221万人次，较2017年增长12.76%，稳居全国首位。吉林省43家滑雪场接待滑雪游客184万人次，较2017年增长25.17%，排名上升1位。

表3　东北地区滑雪设施情况

地区	配套设施
黑龙江省	滑雪场124家,雪道数量190条,雪道长度175千米,其中S级滑雪场26家,垂直落差超过300米4家,雪道面积50~100公顷2家
吉林省	滑雪场43家,其中垂直落差超过300米4家,雪道面积100公顷以上3家,50~100公顷1家
辽宁省	滑雪场38家,其中垂直落差超过300米1家

（2）冰雪旅游享誉全国

黑龙江省的“冰雪之冠”品牌是我国最具影响力的冰雪旅游品牌，吉林省的“冬奥在北京·体验在吉林”、辽宁省的“申办2024年第十五届全国冬运会”都对游客形成了强大的吸引力。

一是借助2022年北京冬奥会契机，黑龙江省努力打造中国冰雪经济强省和国际冰雪旅游重要目的地。黑龙江省凭借丰富的旅游资源，围绕旅游资源特征，打造了“冰天雪地黑龙江－神州北极”“冰天雪地黑龙江－火山森林”“冰天雪地黑龙江－鹤舞雪原”“冰天雪地黑龙江－大美雪乡”“冰天雪地黑龙江－冰雪明珠”等多款冬季旅游产品。仅“第二十届哈尔滨冰雪大世界”项目，自2018年12月23日营业至2019年2月17日晚正式闭园，

累计接待中外游客就超过了百万人次。

二是借助2022年北京冬奥会契机，辽宁省提出“申办2024年第十五届全国冬运会”，大力发展冰雪产业。辽宁省借助2022年北京冬奥会契机，提出申办2024年第十五届全国冬运会，抚顺市作为主会场。如果申办成功，辽宁省将成为全国第一个既承办过全运会又承办过全国冬运会的省份。抚顺市以2022年北京冬奥会为背景，以相关冰雪产业政策为支持，以申办2024年第十五届全国冬运会为舞台，已经开始规划集“冰雪装备”“冰雪运动”“冰雪旅游”“冰雪文化”等于一体的综合产业链，大力促进中国及辽宁省冰雪运动的繁荣发展。

三是借助2022年北京冬奥会契机，吉林省向外推介“冬奥在北京·体验在吉林”，做足“冰雪换白银”大文章。为深入贯彻习近平总书记“冰天雪地也是金山银山”重要指示精神，把握2022年北京冬奥会申办成功和国家新一轮东北老工业基地振兴的战略机遇，落实带动“三亿人参与冰雪运动”计划，当地旅游局全面统筹、精心策划，向外推介“冬奥在北京·体验在吉林”系列活动，全面展示吉林省冰雪特色旅游资源和产品，深深吸引了各界目光，让人大开眼界。“冬奥在北京·体验在吉林”系列活动展示了吉林省文旅融合发展成果，极大地推动了吉林省冰雪旅游产业蓬勃发展，促使冰雪产业成为拉动吉林省经济增长的重要一极（见表4）。

表4　东北地区获奖情况

奖项名称	获奖主体
“2018中国十佳冰雪旅游城市”	哈尔滨市、长春市、沈阳市、吉林市
“2018冰雪旅游投资潜力区”	长白山保护开发区
“冰雪季滑雪旅游区竞争力排名十强”	吉林省长白山国际度假区、吉林省万科松花湖度假区、黑龙江省亚布力滑雪场、吉林省北大壶滑雪度假区、黑龙江省亚布力阳光度假村
“2018十佳冰雪季冰雪旅游节事”	“2018年中国长春冰雪旅游节暨净月潭瓦萨国际滑雪节”“第23届中国·吉林国际雾凇冰雪节”“中国查干湖第十六届冰雪渔猎文化旅游节”

（3）群众基础坚实

东北地区成功举办过2届亚洲冬季运动会、1届世界大学生冬季运动会、11届全国冬季运动会，以及单板U形场地世界杯、单板滑雪世界锦标赛、国际雪联自由式滑雪空中技巧世界杯、国际雪联高山滑雪积分赛、国际雪联越野滑雪中国巡回赛等冰雪赛事，这些都为冰雪运动的开展奠定了良好的基础。目前，东北地区全年大约有数千万人次参与冰雪运动，群众基础非常坚实。

（4）冰雪人才富集

东北地区是冰雪体育强区，中国在冬奥会上获得的13枚金牌中，12枚是由东北籍运动员夺得。东北地区又是冰雪产业专业管理和技术人才储备基地，为许多省份培养了众多滑雪场建设与管理人才。东北地区还拥有中国首家以冰雪体育职业教育为主要特色的高等院校、国际滑雪培训学校和国家冰雪旅游人才培训基地。

2. 冬奥会推动辽宁、吉林、黑龙江冰雪产业发展

（1）政策指引，冰雪产业稳步向前

国家发改委印发《东北振兴“十三五”规划》（以下简称《规划》），强调积极发展体育产业，大力发展冰雪产业。《规划》指出，在冰雪旅游方面要打造哈尔滨－亚布力－牡丹江冰雪文化旅游目的地、长春－吉林冰雪运动休闲旅游目的地、长白山冰雪休闲竞技旅游目的地、阿尔山－柴河新兴滑雪度假旅游目的地。国家对于东北振兴计划的重视，将进一步促进东北冰雪旅游的发展。

（2）冬奥会为冰雪产业发展注入新动力

旅游业的消费升级，遇上冬奥会的成功申办，万亿产业规模，庞大的消费需求，促使冰雪旅游站在了发展的新风口。辽宁、吉林、黑龙江具有冰雪旅游发展的优势，近年来，不断建设的冰雪场馆、度假小镇，举办的国际冰雪赛事等，让东北地区的冰雪旅游产业蓬勃发展。除此之外，在冰雪旅游业的促进下，其他旅游项目也被纷纷带动、协同发展起来。

（3）促进产业结构调整、升级

辽宁、吉林、黑龙江是我国冰雪产业发展的传统优势省份，近年来，我国冰雪产业呈现迅猛发展之势，辽宁、吉林、黑龙江冰雪产业面临强烈的转型升级需求。冬奥会给辽宁、吉林、黑龙江的冰雪运动、冰雪旅游等带来良好的发展机遇，同时也带来了新的挑战，不仅促进了辽宁、吉林、黑龙江冰雪产业结构调整、升级等跨越式发展，同时也带动了冰雪装备制造、餐饮住宿、道路交通等相关联产业的大发展。

（4）促进东北经济、文化蓬勃发展

乘着东北老工业基地建设之风，东北地区的经济建设有了长足发展，人们消费水平逐步提高。而体育消费作为现代消费活动中不可缺少的一部分，更加显示其作用和价值。东北地区的体育消费以冰雪消费、冰雪旅游为主，形成了以黑龙江省为中心，吉林省、辽宁省为辅翼的全国冬季旅游热点区域。目前，冰雪旅游已成为东北旅游的支柱产业，冰灯、雪雕、滑雪三大冰雪旅游产品已发展成为东北地区的经济增长点。尤其在冰雪节期间，冰雪旅游、冰雪体育、冰雪文化、冰雪经贸等活动越发兴盛，形成了冰雪搭台、经贸唱戏、旅游结果、经济繁荣的良好局面，实现了经济效益和社会效益的双赢。

（二）北京、河北

冬奥会是一项重大国际体育赛事，对体育基础设施建设、体育文化传播、大众体育认知提升、民间资本运作、体育产业发展具有积极的意义。2022 年北京冬奥会对于区域冰雪产业发展来说，是一个历史性的发展机遇，它不仅能够使世界了解和认识中国，更能够从经济、政治、文化等方面推动区域发展。

2022 年北京冬奥会计划使用 25 个场馆。场馆分布在 3 个赛区，分别是北京赛区、延庆赛区和张家口赛区。

1. 北京、河北冰雪产业发展现状

（1）北京冰雪产业发展现状

①冰雪产业规模显著扩大

2018 年度《中国滑雪产业白皮书》指出，北京市现有滑雪场 24 家，

2018年接待滑雪游客176万人次，比上一年度增长了5.39%。已建成投入使用的冰上场地90处，其中室内滑冰场37处，室外滑冰场53处，场地设施完善。

为了贯彻落实《国务院关于加快发展体育产业促进体育消费的若干意见》和国家体育总局制定的冰雪运动中长期发展规划，北京市委、市政府组织专家起草并发布了《北京市人民政府关于加快冰雪运动发展的意见（2016~2022年）》（以下简称《意见》），为北京市冰雪运动的科学发展和可持续性发展提供了目标、方向与保障。

《意见》提出，到2022年，基本形成较为完善的冰雪运动服务体系，冰雪运动发展迈上新台阶，为成功举办2022年北京冬奥会奠定坚实基础。

冰雪运动人口规模显著扩大。北京市参与冰雪运动人口达到800万，冬奥会知识、观赛礼仪知识和冰雪运动知识进校园覆盖率达到100%。

竞技冰雪运动水平大幅提升。北京市冰上项目的竞技实力不断增强，雪上项目专业队伍建设实现突破，冰雪运动的整体实力和社会影响力全面提升。

冰雪体育产业规模不断扩大。到2022年，全市冰雪体育产业收入规模达到400亿元左右，实现增加值80亿元左右。

冰雪场地设施更加完善。新建室内滑冰场16处、室外滑冰场50处、嬉雪场地30处，规范提升现有滑雪场软硬件水平。

冰雪运动人才实力更加雄厚。培养1500名冰雪运动高级管理人员，4200名运动员、教练员和裁判员，4300名专业技术人员，15000名服务保障人员，25000名校园辅导员和社会体育指导员，为加快发展冰雪运动、筹办2022年北京冬奥会提供人才保障。

②延庆迎来重大历史发展机遇

作为2019年中国北京世界园艺博览会举办地和2022年北京冬奥会三大赛区之一，延庆迎来重大历史发展机遇。

延庆位于北京市西北部，距市区74公里，总面积1993.75平方公里，常住人口31.6万，是首都生态涵养发展区，气候独特，冬冷夏凉，素有北京夏都之美誉。延庆依托丰富的冰雪资源，全力打造“冰雪之城”。延庆生态环境优良，林木绿化率高，空气质量连续多年全市领先，青山绿树、碧水蓝天成为绿色北京的闪亮名片。延庆属京郊旅游胜地，境内有八达岭长城、龙庆峡、玉渡山等30余个风光独特的景区景点，有冰灯展、冰雪节等精彩纷呈的休闲活动。2018年旅游区（点）接待游客达31131.1万人次，同比增长4.4%，旅游收入达867894.1万元，同比增长4.9%。

作为2019年中国北京世界园艺博览会举办地和2022年北京冬奥会三大赛区之一，延庆将迎来重大历史发展机遇，一个美丽的延庆正在向世界展示她独特的风采，一个世界的延庆正在蓄势待发，一个国际一流的生态文明示范区正在踏上新征程。

（2）河北冰雪产业发展现状

①冰雪产业规模显著扩大

《河北省冰雪活动蓝皮书（2018～2019）》指出，河北省获得行政许可的滑雪场有40家，2018～2019雪季，参与冰雪运动人次总计1300.37万，比上一雪季增长了51.77%，其中直接参与人次407.98万，间接参与人次892.39万，直接参与人次占比31.37%，间接参与人次占比68.63%。直接参与人次中，滑雪人次为292.95万，滑冰人次为103.88万，分别占直接参与人次的71.80%和25.46%，其他占比2.73%。

②将冰雪与奥林匹克文化相结合，打造城市冰雪运动新名片

张家口赛区位于张家口市崇礼区。赛区共有8个竞赛场馆和非竞赛场馆，将进行2个大项（滑雪、冬季两项）、6个分项（单板滑雪、自由式滑雪、越野滑雪、跳台滑雪、北欧两项、冬季两项）、50个小项的比赛。

在北京冬奥会结束后，张家口赛区“三场一村”将作为奥运遗产永久保留，成为奥林匹克公园。其中，国家跳台滑雪中心将按照整个跳台结构特点，在赛后将打造成集高端会议、休闲体验于一体的商务旅游特色区域。滑道部分在冬季将保留原有滑雪功能，能够提供赛事和专业训练相关服务，夏季可在滑道种草，设置与滑草相关的娱乐项目。国家越野滑雪中心赛后将场

地重新利用，打造成“山地公园”和“户外冰上娱乐中心”，计划承办马术、户外野营等体育休闲活动。国家冬季两项中心在赛后保留部分功能用房和赛道，在冬季将设置适合儿童滑雪的培训和冰雪体验项目，夏季开展马术、山地自行车、山地轮滑等体育休闲项目。

③将冰雪与民俗相结合，让更多游客参与冰雪运动，感受张家口独特的冰雪魅力

张家口历史十分悠久，阳原泥河湾是东方人类起源地，涿鹿黄帝城是炎帝、黄帝、蚩尤“三祖”合符地，拥有“东方人类从这里走来”“中华文明从这里走来”两大人文历史名片。明清时期，张家口是我国北方重要的陆路商埠，与广州并称“陆水双码头”，与丝绸之路相媲美的张库大道就从这里起始。

全市非物质文化遗产涉及戏曲、曲艺、民间手工艺、民间音乐、民间舞蹈等十多个门类。如蔚县的剪纸，始于清道光年间，已列入联合国教科文组织《人类非物质文化遗产代表作名录》，成为世界级非物质文化遗产；张家口的口梆子、东路二人台是地域特色鲜明的地方戏曲剧种。蔚县打树花、拜灯山、社火、秧歌，赤城马栅子戏，阳原曲长城木偶戏、竹林寺寺庙音乐，张北曲艺大鼓等民间艺术，已成为张家口独具特色的民间艺术成果。

张家口借冬奥承办之机，将冰雪与文化、民俗相结合，围绕“助力冬奥”，将“冷”资源变成“热”经济，各区县纷纷开展“冰雪嘉年华”，通过多种形式的冰雪活动，让更多的市民游客参与冰雪运动，感受独特的冰雪魅力。仅2019年春节期间，张家口全市就接待国内外游客428.5万人次，实现旅游收入38.57亿元，同比分别增长10.28%、12.79%。

④借冬奥会筹办之势，推进冰雪产业链规划全速发展

为加快河北省冰雪产业发展，2018年5月，河北省政府办公厅印发《河北省冰雪产业发展规划（2018~2025年）》（以下简称《规划》）。《规划》提出，立足于培育河北经济新的增长极，以冰雪场馆设施为基础，加快形成以“冰雪体育运动、冰雪装备研发制造、冰雪旅游、冰雪人才培训、

冰雪文化”为核心的冰雪全产业链，努力打造世界冰雪体育运动的胜地、世界冰雪旅游目的地、世界冰雪装备制造的聚集区、世界冰雪人才培养基地、世界冰雪论坛展会的高地，实现全国领先、世界一流，建成冰雪产业强省和世界级冰雪旅游胜地。到 2022 年，全省滑雪场馆达到 80 个，滑冰场馆达到 200 个，冰雪产业规模达到 1200 亿元；到 2025 年，全省滑雪场馆达到 100 个，滑冰场馆达到 250 个，全国领先。培育 10 个国际品牌赛事和活动，打造 10 个冰雪产业龙头企业，冰雪产业总规模达 1500 亿元，使冰雪产业成为河北省经济发展新的增长极。在全国率先建成年接待超百万人次的世界级滑雪度假综合体，打造世界知名冰雪旅游目的地品牌。到 2022 年冰雪旅游人次达到 4000 万（含场馆四季运营），冰雪旅游总收入达到 1000 亿元；到 2025 年冰雪旅游人次达到 6000 万，冰雪旅游总收入达到 1200 亿元。

冰雪装备制造产业跨越式提升。2022 年全省冰雪装备制造业产值超过 50 亿元，2025 年突破 100 亿元。建成 2 个省级以上冰雪装备制造研发基地，打造 10 家以上年营业收入超亿元的冰雪装备骨干企业。

冰雪人力资源高度富集。到 2022 年，培养场馆运营、运动普及、医疗服务、产业开发等各类冰雪人才 20000 名，冬奥会知识、观赛礼仪知识和冰雪运动知识进校园覆盖率达到 100%；到 2025 年，把河北打造成为中国冰雪产业发展的培训教育中心、人才交流中心、国际交往中心、创意研发中心。

加快形成“2344”的冰雪产业发展新格局。围绕建成冰雪产业强省目标，《规划》明确了河北省冰雪产业发展“2344”布局：突出做强张家口滑雪产业核心区、承德冰上产业核心区，发展壮大京津张、承秦唐、太行山脉三条冰雪旅游带，形成张家口装备制造、廊坊装备制造、雄安新区技术研发、石家庄综合服务四大基地，打造冬奥会、展会论坛、教育培训、冰雪赛事四大国际品牌，加快形成“两核、三带、四基地、四品牌”的冰雪产业发展新格局。

重点发展冰雪装备制造业，建设冰雪装备制造业集群。突出发展冰雪旅游业，着力打造具有河北特色的冰雪旅游品牌，进一步提升冰雪旅游配套服务，开展河北省冰雪旅游形象宣传。精心培育冰雪文化品牌，逐步将崇礼建设成为国际一流、最具影响力的世界冰雪论坛展会品牌，不断丰富冰雪文化活动，以张承为主，打造中国冰雪文化、冬奥文化推广基地。

2. 冬奥会推动京、冀区域冰雪产业发展

（1）拉动投资，刺激消费，加速冰雪产业发展

根据官方公布的数据，2022 年北京冬奥会赛事编制总预算 15.6 亿美元，场馆建设总预算 15.1 亿美元，政府补贴分别占 6%、35%。此外，北京、张家口在申奥报告中就提出，申奥成功后中国要实现“三亿人参与冰雪运动”的目标。据预测，未来几年张家口周边地区将涌现约 1700 万名滑雪爱好者，直接经济收入将达 280 亿元。

（2）冬奥会将成为京津冀协同发展的强大助推剂

京津冀一体化是重大国家战略，2022 年北京冬奥会的承办，将成为京津冀协同发展的强大助推剂，京张铁路、崇礼铁路、延崇高速公路、京北一级公路、北京－张家口城际高铁、张崇轻轨等赛事交通建设，不但使张家口成为重要交通节点，还推动张家口融入京冀经济发展圈。随着京张两地共同筹办 2022 年北京冬奥会相关工作的推进，北京、天津、张家口的合作也步入“蜜月期”，三地在环保、医疗、教育、旅游等领域广泛开展合作，全面加速京津冀地区在经济、交通、环境等方面的一体化进程。

（3）引进人才，调整产业，重塑经济发展构架

为了满足 2022 年北京冬奥会工作的需要，奥组委必将选拔、培养、引进一批专业人才，如赛事运作、体育经济、传媒、管理、外事、环保等方面的人才。高端人才的会聚不仅为冬奥会提供可靠、有效的人才支持，也将为京张地区后奥运时期的发展奠定人力资源基础。

根据张家口统计局公布的《2018 年张家口市国民经济和社会发展统计公报》，2018 年全市实现生产总值 1536.6 亿元，其中，第一产业实现增加值 226.6 亿元，同比增长 6.8%；第二产业实现增加值 518.4 亿元，同比增长 9.3%；第三产业实现增加值 791.6 亿元，同比增长 6.6%。三次产业增加值占全市地区生产总值的比重分别为 14.7%、33.7% 和 51.5%。可以看

出，目前张家口产业结构调整已初见成效，借冬奥机遇进行产业改革，张家口市积极扶持、发展与冬奥相关的旅游、文化、体育产业，建设京张体育文化旅游产业带，打造“国际冰雪旅游目的地”“国际冰雪体育运动胜地”。2018 年，张家口市全年接待游客 7354. 8 万人次，同比增长 17. 5%；旅游总收入达 859. 4 亿元，同比增长 23. 4%。以冰雪产业为龙头的旅游业发展迅猛，旅游业的辐射效应重塑其经济发展架构。

（4）改善环境，增加就业，提高人民生活水平

我国在申奥时向国际奥委会承诺，将加大环保资金、设施投入，采取一系列措施改善空气质量，保证赛前、赛中、赛后的空气质量达标，以符合世界卫生组织要求。自颁布《2013～2017 年清洁空气行动计划》以来，北京市取得的成绩显著。截至 2017 年底，北京市已关停四大燃煤电厂，彻底实现电厂无煤化，成为全国首个实现清洁能源发电的城市；累计清退 1992 家一般制造企业和污染企业，未来预计再清退 1000 家以上；燃煤总量已降至 950 万吨，大气监测数据表明二氧化硫全年平均浓度是 10 微克/米^3，已经相当于南部沿海城市的水平，跟欧盟水平相当。张家口市也出台相关政策，压减燃煤总量、电力行业本地排污量，加快燃气、电力设施建设，推进新能源等低排放车辆推广应用。

历届冬奥会都为举办地带来大量不同领域、不同层次的工作岗位，大规模带动就业。据报道，2022 年北京冬奥会将会创造约 60 万个就业机会。并且，冬奥会带来的产业结构升级会使第三产业迅速发展，为京冀贫困带的农民提供更多元的就业岗位。

（三）新疆

1. 新疆冰雪产业发展现状

（1）旅游业是新疆经济的重要支柱产业

2011～2018 年新疆旅游收入占新疆地区 GDP 的比重总体呈上升趋势，2011 年，新疆旅游收入占地区 GDP 的 6. 69%，2018 年该比例增长至 21. 15%（见图 4）。旅游收入对地区生产总值的贡献逐渐增强。旅游业在新

疆经济中的产业地位持续提高，对新疆经济增长的贡献潜力巨大，旅游业切实成为新疆经济的重要支柱产业。

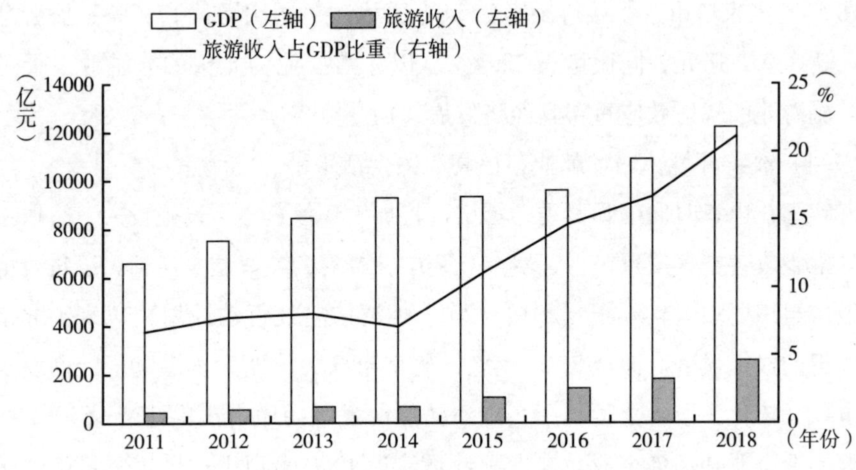

图4　2011~2018 年新疆旅游收入占 GDP 比重

资料来源：新疆维吾尔自治区统计局官网。

（2）以“十三冬”为契机，新疆冰雪资源优势开始受到各界关注

2016 年 1 月 20~30 日，第十三届全国冬季运动会在新疆维吾尔自治区举行。在这届运动会上，开幕式在新疆冰上运动中心速滑馆举行，闭幕式则在丝绸之路国际滑雪场室外举行，从滑冰到滑雪，展示了新疆冰雪文化独特的魅力与优良的冰雪资源。这届具有历史意义的运动会是全国冬运会自 1959 年举办以来首次真正走出东北，“十三冬”是新疆承办的首个冬季大型综合性运动会，是国家冬季项目“北冰西移、两翼齐飞”战略的成功实施，是冰雪产业开始迈向全国的标志性事件。

据统计，2018 年 10 月 16 日至 2019 年 4 月 15 日，阿勒泰地区共接待游客 376.3 万人次，同比增长 60.9%；实现旅游总消费 36.9 亿元，同比增长 97.2%，创历史新高。

（3）阿勒泰冰雪游成为新疆冬季旅游发展新亮点

悠久的滑雪文化。经过国内滑雪、考古专家数十年的考察研究，确认至少1万年前阿勒泰人就开始了滑雪，比目前认为的人类滑雪起源时间（距今4500～5000年）要早几千年，古老的“毛皮滑雪”正是这里滑雪起源的象征。至今在阿勒泰地区，蒙古人、哈萨克人依然保留着冬日以“毛皮滑雪板”代步的习惯。

罕有的冰雪资源。新疆旅游发展潜力巨大，尤其在冰雪旅游方面，冰雪资源全国罕有，且独特而丰富，发展前景广阔。现拥有阿勒泰、伊犁州、乌鲁木齐、昌吉州四大冰雪资源富集区。

丰富的民族文化。新疆是多民族聚居地区，由哈萨克、汉、回、维吾尔、蒙古等数十个民族组成，民族文化丰富多彩。其中，以蒙古族图瓦人文化最为典型。蒙古族图瓦人文化是阿勒泰地区独有的民族文化。居住在我国境内的图瓦人仅有2500多人，喀纳斯地区是他们的唯一聚居地。图瓦人主要居住在布尔津县的喀纳斯村、禾木蒙古族民族乡和哈巴河县的白哈巴村。图瓦人在喀纳斯地区创造了丰富独特的民族文化，其生活方式、宗教信仰、祭祀活动等充满了古老而原始的气息，是喀纳斯旅游区的代表性文化。

强大的硬件支撑。新疆的雪上项目场地，如高山滑雪、单板滑雪U形场地等已达到世界级水平。通过承办“十三冬”建设了新疆冰上运动中心、丝绸之路国际滑雪场、天山天池滑雪场等一批世界级的高规格竞赛场馆。新疆优越的训练条件和训练环境，已经被视为中国乃至世界其他国家运动员理想的训练基地。

迅速的人才积淀。经过“十三冬”这类高水平赛事的历练，新疆在冰雪运动的赛事组织、安全保障、后勤服务等方面积累了大量的经验和人才，这些经验和人才，为新疆冰雪运动、冰雪产业向更高水平发展提供了无限的可能性。同时，新疆建立了人才长效培训机制，努力为国家培养输送冬季体育运动优秀后备人才，这将为新疆乃至全国的冰雪运动发展提供更有力的人才保障。

悠久的滑雪文化、罕有的冰雪资源、丰富的民族文化、强大的硬件支撑、迅速的人才积淀，使阿勒泰地区冰雪产业焕发新生。近些年，新疆以2022年北京冬奥会、“十三冬”、新疆丝绸之路等为契机，整合冰雪旅游资源，以“丝绸之路+冰雪旅游+民族风情”冬季旅游组合为特色，吸引了众多国内外游客。新疆冬季的游客人数已经高达 2000 多万，成为该地区新的经济增长点。

2. 冬奥会推动新疆冰雪产业发展

2022 年北京冬奥会的申办成功，为阿勒泰的冰雪运动发展创造了良好的政策环境，促进了地区冰雪运动的普及、冰雪赛事的举办、冰雪节日的开展，带动了阿勒泰全时全域旅游产业经济的发展。

（1）新疆冰雪运动发展的良好政策环境

《冰雪运动发展规划（2016～2025 年）》和《全国冰雪场地设施建设规划（2016～2022 年）》明确提出，“发挥新疆、内蒙古等西北、华北地区的后发优势，利用东北、西北、华北的资源优势，合理布局、错位发展，建设集竞赛表演、健身休闲、教育培训、装备制造为一体的北方冰雪运动带”；国家旅游局《关于进一步推进旅游援疆工作的指导意见》也指出，“实施冬季旅游突破战略，支持建设高档次滑雪基地，将冰雪旅游与民俗旅游、体育项目相结合，打造西部冰雪旅游胜地”。

（2）新疆的冰雪资源优势凸显

新疆自古以来就拥有世界不可多得的冰雪资源，尤其是新疆北部地区，具有雪量大、雪期长、雪域广、温度好、地形佳、冰层厚等特点。然而，受冰雪人才紧缺、场地设施紧缺、经济基础薄弱、群众基础薄弱等方面的影响，冰雪运动没有得到很好的开发。北京冬奥会成功申办以来，冰雪运动在全国掀起热潮，新疆的冰雪资源受到国内外专家、各地游客的高度认可和评价，冰雪资源优势凸显。

（3）阿勒泰“人类滑雪起源地”的文化地位凸显

早在 2015 年中国阿勒泰国际古老滑雪文化交流研讨会上，就有全球来自 18 个国家的 30 多位滑雪历史研究专家联名发表了《阿勒泰宣言》，认同中国新疆阿勒泰是世界上最古老的滑雪地域。但那时我国冰雪运动的普及程度相对不高，参与冰雪运动的人群相对较少，《阿勒泰宣言》的影响范围并不广。北京冬奥会成功申办以来，随着冰雪运动的普及，古老毛皮滑雪的文化被深度挖掘，阿勒泰作为“人类滑雪起源地”的冰雪文化地位也日益凸显。越来越多的人开始关注阿勒泰的冰雪资源和历史文化，越来越多的游客来到阿勒泰观看和体验古老毛皮滑雪比赛，阿勒泰逐步确立了自己在中国滑雪运动史上的地位。

（4）促进新疆全时全域旅游产业经济发展

举办冬奥会有力推动了我国的经济建设，促进了体育产业的健康快速发展，应以此为契机尽快使体育产业成为我国经济结构中的支柱性产业。冬奥会为新疆的冰雪运动、冰雪旅游带来了良好的发展机遇，将有效地促进新疆冰雪产业的结构调整和转型升级，促进冰雪装备制造、餐饮住宿、道路交通等相关产业的大发展。

（四）四川

更值得注意的是，我国南方地区的冰雪产业也在进行布局。科技的进步突破了南方雪量不足的瓶颈，让南方的群众也能加入冰雪活动之中。仅2018年建设的滑雪场中，南方省份占比超过38%。南方市场的开发，让冰雪产业的布局空间更加广阔，而且南方雪场消费属性更强，对冰雪项目的需求也更加强烈。根据携程门票平台数据，“2019年人气冰雪景区TOP10”排行榜中四川的西岭雪山居全国之冠，备受冰雪爱好者欢迎。接下来，就以四川省为代表，了解一下冬奥背景下南方冰雪产业的发展状况。

1. 四川冰雪产业发展现状

2018年度《中国滑雪产业白皮书》指出，四川省现有滑冰场10家，滑雪场8家，旱雪场3家，配套设施较为完备，主要分布在成都、绵阳、达州、眉山、巴中、乐山、广元、阿坝州等地（见表5）。2018年接待滑雪人次达72万（以娱雪为主），同比增长24.14%。

表5　四川省雪场情况一览

所在地	场馆名称
成都	西岭雪山滑雪场
绵阳	绵阳九皇山云宝顶滑雪场

续表

所在地	场馆名称
达州	八台山滑雪场
眉山	瓦屋山滑雪场
巴中	米仓山滑草滑雪场
巴中	光雾山大坝滑雪场
乐山	峨眉山雷洞坪冰雪娱乐场
广元	曾家山滑雪场
阿坝州	毕棚沟景区冰雪嬉乐场
阿坝州	鹧鸪山冰雪世界
阿坝州	恩威太子岭滑雪场

2. 冬奥会推动四川冰雪产业发展

（1）冰雪竞技运动探索开展

四川省通过与冰雪运动发达省份和社会团体合作共建，冰雪竞技运动得到一定发展，在第十二届全国冬运会、首届冬季青奥会和世界大学生冬运会上取得优异成绩。

（2）冰雪运动产业市场格局初步形成

通过对冰雪运动产业的初步探索逐步形成了以健身休闲为主，场馆服务、运动培训和体育旅游等业态协同发展的冰雪产业格局。冰雪运动参与和培训的需求逐渐显露，冰雪旅游已成为新的健身休闲方式。

（3）政府引导，大力普及，稳步提升

2017 年 10 月，四川省政府发布了《四川冰雪运动发展规划（2016 ~ 2025 年)》，积极推进四川省冰雪运动的发展，为四川省冰雪运动科学发展和可持续性发展提供了目标、方向与保障。

《四川冰雪运动发展规划（2016 ~ 2025 年)》指出，到 2025 年，形成具有四川省特色、体系完整的冰雪运动事业基础。普及程度大幅提高，竞技实力有效提升，冰雪运动产业发展格局初步形成。

大力普及冰雪运动。通过培养青少年冰雪运动技能，到 2025 年要实现全省 1350 所大、中、小学校园开展冰雪项目，100 万青少年参与冰雪活动；

通过推广大众冰雪健身项目，鼓励各地依托当地自然和人文资源，发展形式多样、喜闻乐见的冰雪健身项目，推进大众冰雪健身项目发展；通过指导大众冰雪运动，加强对大众冰雪运动的培训，建设冰雪运动职业社会体育指导员队伍。

提高冰雪运动竞技水平。通过合理布局冰雪运动竞技项目，到2025年使四川省具备一支项目设置合理、专业人才稳定的队伍；通过完善冰雪运动后备人才培养体系，到2020年全省培训具有专业资质的教练员、冰雪项目技术人员等2000人。

促进冰雪产业发展。通过整合现有资源，建设一批融滑雪、攀冰、登山、徒步、露营等多种健身休闲运动为一体的体育旅游度假区或度假地；通过积极培育冰雪竞赛表演业，打造以“南国冰雪节”为代表的群众性品牌冰雪活动；通过创新发展冰雪装备制造业，培育一批具有较高知名度的冰雪用品企业。

加大场地设施供给。通过科学规划布局冰雪运动场地，把冰雪场地设施打造成为以冰雪为主题的功能丰富、配套齐全、可经营性强、充满市场活力的服务性实体；通过积极推动滑冰馆建设，规划建设能够承接国际、国内冰雪项目比赛、表演的四川省冰雪运动综合体育馆和阿坝冰雪训练基地；通过积极推动滑雪场地建设，鼓励有条件的地区因地制宜建设滑雪场地，现有滑雪场要完善场地配套服务设施，提升服务水平。

深化体制机制改革。通过大力发展冰雪体育组织，统筹协调滑冰场、滑雪场等经营单位和冰雪运动俱乐部资源，推动群众性冰雪体育组织健康发展；通过鼓励探索部分项目职业化，引导社会资本参与组建冰雪职业俱乐部和专业冰雪运动团队。

B.4
冬奥会可持续发展新动向

张鸿俊　赵昀昀*

摘　要：　在国际奥委会颁布的《奥林匹克2020议程》中，可持续发展成为三大主题之一，其重要程度得到进一步提升。本文以2022年北京冬奥会为研究对象，探讨其可持续发展新动向。研究发现：①场馆可持续发展、环境可持续发展、区域可持续发展、民众生活可持续发展是2022年北京冬奥会可持续发展举措的四大着力点；②奥运遗产是2022年北京冬奥会的重要组成部分，2022年北京冬奥会将创造体育遗产、经济遗产、社会遗产、文化遗产、环境遗产、城市发展遗产、区域发展遗产七大丰厚奥运遗产。

关键词：　2022年北京冬奥会　京张地区　可持续发展

一　可持续发展概述

可持续发展（sustainable development）是指既满足当代人的需求，又不损害后代人满足需要的能力的发展，即经济、社会、资源和环境保护协调发展，它们是一个密不可分的系统，既要达到发展经济的目的，又要保护好人

* 张鸿俊，北京卡宾滑雪集团董事长，黑龙江冰雪产业研究所客座教授，主要研究方向为中国造雪系统的技术与设备研发；赵昀昀，北京卡宾冰雪产业研究院研究员，主要研究方向为冰雪产业。

类赖以生存的大气、淡水、海洋、土地和森林等自然资源和环境，使子孙后代能够永续发展和安居乐业。联合国2016年启动的《2030年可持续发展议程》明确提出17项可持续发展目标，涉及社会、经济和环境三个层面的可持续发展，勾勒出全球共同的发展目标。

可持续发展是20世纪80年代提出的新的发展观，是我国的治国理念，与国际奥委会倡导的可持续理念高度契合。2022年北京冬奥会是落实国际奥委会可持续性战略的新起点，肩负着将奥运会可持续发展推向新阶段的责任。按照国际奥委会可持续性战略要求和2022年北京冬奥会可持续性承诺，在筹办2022年北京冬奥会期间，根据可持续发展的定义，充分把握冬奥会独具的体育特性，以国际奥委会2018年颁布的在《奥林匹克2020议程》基础上细化而成的“新规范”为依托，秉持“绿色办奥、共享办奥、开放办奥、廉洁办奥”的理念，制定可持续发展战略，将赛事筹办与京津冀协同发展战略及地区长远发展规划紧密结合，将可持续理念融入北京冬奥会各阶段，在环境、区域、人民生活等各领域工作中，创造更多可持续性新成果，增加赛事举办的灵活性，提升效率，实现奥林匹克运动和地区发展的良性互动，实现“精彩、非凡、卓越”的办赛目标，对奥林匹克运动产生深远的、可持续的影响力。

环境可持续发展方面，推动地区生态环境改善，最大化实现人与自然相容，加快京张地区乃至全国的生态保护进程，并带来长远积极的影响；区域可持续发展方面，推动地区经济快速发展和社会长远进步，落实京津冀协同发展和地区长远规划，加快京张地区文化旅游带建设，推动京津冀地区成为中国经济增长新引擎，创造地区可持续发展的典范；民众生活可持续方面，坚持以人为本，利用2022年北京冬奥会创造良好的社会效应，推广奥林匹克精神，弘扬中国传统文化，让居民受益、让参与者有收获。

二　可持续发展举措

“绿色办奥”居四大办奥理念之首，具有重要的历史意义。落实绿色办奥理念就是要坚持生态优先、资源节约、环境友好，为冬奥会打下美丽中国底色；所有场馆建设、基础设施建设都要落实节能环保标准，促进人与自然和谐共处。北京冬奥会可持续性工作，涉及落实可持续性承诺、建立可持续性管理体系、实施可持续性采购、推进低碳管理工作、加强宣传推广及讲好可持续性故事等方面。做好可持续性工作是落实绿色办奥理念的具体措施，可持续、低碳管理是落实绿色办奥理念的着力点。北京冬奥组委已正式印发可持续性政策各项工作文件，绿色场馆、绿色能源、绿色交通等可持续发展亮点已经开始显现。

（一）场馆可持续发展

在冬奥场馆规划、建设过程中，落实生态保护优先原则，打造与自然融合的优良资产，保护赛区当地生态遗产，最大程度利用现有场馆设施，改造、新建场馆设施应符合绿色建筑标准，在保障场馆赛后利用情况下，多使用临时设施。

北京、延庆及张家口三个赛区每个场馆均开展了环境影响评价，严格落实生态环境保护措施。延庆赛区建设植物近地和迁地保护小区，建设动物通道，保护赛区野生动物；张家口赛区按照海绵赛区规划设计建设，可持续利用水资源，最大限度地减少赛区建设对生态环境的影响。在场馆利用过程中，优先选择环保型制冷剂，有4个场馆首次在奥运会冰上场馆使用最清洁、最低碳的二氧化碳制冷剂，在国内外具有很强的引领和示范作用。创新研究制定《绿色雪上运动场馆评价标准》，使新建雪上项目场馆满足标准要求，对既有场馆实施低碳节能改造。冬奥会后，场馆实施可持续利用原则，转变为冬奥会遗产，现有冰场和雪场能够继续举办高水平的国际冰雪赛事，成为国家优秀运动员和青少年培养人才选择地，国际体育交流选择地，会议、活动、专业论坛选择地，滑雪、健身、康养、休闲四季综合基地等，从而推动我国冬季运动进一步发展，使奥林匹克精神和奥林匹克运动得以进一步传承。

1. 北京赛区

冬奥组委办公场所主要利用首钢园区升级改造而成，充满冬奥和冰雪元素，充分体现节俭和可持续发展理念，在全世界起到了良好的示范作用。同时，2022 年北京冬奥会比赛项目——单板大跳台项目也将落户首钢园区。单板大跳台场地将用于举办国内外高级别大跳台比赛，供专业运动员及运动队训练。北京冬奥会后，可作为冬季旅游景点及休闲健身场所向公众开放。除此之外，在首钢园区内建设国家体育产业示范区及冬奥训练场馆，用于国家队训练。

北京赛区共使用 13 个竞赛场馆和非竞赛场馆。竞赛场馆方面，唯一新建的竞赛场馆为国家速滑馆，又称“冰丝带”，利用 2008 年北京夏奥会曲棍球和射箭的临时场地进行建设，2019 年建成后将是 2022 年北京冬奥会标志性场馆，2020 年将举办低级别的测试赛，2021 年将举办国际级的测试赛；国家游泳中心、五棵松体育馆以及国家体育馆均为 2008 年北京夏奥会遗产，经过改造后，将分别承办冰壶、女子冰球以及男子冰球比赛；国家游泳中心在完成场馆改造后，将由“水立方”变身“冰立方”，承办 2022 年北京冬奥会冰壶、轮椅冰壶比赛，实现冰水双轮驱动，水立方南广场将新建群众性地下冰场，设置 4 条冰壶赛道和 1 个国际赛事标准冰场。非竞赛场馆方面，2022 年北京冬奥会的开幕式和闭幕式将在国家体育场鸟巢内进行，鸟巢将积极探索策划群众性体育自主 IP，将越野滑雪、冰壶比赛等冰雪运动与顶美空中走廊等鸟巢特色旅游路线相结合，开展“迎冬奥 · 鸟巢冰雪定向跑”活动，积极拓展冰雪运动空间，服务全民冰雪推广普及运动。奥林匹克公园内，鸟巢和冰立方之间将临时搭建可容纳 1 万人的北京颁奖广场，新建的北京冬奥村位于奥体中心南侧，是北京既定的住宅项目。国家会议中心、首体综合馆等现有场馆继夏奥会之后，将再次为冬奥会所用。

2. 延庆赛区

延庆赛区共有 4 项场馆建设改造任务，竞赛场馆和非竞赛场馆均为新建或临建，其中国家高山滑雪中心、国家雪车雪橇中心为竞赛场馆，非竞赛场馆中，延庆冬奥村为新建，延庆山地新闻中心为临时建设。

在实际施工过程中，编制绿色施工方案，聘请第三方对赛区环境和水土保持进行监督监测，就地资源化利用赛区施工过程中产生的废弃石材、木材。利用石材修筑挡墙、树池、临时停车场等，利用伐掉的灌木建木栈道、树木支撑架、环保垃圾桶、宣传牌等，对施工中的废水建立污水收集、沉淀、处理系统，防止对下游水质造成影响，保护水环境；开展生态补偿，推行“无痕山林”理念，在张山营镇筹建800亩冬奥森林公园，聘请北京林业大学森林恢复、古树大树移植等方面专家，对赛区及周边2000公顷范围进行动植物资源本底调查，对需要移植的树木逐一拍照、一树一档，制作二维码标识，建立可追溯、可查询的冬奥移植树木“树履历”，对珍稀树木和可利用并能够移植的树木做100%移植。

3. 张家口赛区

张家口赛区比赛场馆从选址到布局再到建设，以及一些细节方面，充分实践绿色办奥理念，努力确保可持续发展。场馆选址布局时，充分利用自然地形地貌、现有设施及城市更新机遇，充分考虑到可持续发展需要，尽可能减少环境破坏痕迹；建设过程中尽可能使用可再生材料和环境友好工法，全面践行“科技冬奥”。场馆未来将设置低碳奥运专区，到2021年，此区域将基本使用可再生能源。

张家口赛区雪上项目比赛场馆将可持续发展理念体现在诸多细节中，如国家跳台滑雪中心助滑道在冬奥会历史上首次采用冰面助滑道技术与动感照明技术；所有观众座席区所使用的局部微环境保温技术，将在低能耗的前提下大幅改善观众的观赛体验。

张家口赛区水资源短缺问题一直是国际和国内社会所关注的焦点之一，未来张家口赛区场馆群区域将通过打造海绵赛区，实现场地用水就地平衡，减少外部调水使用。

（二）环境可持续发展

1. 生态环境可持续

探索区域生态环境协同保护新机制，快速提升冬奥会举办地生态环境质量。水资源方面，优化冬奥会人工造雪量及人工造雪用水量，建设生态清洁水流域，实施绿色生态走廊建设工程。空气质量方面，完善京津冀区域协作防控机制，到2022年，赛事空气质量达到世界卫生组织标准。综合治理方面，在京张地区全面开展治气、治沙、治水工作，加快京张地区整体环境改善。实施生态绿化工程，建设涵养生态的绿色屏障；建设生态小流域，实施跨区域联防联控。在国家生态环境部的统筹组织和领导下，打好蓝天、绿水、净土保卫战，力促京张地区山更绿、水更清、天更蓝，城市和区域环境质量持续攀上新台阶。

2. 交通可持续

2022年北京冬奥会构建低碳交通运输服务体系，采用高铁转运提供赛区间客运服务。利用低碳工程技术开展交通设施建设，应用智能交通系统，大力发展绿色低碳出行模式。北京冬奥会举办期间，赛区内交通服务基本实现清洁能源车辆保障。推动建立北京冬奥会低碳管理核算标准，推广碳普惠制项目，吸引社会各界多元化参与低碳冬奥行动。结合京冀两地新能源汽车和可再生能源发展优势，赛区交通服务采用清洁能源供应；充分应用智能化交通系统和管理措施，提升交通精细化管理水平；在全社会倡导低碳出行理念。

3. 低碳冬奥

建立碳排放管理和排放权交易机制，实现运行能耗和碳排放智能化管理，采取碳减排和碳中和措施，实现北京冬奥会低碳目标。

能源方面，建设独有电网，推进清洁能源、可再生能源利用，建设低碳能源示范项目，建立适用于北京冬奥会的跨区域绿电交易机制，综合实现100%可再生能源满足场馆常规电力消费需求；将张家口地区光电和风电等可再生能源安全高效地输送至北京市内和延庆赛区；建立冬奥赛区跨区域绿色电力交易机制，场馆主供电源全部使用清洁绿色电力供应；北京冬奥云数据中心利用先进技术，使年平均能源使用效率达到国际先进水平，将光和风转化为源源不断的绿色能源。场馆方面，建设超低能耗等低碳示范工程，新建永久场馆满足绿色建筑等级要求。交通方面，北京冬奥会举办期间，赛区内交通服务基本实现清洁能源保障。技术方面，创建一批具有先进性的低碳技术示范项目，推动林业固碳工程，促进生态扶贫，争创国家级近零碳排放示范赛区，建立北京冬奥会低碳管理核算标准，创造冬奥会遗产。

未来将加快制度创新，推动运用市场机制实现碳中和；采取积极措施，有效控制温室气体排放；强化低碳技术创新，推动低碳技术应用示范；发动社会公众参与，提升公众低碳意识；积极开展应对气候变化国际合作，努力使北京冬奥会成为中国展现全球生态文明建设参与者、贡献者、引领者的重要平台。

（三）区域可持续发展

1. 基础设施

完善冬奥会举办地区交通网络，促进京张地区相互连通，保障服务区域协同发展。截至2019年6月，连接北京新机场的大兴机场高速公路和大兴机场北线高速公路中段均已基本建成，服务2022年北京冬奥会的延崇高速公路主线工程将在2019年底建成通车。

推动残疾人无障碍设施建设，搭建无障碍冬奥环境，提升城市包容性。2018年9月，北京冬奥组委与中国残联、北京市政府、河北省政府联合发布《北京2022年冬奥会和冬残奥会无障碍指南》，遵循“公平、尊严和适用”的基本原则，以安全性为首要出发点，体现通用性设计理念，完善无障碍细节要求，加强信息无障碍、服务无障碍等薄弱环节，特别是突出无障碍环境的系统性、连贯性，促进形成闭合的无障碍环境。

建设综合性能源供应站，助力冬奥绿色交通体系建设。2019年，国网冀北电力持续拓展充电市场范围。截至2019年6月，已在环张家口各高速公路沿线及城区建成充电站107座、充电桩720个，实现高速公路充电网络全覆盖、城区充电服务半径不超过3000米、崇礼冬奥专区充电服务半径不超过2000米，绿色交通体系已初具规模。

2. 城市更新

以北京冬奥会的竞赛设施和配套设施建设为中心，将冬奥会城市建设与京张城市规划发展相联系，在满足赛事需要的基础上，统筹建设比赛场馆、滑雪赛道等体育基础设施和配套项目，加快推进城市可持续性更新。

将冬奥会筹办与老首钢转型发展有机结合，持续汇集高端要素，不断明确功能定位，不断完善工作机制，展现北京城市特色，提升北京城市魅力，实现新首钢文化复兴、产业复兴、生态复兴、活力复兴，全力打造北京城市复兴标杆。

3. 重点产业

以北京冬奥会为契机，积极带动国内知名冰雪用品制造企业发展，积极引进国外冰雪产业龙头企业，推动建设冰雪器材、冰雪服装、冰雪装备制造园区，合理开发冰雪项目，保证冰雪产业合理有序发展。

深入落实科学发展观，科学制定冰雪旅游发展计划，科学规划旅游出行路线，办好冰雪节，带动京张冰雪文化旅游带建设。

4. 公共服务

加快京张 2022 年冬奥会赛区医疗卫生服务能力、教育服务能力等公共服务能力协同发展，满足冬奥会赛事需求，使北京冬奥会成为城市和区域发展的催化剂。

建立京张医疗合作机制，最大程度实现优质医疗资源共享，保障北京冬奥会合理有序进行。

发挥北京人才优势，为张家口培养冬奥会所需各类专业技术人才，增强张家口医疗卫生服务能力与教育服务能力。

（四）民众生活可持续发展

1. 保障民众生活

在赛区建设、搬迁安置过程中，保障被征地居民的合法权益，确保赛区内居民生活水平提高，以北京冬奥会为契机，加快当地冰雪产业发展，扩大就业规模，增加就业机会，使赛区居民成为冬奥会可持续发展受益者；开展各级各类学生奥林匹克知识普及工作，使奥林匹克价值观在中国青少年中产生深远影响；制定形式多样的培训计划，提高冬奥会工作人员及志愿者服务能力，赛后进行妥善安置。

搭建公共宣传教育平台，培养社会公众可持续性意识，建立健康文明的生活方式；提倡绿色低碳的生活方式，鼓励低碳出行，推广可持续消费行为；深入开展全民健身项目，传递积极向上的大众体育精神和健康的生活理念，提升国民体质和健康水平。

2. 普及冰雪运动

根据各地冬季运动产业发展现状，充分利用当地资源，推广大众冰雪文化，开设基础冰雪运动课程，普及冰雪运动相关知识，支持民间冰雪俱乐部发展，鼓励开展各类冰雪赛事活动，提高民众日常参与冰雪运动的热情，带动“三亿人参与冰雪运动”。

面向大、中、小学青少年学生，开展青少年奥林匹克教育，弘扬奥林匹克精神，宣传北京冬奥会知识；大力发展青少年冰雪运动俱乐部，提升学校冰雪课程比例，使青少年亲身体验奥运，使奥林匹克价值观在青少年中产生深远影响。

3. 推动科技奥运

坚持以人为本，结合北京冬奥会科技保障需求，充分调动政府力量与社会力量合作，搭建科技平台，带动先进技术与产品应用，增强技术应用对改善公众生活的积极影响。

工信部正加快推动5G商用步伐，中国联通等运营商正在搭建试验网络，2019年延庆世园会已示范应用。北京市经信局已组织运营商开展试验运行，北京冬奥组委所在的首钢园区已部署了5G基站，成为5G示范区，2022年，冬奥场馆所在区域将会实现5G信号覆盖。

三　北京冬奥会遗产战略计划

2019年2月19日，《北京2022年冬奥会和冬残奥会遗产战略计划》发布，提出通过筹办北京冬奥会，创造体育、经济、社会、文化、环境、城市发展和区域发展等七个方面的丰厚遗产。

（一）体育遗产

体育遗产是筹办冬奥会最直接的遗产，可显著提升中国冰雪运动竞技水平，建设和利用好世界一流的体育场馆；建设冬奥博物馆，研究设立奥林匹克学院，做好知识传承与转移；培养和造就一批办赛人才，形成一系列办赛规范和模式。

（1）冰雪运动普及与发展。大力实施《冰雪运动发展规划（2016～2025年）》《群众冬季运动推广普及计划（2016～2020年）》，加强国家和地方冰雪运动队伍建设，提升冰雪运动竞技水平，普及冬奥知识，推动青少年参与冰雪运动，举办各类冰雪活动和赛事，促进冬季运动普及与发展。

（2）残疾人冰雪运动普及与发展。大力实施《冬残奥项目振兴计划》《残疾人群众性冰雪运动提升行动方案》等，推动残疾人冰雪运动项目拓展、专业人才培养、训练基地建设等方面工作，促进残疾人冰雪运动普及与发展。

（3）体育场馆。充分利用2008年北京夏奥会现有场馆，抓好冬奥新建场馆的规划建设，将冬奥场馆建设为精品工程。同步编制场馆赛后利用方案，努力实现场馆的持续利用、长久利用。

（4）办赛人才。实施《北京2022年冬奥会和冬残奥会人才行动计划》，加快冰雪运动竞赛组织、赛会运行和服务保障等各类办赛人才的选拔和培养，打造专业化、国际化的办赛人才队伍，为主办城市留下丰厚的人才遗产。

（5）赛会运行组织。积极推进赛会运行组织工作模式创新，打造赛会运行组织国际标准与范例，为未来中国大型赛事和奥运会筹办提供宝贵办赛经验。

（6）赛会服务保障。创新赛会服务保障工作规范与标准，提升赛会服务保障能力和水平，为未来中国大型赛事和奥运会筹办提供宝贵借鉴。

（7）筹办知识转移。科学收集、整理、留存与运用好北京冬奥会筹办信息与知识遗产，总结各业务领域办赛经验，建设冬奥博物馆，研究设立奥林匹克学院，做好知识传承与转移，为未来中国大型赛事和奥运会筹办提供宝贵智力财富。

（二）经济遗产

经济遗产方面，筹办冬奥会可促进冰雪产业与文化旅游产业相融合，培育和造就一批中国冰雪企业。

（1）冰雪产业发展。大力实施《冰雪运动发展规划（2016～2025年）》和《京津冀体育产业协同发展行动计划》，开发中国和亚洲冬季运动市场，培育多业态冰雪产业，鼓励社会资本参与冰雪产业发展，培养造就中国冰雪企业。

（2）科技冬奥。加快推进“科技冬奥（2022）行动计划”，积极运用信息技术、大数据技术等现代科技提高赛会运行保障能力和服务效率，重点推动新技术在信息通信、清洁能源、智能交通、安全保障、环境保护等方面的运用。

（3）市场开发。积极创新市场开发工作机制，广泛吸引社会资金和社会力量参与筹办工作，提升中国企业国际竞争力和品牌价值，推动中小企业成长，努力实现经济效益和社会效益双丰收。

（4）财务管理。健全规章制度，严格预算管理，提高资金使用效益和资源配置效率。创新财务管理规范和标准，为未来中国大型赛事和奥运会筹办提供宝贵经验。

（5）物流管理。创新赛会物流运行规范与标准，总结物流新技术与新能源应用成果，提升中国赛事物流服务水平，培养中国赛事物流管理人才队伍。

（三）社会遗产

（1）社会文明。推进实施《北京2022年冬奥会和冬残奥会中小学生奥林匹克教育计划》，弘扬奥林匹克精神，践行奥林匹克理念，增强人人都是东道主意识，提升全社会的成就感和获得感。

（2）志愿服务。践行志愿服务精神，培养志愿服务人才队伍，形成可传承与借鉴的冰雪运动志愿服务规范与标准，提升志愿服务水平。

（3）国际交流。主动服务国家外交大局，加强与国际体育组织的沟通协调，借鉴冬季运动强国办赛经验，以体育交流促进人文交流、经济交流，以实现开放包容、互利合作。

（4）包容性社会。以包容性理念为核心，展现冬残奥运动员不屈不挠的顽强拼搏精神，提升全社会助残意识，促进残健共融，使残疾人更充分地融入社会生活。

（5）权益保护与法律事务。推进实施《奥林匹克标志保护条例》，培养体育赛事和体育产业法律人才，形成权益保护和法律事务方面可传承借鉴的筹办成果。

（6）廉洁办奥。借鉴2008年北京夏奥会廉洁办奥的成功经验和有效做法，加强法纪监督，力戒奢华浪费，严密防范和坚决惩治腐败，形成“廉洁办奥”的筹办经验与遗产成果。

（四）文化遗产

（1）文化活动。推进实施《北京2022年冬奥会和冬残奥会遗产战略计划》，以体育为主题，以文化为内容，策划组织形式多样、生动活泼的文化宣传活动。

（2）宣传推广。面向国际社会大力宣传北京冬奥会筹办成果。推进实施“共享冬奥”计划、奥林匹克教育计划、青少年行动计划，促进大众广泛参与，创新宣传形式和渠道。在电视台设立冬奥频道，普及冰雪知识，宣传冬奥项目，形成宣传推广遗产成果。

（3）媒体与转播。推进媒体报道方式的创新，培养我国冬季运动新闻运行和电视转播人才队伍，提升我国冬季运动媒体运行和赛事转播服务水平。

（4）档案管理。通过筹办工作，科学收集、整理、归纳和留存好北京冬奥会文字档案和实物档案，形成丰厚完整的文字和实物档案遗产，充分发挥其赛后利用、传承和借鉴作用。

（五）环境遗产

（1）生态环境。打好治气、治沙、治水攻坚战，加快整体改善京张地区的生态环境。所有新建场馆落实节能环保标准，做好固体废弃物处置和生物多样性保护，形成生态环境保护方面的遗产成果。

（2）低碳奥运。推进可再生能源应用，实施场馆绿色建筑标准，建立碳排放补偿机制，促进京津冀协同减排，形成低碳奥运遗产成果。

（3）可持续性管理。建立与运行可持续性管理体系，落实场馆可持续性指南、场馆可持续性管理办法等相关政策，努力实现国际标准化组织（ISO）大型活动、环境和社会责任三标合一的可持续性管理体系创新。

（六）城市发展遗产

（1）城市基础设施。围绕北京冬奥会筹办，促进城市交通设施、水利设施、市政基础设施、环境设施、赛事服务设施等城市配套基础设施建设和升级改造，为主办城市留下长期受益的有形遗产。

（2）城市管理。创新体制机制，推动多元治理，健全智慧服务管理体系，全面提升城市精细化管理水平。

（3）城市服务保障。优化提升城市功能，增强城市综合竞争力和国际影响力，坚持疏解整治，加强城市修补和生态修复，实现城市高水平发展，打造首钢等城市复兴新地标。

（4）城市无障碍环境。以举办北京冬奥会为契机，完善城市无障碍工作协调机制，提升城市无障碍意识，提高城市无障碍设施建设水平和服务水平，形成方便残疾人、老年人等群体的城市无障碍环境。

（七）区域发展遗产

（1）京张地区交通基础设施。促进京张地区交通基础设施相连相通，建设形成“一条高铁、多条干线”的交通网络，大幅提升京张两地通行能力，既能满足办赛需求，又能在赛后服务协同发展。

（2）京张地区生态环境。促进京津冀地区生态环境联防联建。以治气、治沙、治水为重点，加强北京市与河北省的工作联动和综合治理，加快改善京津冀地区生态环境，满足北京冬奥会办赛需求，为广大群众造福。

（3）京张地区冰雪产业。强化规划引领作用，加强规划控制，促进京张地区冰雪产业合理布局、健康发展。加快产业转型升级，打造立足区域、服务全国、辐射全球的冰雪产业集聚区。

（4）京张地区公共服务。全面提升京张两地住宿、餐饮、医疗等公共服务水平，发挥北京资源优势，加大在医疗、教育等领域对张家口地区的帮扶力度，助力张家口公共服务能力的提升。

（5）京张体育文化旅游带建设。依托北京冬奥会场馆设施，充分发挥地方特色文化旅游资源优势，发展壮大体育文化、旅游休闲、会议展览等业态，促进体育、文化、旅游深度融合发展，促进京张体育文化旅游带建设。

（6）京张地区促进就业。加大推进发展张家口特色产业、奥运劳务经济、绿色扶贫、易地扶贫搬迁、京张对口帮扶等方面工作力度，制定对口帮扶工作方案，积极引导当地农民发展休闲旅游等富民产业，拓展就业渠道，带动低收入群体就业。

B.5
社会力量参与冰雪运动发展

刘　煜*

摘　要： 2019年中共中央办公厅、国务院办公厅印发的《关于以2022年北京冬奥会为契机大力发展冰雪运动的意见》强调，积极鼓励与支持社会力量以各种形式参与冰雪运动发展。本文以社会力量为研究对象，社会力量在冰雪运动范畴里的内涵是除政府、事业单位、正规教育部门外的合法社会组织、企业机构与公众。研究结果表明，社会力量参与冰雪运动发展具有贯彻落实顶层设计要求、加快释放冰雪运动有效需求、强化社会力量主体专业能力三个方面重要价值；社会力量参与冰雪运动发展的形势主要表现在四个方面：社会力量主体呈现多元化趋势、社会力量参与领域呈现垂直化趋势、社会力量参与方式呈现专业化趋势、社会力量参与特征呈现差异化趋势。

关键词： 社会力量　冰雪运动　有效需求

一　社会力量的内涵

进一步展开分析之前，首先需要明确社会力量的概念与内涵。在学术界，“社会力量”这一概念最早由美国古典社会学家沃德提出，他认

* 刘煜，北京卡宾冰雪产业研究院研究员，体育学硕士，主要研究方向为体育产业。

为社会力量是指“鼓动社会中众多成员采取社会行动，使社会发生变化的力量”。[①] 而在我国，“社会力量”一词最早出现在教育领域，可追溯至20世纪80年代。1982年12月，第五届全国人民代表大会第五次会议通过的《中华人民共和国宪法》首次使用了“社会力量”的概念，提出国家鼓励社会力量依照法律规定兴办各种教育事业。[②] 1987年7月，国家教委下发的《关于社会力量办学的若干暂行规定》给出了“社会力量”的概念与内涵，即“具有法人资格的国家企业事业组织、民主党派、人民团体、集体经济组织、社会团体、学术团体以及经国家批准的私人办学者”。此后，“社会力量”一词的应用不再局限于教育领域，在文化、社会、体育、养老等诸多领域都频频出现，相关理论研究也随之愈加丰富。

“社会力量”一词在各个社会领域的释义与内涵有所不同，都根据所处领域进行了一定调整。社会力量在冰雪运动领域的内涵，必然也需要根据该领域的特性做出适当调整。根据冰雪运动领域的特性以及研究需要，社会力量在冰雪运动的范畴里应该是指除政府、事业单位、正规教育部门外的合法社会组织、企业机构与公众。①社会组织，如中国滑雪协会、中国滑冰协会、中国雪橇协会等国家级社会组织以及北京市滑雪协会、张家口滑雪协会、黑龙江省滑冰协会等地方级社会组织等。②企业机构，如北京卡宾滑雪体育发展集团股份有限公司、北京安泰雪业企业管理有限公司、万科集团冰雪事业部、张家口市万龙运动旅游有限公司等。③公众，如自然人、非政府组织的民间组织法人等。

二　社会力量参与冰雪运动发展的重要价值

社会力量作为社会经济活动不可或缺的组成部分，作为参与冰雪运动发

① 马国泉：《新时期新名词大辞典》，中国广播电视出版社，1992，第528～529页。

② 廖其发：《当代中国重大教育改革事件专题研究》，重庆出版社，2007，第612～614页。

展的重要组成部分，作为连接政府与大众的沟通桥梁，毫无疑问对推动我国冰雪运动发展、助力2022年北京冬奥会成功举办具有至关重要的价值。经过梳理，本文将从以下三个方面探讨社会力量参与冰雪运动发展的重要价值：一是贯彻落实顶层设计要求，二是加快释放冰雪运动有效需求，三是强化社会力量主体专业能力（见图1）。

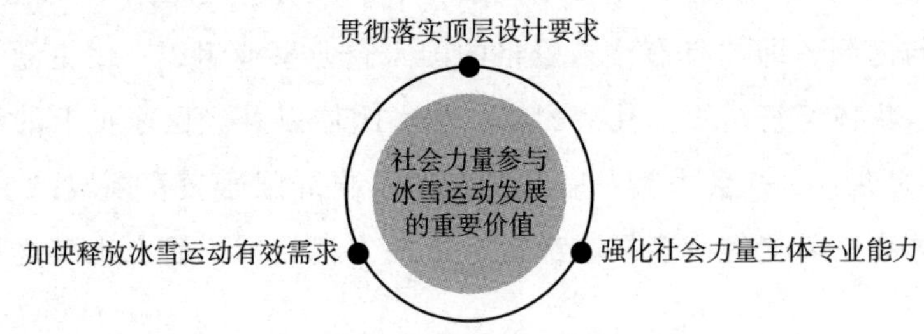

图1　社会力量参与冰雪运动发展的重要价值

（一）贯彻落实顶层设计要求

目前，基于习近平总书记“积极调动社会力量参与办奥”的重要讲话精神、李克强总理“广泛动员社会力量，推动冰雪运动普及”的重要批示，我国各级政府正在由上至下地大力倡导和鼓励社会组织、企业机构、公众等社会力量主体，积极主动地参与冰雪运动的发展。在顶层设计的政策文件中，“社会力量”一词被多次提及，如《群众冬季运动推广普及计划（2016～2020年）》提及3次、《冰雪运动发展规划（2016～2025年）》提及8次、《全国冰雪场地设施建设规划（2016～2022年）》提及2次、《关于以2022年北京冬奥会为契机大力发展冰雪运动的意见》提及4次（见表1）。这充分说明，政府意识到需要给予社会力量足够多的重视，倡导鼓励其积极参与至推动冰雪运动发展的行列，才能实现冰雪运动的高质量发展。

表1 政府相关部门对社会力量的重视程度

政策	发文单位	发文时间	具体内容	"社会力量"提及频次
《群众冬季运动推广普及计划(2016~2020年)》	国家体育总局、国家发改委等23部门	2016年11月2日	·完善政府向社会力量购买公共服务机制; ·鼓励社会力量设立"冰雪运动众创空间"和"冰雪运动产业创意孵化基地"; ·对符合条件的社会力量提供补助,支持群众冬季运动发展	3次
《冰雪运动发展规划(2016~2025年)》	国家发改委、国家体育总局、教育部、国家旅游局	2016年11月25日	·支持社会力量兴办冰雪运动俱乐部或冰雪运动培训学校,开展大众冰雪运动健身培训服务; ·引导支持体育社会组织等社会力量举办群众性冰雪赛事活动; ·引导社会力量建设冰雪运动场地,扩大冰雪场地供给; ·鼓励社会力量通过改造旧厂房、仓库、老旧商业设施等建设冰雪运动场地; ·……	8次
《全国冰雪场地设施建设规划(2016~2022年)》	国家发改委、国家体育总局、工业和信息化部等7部门	2016年11月25日	·调动全社会力量共同参与,增加供给、提高质量,为冰雪运动在全国蓬勃发展奠定坚实基础; ·充分调动社会力量积极参与冰雪场地设施建设运营,合力推进冰雪场地设施发展	2次
《关于以2022年北京冬奥会为契机大力发展冰雪运动的意见》	中共中央办公厅、国务院办公厅	2019年3月31日	·支持社会力量兴办冰雪运动培训机构; ·支持社会力量按照有关标准和要求建设各具特色的冰雪运动场馆; ·积极引导社会力量举办业余冰雪赛事,着力打造群众性冰雪精品赛事; ·支持社会力量打造精品赛事和活动	4次

(二)加快释放冰雪运动有效需求

2015年北京携手张家口成功申办2022年冬奥会后，习近平总书记发出了“三亿人参与冰雪运动”的号召，加快冰雪运动发展和普及、冰雪运动“南展西扩”等重要战略举措也在有条不紊地推进着。可以说，我国冰雪运动发展在短短4年内已取得了阶段性成果——冰雪消费持续升温、冰雪产业方兴未艾、滑雪人次即将突破2000万等。这其中，离不开国家意志的大力推动与支持，而社会力量同样功不可没。如社会资本大量集聚于冰雪运动这片热土，加快冰雪场地设施建设，增加冰雪运动场地供给；培训机构如雨后春笋般涌现，提供大众冰雪运动培训以及冰雪产业专业人才培训；旅行社开发更多冰雪旅游路线，用更丰富多样的旅游产品吸引消费者；媒体平台广泛发布冰雪文化内容，提高冰雪运动的曝光度；等等。

诸如此类的来自社会力量的实际行动，与政府部门形成了互促互进的良性互动机制，后者率先搭建推进冰雪运动发展的“行动框架”，营造了适合冰雪运动发展的整体环境，而前者则更多地行使的是执行者、参与者的权责，积极响应顶层设计和相关职能部门的号召。在二者协调配合、大力推进下，我国完成了冰雪运动提速普及、冰雪文化异彩纷呈、冰雪产业快速发展等多项重要任务，为加快释放冰雪运动有效需求做出了巨大贡献。若仅靠有关政府部门的一己之力，我国冰雪运动的发展之路必然道阻且长，有效需求也难以大量释放。

（三）强化社会力量主体专业能力

在某些领域，出现了社会力量参与积极性不高、社会力量参与程度不深等情况。究其原因，从社会力量这个角度来看，是因为社会力量主体的专业能力欠佳，难以承担相应的工作与责任，进而导致该领域呈现社会力量参与不足的情况。

某种程度上而言，我国冰雪运动领域就出现了类似情况。由于起步时间晚、发展周期短、基础条件薄弱等，我国冰雪运动领域社会力量的发展还处在十分初级的阶段，亟待有关部门的积极引导，具体表现为冰雪运动领域的绝大多数社会力量主体专业能力不足。而社会力量整体规模偏小、专业能力不足就会导致其在参与冰雪运动发展过程中出现力不从心、“才不配位”的情况，进而引起冰雪运动领域资源错配、有效供给遭到抑制等问题。因此，可以通过加大推动社会力量参与冰雪运动发展力度，鼓励社会力量参与冰雪运动发展，调动其积极性和主动性，给予社会力量充足的实践机会与试错机会。并且，可以邀请国内外专家对社会力量主体展开整体培训，分享前沿技术与信息，以此强化社会力量主体专业能力。

三　社会力量参与冰雪运动发展的形势

（一）社会力量主体呈现多元化趋势

从理论意义上说，社会力量的释义与内涵比较宽泛、笼统、抽象，在冰雪运动的范畴里，社会力量指的是除政府、事业单位、正规教育部门外的合法社会组织、企业机构与公众。从现实意义上说，社会力量的概念则要具象、鲜活不少。简而言之，就是以第三方协会为代表的合法社会组织、以各式各样规模不一的公司为代表的企业机构与以消费者和自媒体为代表的公众。

在顶层设计的有力驱动下，切身参与冰雪运动发展的社会力量主体在微观层面呈现明显的多样化趋势。一方面，冰雪运动要想实现又好又快发展，社会力量是不可或缺的重要推动力。常规来说，带有官方属性的政府组织在冰雪运动这一领域多起到拉动需求、保障土地供给、进行制度建设等作用，而在具体的场地供给、人才供给、科技供给等方面，则主要由社会力量来承担这份责任，可见社会力量的参与对冰雪运动发展的必要性。另一方面，社会力量参与冰雪运动发展的程度越深，社会力量主体的多元化程度也就越高。冰雪运动发展得越深入，冰雪运动系统中的细分领域就越多。这是因为消费者和市场的需求会越来越细分，而要满足这些更为细分的需求，相对应的供给也就要更为细分，进而导致满足这些需求的社会力量主体越来越细分，迈向多元化。

社会力量主体呈现多元化趋势这一特点，在社会组织、企业机构与公众中都体现得较为明显。首先，是在社会组织方面趋于多元化。如 2015 年张家口成立张家口滑雪协会、2016 年北京成立北京市滑雪协会、2018

年末万科松花湖滑雪场及北大壶滑雪场等联合发起成立全国滑雪场联盟、2019年陕西省成立陕西省冬季运动协会、2019年北京市成立北京市雪上运动协会等。其次，是在企业机构方面趋于多元化。如2014年北京雪族科技有限公司成立，主要帮助滑雪场梳理管理流程，打造以数据为核心的云服务平台。如2015年北京安泰雪业企业管理有限公司正式成立，主要为滑雪场提供专业化雪场运营管理服务。如近两年奥山集团开始加大滑冰场、滑雪场的供给力度等。最后，是在公众方面趋于多元化。如成千上万个用户在抖音、快手等互联网短视频平台发布与冰雪文化、冰雪元素相关的视频。如中国第一位全国滑雪冠军单兆鉴持续深入研究新疆阿勒泰古老滑雪文化，助力中国冰雪文化的积淀与传播。如诸多游客邀请亲朋好友去滑雪场旅游，并拍照留念在微信朋友圈、微博等互联网社交平台做分享，传播冰雪文化等。

（二）社会力量参与领域呈现垂直化趋势

垂直化，亦即细分化，指的是随着某个领域的纵深发展，该领域会开辟出更多细分领域与板块。社会力量参与领域呈现垂直化趋势，指的是随着社会力量参与冰雪运动发展的深度化，其覆盖的范围向更丰富、更细分的垂直领域扩展。这一点，其实是与“社会力量主体呈现多元化趋势”相呼应的。社会力量参与冰雪运动发展的程度越深，社会力量参与领域就越垂直化，相应地，参与主体的多元化程度也就越高。

目前，社会力量参与领域呈现明显的垂直化趋势，并且这一趋势会随着冰雪运动的进一步发展而持续深化。[①] 如图2所示，仅在滑雪运动领域，社会力量的参与就已覆盖十多个细分领域，再对这些细分领域进行精细划分，那么垂直领域将会分化出更多。比如滑雪场馆业，除了传统意义上的户外滑雪场、室内滑雪场，还有冰雪游憩乐园、旱雪场地、滑雪模拟器等；比如滑

① 王飞、朱志强：《推进滑雪产业发展的大型滑雪旅游度假区建设研究》，《体育科学》2017年第4期。

雪旅游业，除了传统意义上的滑雪旅游产品，还细分了海外高端定制滑雪旅游、直升机滑雪旅游等领域。

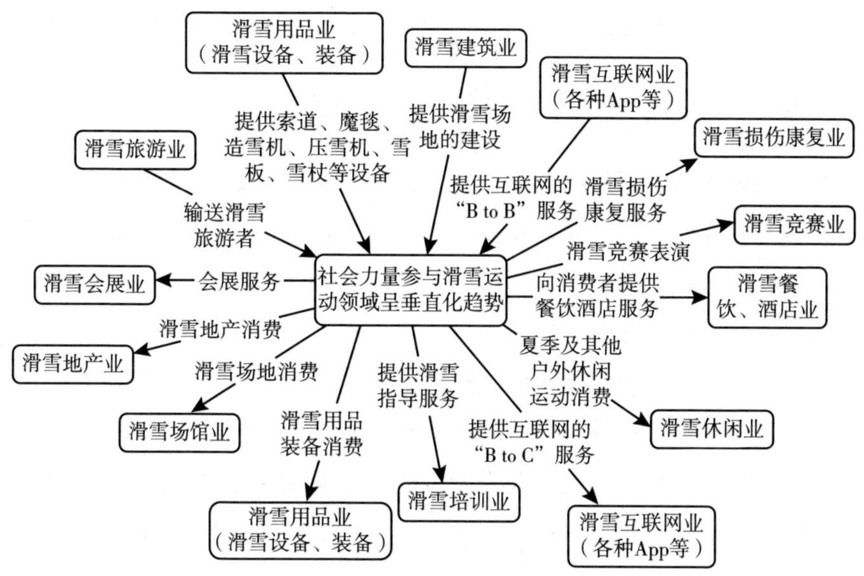

图 2　社会力量参与滑雪运动领域呈垂直化趋势

（三）社会力量参与方式呈现专业化趋势

就以往来说，我国冰雪运动属于明显的野蛮粗放式发展，社会力量的专业性也有所欠缺，其原因主要有二。第一，发展时间短。我国冰雪运动市场化发展仅有二十余年时间，社会力量参与冰雪运动发展的时间也并不长。第二，总需求不大。我国冰雪文化积淀不足，冰雪运动市场需求不高，进而导致冰雪运动对社会力量的需求不够强烈。但是近些年，我国冰雪运动的粗放式发展模式得到了初步改善，对社会力量的需求也相应地发生了改变。其中一个重要改变是，冰雪运动对社会力量的需求不再局限于一般需求，而是寻求更具专业性的社会力量。

基于此，冰雪运动领域社会力量的参与方式越来越往专业化方向靠拢。如在一个完整的滑雪场生命周期中，规划设计公司负责滑雪场的选址和设计，雪场管理软件公司负责搭建云服务平台与滑雪场运营管理系统，雪场运营管理公司负责对滑雪场展开特色化运营与服务升级等；如在一个完整的大众滑冰赛事生命周期中，赛事主办方负责编制赛事规程和设计执行团队组织架构，场馆方负责提供赛事场地和场馆服务，媒体公司负责赛事推广和活动造势等。

（四）社会力量参与特征呈现差异化趋势

可以明确的是，不同的社会力量在参与冰雪运动发展的过程中，其参与特征是存在差异的。一方面，社会力量的主体是多元的、多样的，每个社会力量主体有其区别于其他主体的自身定位，独特的自身定位又决定其功能会有所不同，进而导致参与特征呈现差异化。另一方面，冰雪运动的发展需要社会力量的参与特征呈现差异化，倘若社会力量的定位与功能都趋同化，那么社会力量参与冰雪运动发展的最终效果必将大打折扣。

社会力量参与特征呈现差异化趋势主要表现在：社会组织主要搭建桥梁，组织赛事活动；企业机构主要投资入局，提供多样服务；公众主要促进冰雪文化传播（见表2）。

表2　社会力量参与特征呈现差异化趋势

社会力量	参与冰雪运动发展的内容
社会组织	·中国滑雪赛事联盟主办中国精英滑雪联赛、滑雪挑战杯赛等，为青少年儿童、精英滑雪者、大师滑雪者提供竞技比拼舞台； ·国际滑雪联合会和中国滑雪协会与IDG体育签署协议，各方聚集行业资源，吸引企业、教育机构和雪上运动的初学者参与其中，针对不同年龄段的中国雪上运动初学者，提供兼顾趣味性和安全性的入门课程体验； ·……
企业机构	·万科集团斥巨资拿下张家口崇礼最后一张“入场券”，万科汗海梁项目规划雪道面积450万平方米，规模相当于3个万科松花湖，垂直落差810米，是崇礼地区落差最大的雪场。未来将分期落实四级开发思路：一级特色村落打造中国美丽乡村示范工程，二级山谷滑雪小镇+农业综合体+生态协同，三级山坡创造世界级的山地度假村和滑雪场，四级山顶2000米高度上建设北京周边的山顶度假活动基地； ·奥山控股将在成都主城区建成一座规划约545亩的冰雪体育城市综合体。项目名为奥山·成都澎湃城，是一座集冰雪运动体验产业、商业购物、人居住宅、公园配套、星级酒店等于一体的冰雪体育城市综合体； ·……

续表

社会力量	参与冰雪运动发展的内容
公众	·2018 年 12 月 7 日，为加快推动冰雪运动向校园普及发展，由上海市教委主办的上海市冰雪运动进校园项目启动仪式在静安区风华中学举行。单板滑雪世界冠军、平昌冬奥会银牌得主刘佳宇成为上海市校园冰雪运动形象大使； ·武大靖、刘佳宇、张虹等多位知名冰雪运动员、各类型抖音站内达人带动网友共同参与短视频创作，共同发起“我的冰雪梦”短视频征集活动。此次活动借助抖音平台流量优势，在冰雪季期间打造全民参与冰雪的线上主题活动，通过趣味贴纸和玩法从多维度推广普及群众性冰雪运动； ·……

B.6
2022年北京冬奥会延庆赛区 PPP 项目新动向

刘煜　王嵩*

摘　要： 为加强社会力量参与，推进共建共享冬奥盛会，2022 年北京冬奥会采取积极引入社会资本参与场馆建设和运营的做法。延庆赛区作为2022 年北京冬奥会三大核心赛区之一，在冬奥会的筹办过程中，采用 PPP（Public – Private Partnership，即政府与社会资本合作）模式，完成赛事场馆的投资建设与运营管理。本文以 2022 年北京冬奥会延庆赛区 PPP 项目为研究对象，探讨 PPP 模式的内涵与优势，分析 2022 年北京冬奥会推行 PPP 模式的价值，梳理 PPP 项目的新动向。研究结论主要包括以下几个方面。①PPP 内涵是指政府（Public）与私人（Private）之间，基于提供产品和服务出发点，达成特许权协议，形成“利益共享、风险共担、全程合作”伙伴合作关系。其优势主要有更高的经济效率、更高的时间效率、增加基础设施项目的投资、提高公共部门和私营机构的财务稳健性、基础设施/公共服务的品质得到改善、实现长远规划、树立公共部门的新形象、私营机构得到稳定发展等。②2022 年北京冬奥会积极推动政府和社会资本合作的重要价值，第一是吸引社会资本，平衡资金需要；第二是借此引入技术先进、管理科学的投资人，服务好北京冬奥赛事；第三是以 PPP 模

* 刘煜，北京卡宾冰雪产业研究院研究员，体育学硕士，主要研究方向为体育产业；王嵩，北京安泰雪业企业管理有限公司副总经理，主要研究方向为滑雪场运营管理。

式引入社会资本方参与项目的建设和运营，对培育我国冰上运营商和完善上下游产业链具有重大的示范标杆意义。③延庆区人民政府将以北控置业作为政府出资人代表，与北京住总集团有限责任公司、万科企业股份有限公司、中国建筑一局（集团）有限公司联合体专门组建成立一家延庆赛区 PPP 项目公司——北京高山滑雪中心经营有限责任公司，对该 PPP 项目进行投资建设以及运营管理。联手将延庆赛区奥运遗产打造为国家高山滑雪、雪车雪橇训练基地，亚洲高山滑雪、雪车雪橇顶级赛事中心，高山滑雪、雪车雪橇运动人才培训中心，世界一流的四季山地旅游度假目的地，世界知名的冬奥遗产旅游胜地。

关键词： 2022 年北京冬奥会　延庆赛区　PPP 项目

2022 年北京冬奥会共分为三个赛区，分别是北京市区北部的奥林匹克中心赛区，将主要承办冬奥会五个冰上项目；北京市西北部的延庆赛区，将作为雪车、雪橇大项和滑雪大项中的高山滑雪比赛场地；河北省张家口市的崇礼赛区，将承办除雪车、雪橇大项和高山滑雪以外的所有雪上比赛。

为了加强社会力量参与，推进共建共享冬奥盛会，北京冬奥会采取积极引入社会资本参与场馆建设和运营的做法。其中，国家速滑馆是 2022 年北京冬奥会首次采用 PPP 项目合作方式对场馆进行建设、运营。继国家速滑馆之后，冬奥延庆赛区积极跟进，再次采用 PPP 模式募资，对延庆冬奥村、延庆山地新闻中心项目建设以及冬奥延庆赛区场馆和设施的赛后运营等进行公开招标。该项目是全国首例社会投资人、工程施工总承包和国有建设用地使用权“三合一”的招标项目，并且开启了一种新的运作模式。因此本文将对此进行研究。

一　PPP的内涵和优势

（一）PPP的内涵

PPP（Public-Private Partnership）即政府和社会资本合作，PPP模式是公共基础设施建设中的一种项目运作模式。在该模式下，鼓励私营企业、民营资本与政府进行合作，参与公共基础设施的建设。内涵上，PPP是指政府（Public）与私人（Private）之间，基于提供产品和服务出发点，达成特许权协议，形成“利益共享、风险共担、全程合作”伙伴合作关系。PPP优势在于使合作各方达到比单独行动预期更为有利的结果：政府的财政支出更少，企业的投资风险更小。在公共服务领域，政府采取竞争性方式选择具有投资、运营管理能力的社会资本，双方按照平等协商原则订立合同，由社会资本提供公共服务，政府依据公共服务绩效评价结果向社会资本支付对价。PPP的主要特点是，政府对项目中后期建设管理运营过程参与更深，企业对项目前期科研、立项等阶段参与更深。政府和企业都是全程参与，双方合作的时间更长，信息也更对称。

（二）PPP的优势

PPP的优势主要有：更高的经济效率、更高的时间效率、增加基础设施项目的投资、提高公共部门和私营机构的财务稳健性、基础设施/公共服务的品质得到改善、实现长远规划、树立公共部门的新形象、私营机构得到稳定发展等（见表1）。

表1　PPP的优势

优势	具体内容
更高的经济效率	虽然由于PPP项目需要协调更多参与方的利益，项目管理成本（包括公共部门对项目进行监管、为项目提供准备工作和支持等产生的成本）会略高于公共部门独立开展项目的成本。但在风险留存方面，不同的风险分配给管理该类风险具有相对优势的参与方，因此项目的总体风险状况得到明显改善

续表

优势	具体内容
更高的时间效率	在传统模式下,项目完工的超时程度受项目大小影响较为严重,项目越大,工程进度延期的程度越高,但在 PPP 模式下没有发现项目大小对工程进度有显著影响
增加基础设施项目的投资	在 PPP 模式下,政府不仅可以节省基础设施的初期建设投资支出,还可以锁定项目运行费用支出,一方面降低短期筹集大量资金的财务压力,另一方面提高预算的可控性,这两个方面都有利于政府进一步扩大对基础设施的投入
提高公共部门和私营机构的财务稳健性	投资计划的确定性和效率提高了公共部门的财务稳健性。此外,PPP 项目的性质决定了项目需求所产生的风险相对较低,项目的未来收入比较确定,提高了私营机构的财务稳健性
基础设施/公共服务的品质得到改善	一方面,参与 PPP 项目的私营机构通常在相关领域积累了丰富的经验和技术,私营机构在特定的绩效考核机制下有能力提高服务质量。另一方面,在 PPP 模式下,私营机构的收入和项目质量挂钩,使私营机构有足够的动力不断提高服务质量
实现长远规划	在 PPP 模式下,项目的设计、建设和运营通常都由同一个联合体执行,虽然联合体也是由不同的参与者构成,但由于各个参与者需要为同一个目标和利益工作,项目的不同参与者之间可以得到充分整合,实现良好的协同和长远的规划
树立公共部门的新形象	在 PPP 模式得到良好推广和执行的情况下,所有项目都能按时、按预算完成,而且基础设施/公共服务的品质得到有效提高,可以使公众对政府的美誉度提升,对政府的财政管理能力信心倍增
私营机构得到稳定发展	PPP 模式为私营机构提供了风险较低、现金流稳定、由政府合同背书的长期投资机会,可以有效刺激当地产业发展,增加就业机会

二　2022年北京冬奥会积极推行 PPP 模式的重要价值

2022 年北京冬奥会积极推动政府和社会资本合作的重要价值，第一是吸引社会资本，平衡资金需要；第二是借此引入技术先进、管理科学的投资人，服务好北京冬奥赛事；第三是以 PPP 模式引入社会资本方参与项目的建设和运营，对培育我国冰上运营商和完善上下游产业链具有重大的示范和标杆意义。

业内普遍认为，奥运及相关产业将形成万亿级新兴产业，由此也将产生巨量的投资需求，显然社会资本的参与非常重要，引入 PPP 模式势在必行。近年来，PPP 模式已经成为创新投融资模式和培育经济增长新动力的重要抓手。2022 年北京冬奥会和冬残奥会对 PPP 等新型投融资模式的探索，也会为京津冀协同发展融资问题的解决提供重要经验。同时，深度挖掘 PPP 模式在解决场馆设施建设方面的优势，也符合我国节俭办冬奥的要求。

PPP 模式是建设大型项目所采用的有效方式，冬奥会的场馆项目采用这种方式有利于更好地招标、建设，有利于冬奥会运营和可持续发展。同时，采用 PPP 模式有利于践行绿色、共享、开放、廉洁的办奥理念，既可以引入先进技术、科学管理和运营经验，又可以培养冰雪企业、完善冰雪产业的上下游产业链。引入社会资本也有利于创新投融资机制，让社会资本参与冬奥会的筹备举办，共享举办赛会的成果，增强经济发展动力，实现政府、公众、社会资本三方共赢。

三　2022年北京冬奥会延庆赛区 PPP 项目新动向

（一）项目内容

2018 年 4 月 4 日，北京市规划和国土资源管理委员会发布了《北京 2022 年冬奥会和冬残奥会延庆赛区政府和社会资本合作（PPP）项目资格预审公告》（以下简称《公告》）。根据《公告》，延庆赛区建设地点位于北京市延庆区张山营镇西大庄科村，建设规模约 101000 平方米、静态总投资约 28 亿元（不含土地费用）。

2022 年北京冬奥会延庆赛区的建设内容分为 A、B 两部分（见表 2），A 部分包括国家高山滑雪中心、国家雪车雪橇中心及配套基础设施，由市政府全额投资；B 部分包括延庆冬奥村、延庆山地新闻中心及配套基础设施、国家高山滑雪中心南区热身训练赛道。2022 年北京冬奥会延庆赛区 PPP 项目包括 B 部分的投资、建设和运营以及 A 部分的改造和运营。

表 2　2022 年北京冬奥会延庆赛区建设内容

项目	具体内容
A 部分	国家高山滑雪中心、国家雪车雪橇中心及配套基础设施
B 部分	延庆冬奥村、延庆山地新闻中心及配套基础设施、国家高山滑雪中心南区热身训练赛道

该项目是全国首例社会投资人、工程施工总承包和国有建设用地使用权“三合一”的招标项目，并且开启了一种新的运作模式。2022 年北京冬奥会延庆区政府和社会资本合作项目将通过“ROT（改建—运营—移交）+BOO（建设—拥有—运营）”的运作模式，进行投资、建设和运营。其中，ROT 运作模式以运营管理为核心，更加关注设施的长久运行效率，这满足了环境基础设施持续改进的需求。这种全新的商业模式不仅有助于省却政府启动再投资程序的烦恼，更能以运营效果来检验投资、改造的质量，使政府有效避免技术、工程、投资方面的风险。而 BOO 运作模式是一种全新的市场化运行模式，即由企业投资并承担工程的设计、建设、运行、维护、培训等工作，硬件设备和软件系统的产权归属企业，而由政府部门负责宏观协调、创建环境、提出需求，政府部门每年只需向企业支付系统使用费即可拥有硬件设备和软件系统的使用权。这一模式体现了“总体规划、分步实施、政府监督、企业运作”的建、管、护一体化的要求。

（二）项目特点

延庆赛区 PPP 项目将打造成绿色、生态和可持续发展的典范工程。该项目具有四个特点：招标模式完整全面、运作模式规范严谨、运营业态丰富多样、社会力量积极参与。

1. 招标模式完整全面

该项目是全国首例采用“三标合一”的招标模式，成功引入技术先进、管理科学和拥有冰雪项目运营经验的优质社会资本，是投融资领域改革创新的重要举措。延庆冬奥村、延庆山地新闻中心国有建设用地使用权招标通过与社会资本方招标合并的招标模式，完成社会资本方、国有建设用地使用权及工程施工总承包方的招标评选。

2. 运作模式规范严谨

运作模式采用集投资、融资、建设、改造、运营于一体的“ROT（改建—运营—移交）+BOO（建设—拥有—运营）”的运作模式，由北京高山滑雪中心经营有限责任公司进行投资、建设（改建）及运营全生命周期的经营管理。

3. 运营业态丰富多样

延庆赛区核心区位于张山营镇西大庄科村东北部的小海坨山地区，山顶海拔2199米，山体自然落差约1300米，气候条件适宜，冬季降雪充沛，山形地貌、海拔高度、赛道坡度等自然条件符合冬奥会高山滑雪项目的技术标准条件。延庆赛区总体功能定位是国际一流的高山滑雪中心和雪车雪橇中心、国家级雪上训练基地、绿色生态可持续发展的典范工程、区域性山地冰雪运动旅游休闲冬奥主题公园。冬奥会结束后，两个竞赛场馆将继续承办世界杯等重大国际赛事，同时亦可成为大众体验冰雪运动的重要场所。延庆冬奥村赛后将转换成为山地滑雪旅游度假酒店，为冰雪运动及山地运动爱好者提供服务，周边村落将打造成为集民宿、文化展示和旅游服务于一体的冬奥主题山村。2020年之前延庆将建成“一条高铁三条高速”的交通网络，彻底解决交通瓶颈，真正实现与北京城区以及张家口赛区的四通八达，形成交通、生态、产业一体化格局。

4. 社会力量积极参与

2022年北京冬奥会和冬残奥会延庆赛区PPP项目是继国家速滑馆之后，北京冬奥会和冬残奥会场馆建设的第二个采用PPP模式的项目，是全国首例社会投资人、工程施工总承包和国有建设用地使用权“三合一”的招标项目，开启了新的运作模式，预示着我国冰雪产业市场进一步向社会投资敞开大门。

（三）项目招标过程

1. 启用招标计划

2017 年 11 月 17 日，北京市人民政府新闻办公室在北京 2022 年冬奥会和冬残奥会延庆赛区政府和社会资本合作（PPP）项目推介会上发布，继国家速滑馆之后，北京冬奥会再次采用 PPP 模式募资。延庆区人民政府将对延庆冬奥村、延庆山地新闻中心项目公开招标，择优选取资本方。延庆区人民政府于 2017 年底启动招标计划，通过公开招标方式选择延庆赛区 PPP 项目的社会资本方，按照公开、公平、公正的原则组织实施 PPP 项目招标工作，由延庆区人民政府作为政府招标人，通过公开招标的方式择优选择社会资本方。中选的社会资本方与北控置业联合出资成立项目公司，负责延庆冬奥村、延庆山地新闻中心的投资、建设及整个赛区的赛后运营，独立承担相关法律责任和义务。项目合作期限 30 年，项目合作期满后，项目公司将除延庆冬奥村和延庆山地新闻中心以外的设施无偿移交给政府方。

延庆区人民政府对社会资本方有严格的质量把控要求，为了充分鼓励市场竞争，要求社会资本方应该具备以下四个方面的能力。首先，参与投标的企业要具备良好的企业信誉，有较强的社会责任感。其次，由于工程量大、专业性强、时间又比较紧张，融资考虑的不仅是一方面的能力，而是拥有多方面优势的合作伙伴。参与投标的企业要具备相应的施工总承包资质，拥有强大的建设能力。再次，经验丰富，具备冰雪产业及体育场馆投资运营的经验和业绩，赛后可以满足将赛区打造成国际一流冰雪度假区的市场需求。最后，也是此次融资最重要的部分，就是资金实力一定要雄厚。考虑到条件要求较高，投标的社会资本方既可以为联合体，也可以是单独一家企业。根据最新规划设计方案，延庆赛区 PPP 项目总投资估算约 28 亿元（不含土地费用），目前投资主要用于工程建设、基础设施建设以及赛后场馆改造，之后随着后续设计方案的深化将同步调整投资方向。

2. 发布资格预审公告

2018 年 4 月 4 日，北京市规划和国土资源管理委员会官网发布《北京

2022 年冬奥会和冬残奥会延庆赛区政府和社会资本合作（PPP）项目资格预审公告》（以下简称《公告》），申请截止时间为 2018 年 4 月 26 日 17 时。

《公告》公布了 2022 年北京冬奥会延庆赛区的具体地点、项目建设内容以及运作模式，在招标计划的基础上进一步补充了对招标申请人的要求。第一，该项目将综合比较社会资本方的企业信用、建设能力、投融资能力、运营能力和商务报价等因素择优选择。投标的社会资本方可以是联合体，必须具备良好的企业信用和相应的施工总承包资质。第二，具有滑雪场馆运营经验。具备冰雪产业运营的经验和业绩，同时应拥有足够的资金实力和融资能力。社会资本方还需要具有单个雪场雪道面积大于 10 万平方米的滑雪场运营业绩（以联合体形式提出申请的，联合体承担运营任务方需要满足此要求）。第三，具有稳定的投融资能力。申请人要具有不低于 35 亿元人民币（或等值货币）的投融资能力（以联合体形式提出申请的，联合体投融资能力按照联合体牵头人确定）。单位负责人为同一人或者存在控股、管理关系的不同单位，不得同时参加投标。第四，具有相应施工资质。社会资本方须具有建设行政主管部门颁发的房屋建筑工程施工总承包壹级及以上资质和市政公用工程施工总承包壹级及以上资质。拟派施工项目经理在确定中标人时不得担任其他在施建设工程的项目经理。

中标的社会资本方将与北控置业按照公司法及其他相关法律和政策规定，联合出资成立项目公司。项目公司的注册资本金占项目总投资的 30%，其中北控置业股权比例为 40%，社会资本方股权比例为 60%。项目公司将对项目筹划、资金筹措、建设实施、运营管理、债务偿还和资产管理等全过程负责，项目合作期满后，按照合同将约定的资产及相关资料无偿移交给市政府指定部门。项目公司须履行项目法人职责，由中标的社会资本方或社会资本方联合体中具有相应施工资质的建筑企业按施工总承包模式负责工程施工，监理单位由延庆区人民政府先行代为项目公司通过公开招标产生。《公告》显示，该项目实施机构为延庆区人民政府，项目国有土地使用权出让方为市规划国土委，项目政府出资人代表为北控置业。

3. 项目步入规划设计阶段

2018 年 6 月 1 日，北京市重大项目办组织召开“北京 2022 年冬奥会场馆及配套基础设施总体建设计划”动员部署大会，正式发布《北京 2022 年冬奥会场馆及配套基础设施总体建设计划》，确定了北京 2022 年冬奥会场馆及配套基础设施建设时间表。按照此次公布的时间表，北京赛区的国家速滑馆、首钢滑雪大跳台、冬运中心综合训练馆，延庆赛区的国家高山滑雪中心、国家雪车雪橇中心等新建竞赛场馆均将于 2020 年 6 月前竣工；北京冬奥村、延庆冬奥村、延庆山地新闻中心等新建非竞赛场馆将于 2021 年竣工；国家游泳中心、国家体育馆、五棵松体育中心等 8 个改造场馆将于 2020 年和 2021 年陆续竣工。2018 年 7 月，北京 2022 年冬奥会延庆赛区已经基本完成规划设计，开始进入全面建设阶段。

4. 公布中标公告

2018 年 8 月 30 日，北京 2022 年冬奥会和冬残奥会延庆赛区（以下简称“延庆赛区”）政府和社会资本合作（PPP）项目（以下简称“PPP 项目”）的中标公告发布，北京住总集团有限责任公司（以下简称“住总”）、万科企业股份有限公司（以下简称“万科”）和中国建筑一局（集团）有限公司（以下简称“中建一局”）组成的联合体成功中标 PPP 项目，将作为社会资本方参与延庆赛区的建设和赛后运营工作。2018 年 9 月 10 日，延庆区人民政府与中标延庆赛区 PPP 项目的“住总 + 万科 + 中建一局”联合体签订框架协议，标志着北京 2022 年冬奥会再次成功引入社会资本参与场馆建设和运营。延庆区人民政府将以北控置业作为政府出资人代表，与住总、万科、中建一局联合体专门组建成立一家延庆赛区 PPP 项目公司——北京高山滑雪中心经营有限责任公司，对该 PPP 项目进行投资建设以及运营管理。

北控置业与住总、万科、中建一局组建的联合体中标的延庆赛区 PPP 项目，包括 B 部分的投资、建设和运营以及 A 部分的改造和运营。也就是延庆冬奥村、延庆山地新闻中心及绿地、停车场等配套基础设施、国家高山滑雪中心南区热身训练赛道的投资、建设和运营，以及国家高山滑雪中心、国家雪车雪橇中心及配套基础设施的改造和运营。

根据招标文件，在30年的合作期中，赛前工程建设期约3年（2018～2020年），建设期自合同生效之日起至2020年8月1日实现赛前建设工程竣工；奥运服务期约2年（2021～2022年），自项目竣工之日起至2022年冬奥会和冬残奥会闭幕后三个月或冬奥组委另行约定的时间止；赛后运营期约25年，自2022年冬奥会和冬残奥会闭幕后三个月或冬奥组委另行约定之日起25年整。本项目静态总投资约28亿元，土地成交价款4.3亿元（见表3）。在回报机制方面，本项目由项目公司按照市场化原则运营，招标人不承担项目的任何补助责任和义务。

表3　2022年北京冬奥会延庆赛区政府和社会资本合作项目相关费用

序号	标的	成交数值
1	特许经营费(元/年)	1500000.00
2	土地投标报价(元)	430000000.00
3	建安工程费(元)	2654822094.58
4	投标工期(日历天)	702
5	质量标准	合格

（四）项目中标单位介绍

冬奥会延庆赛区PPP项目公司的组成单位——北控置业、住总、万科、中建一局这四家企业都是享誉业界的大型投资、建设、运营企业。北控置业在APEC峰会、“一带一路”国际合作高峰论坛等重大赛会上承担过重要服务保障工作，有着丰富的经验积累和雄厚的技术储备；住总曾参与2008年北京夏季奥运会曲棍球和射箭场馆建设和奥运保障，参与承建北京市冰上项目训练基地、延崇高速公路、国家速滑馆等重大项目；万科2012年进入冰雪事业领域，迅速建立行业优势，已经开启吉林松花湖度假区、北京石京龙滑雪场、崇礼汗海梁度假区等项目，成为国内最优秀的滑雪度假管理集团；中建一局是中国房屋建筑、基础设施、环境治理领域的领跑者，“中国建筑”品牌已经成为世界建筑业公认的国际知名品牌。

（五）项目赛后利用思路

2022 年北京冬奥会结束后，项目公司将负责冬奥场馆运营及酒店、餐饮、旅游等“一站式”商业配套服务，助力奥运遗产保护和利用。还将持续完善冰雪配套产业，为区域经济发展提供产业支撑。两个竞赛场馆将继续承办世界杯等重大国际赛事，亦成为大众体验冰雪运动的重要场所。延庆冬奥村赛后将转换成为山地滑雪旅游度假酒店，为冰雪运动及山地运动爱好者提供服务，周边村落将打造成为一个集民宿、文化展示和旅游服务于一体的冬奥主题山村。具体来说，北控置业、住总、万科、中建一局联合体在 2022 年北京冬奥会赛后将对延庆赛区进行以下五个方面的改造与运营（见图 1）。

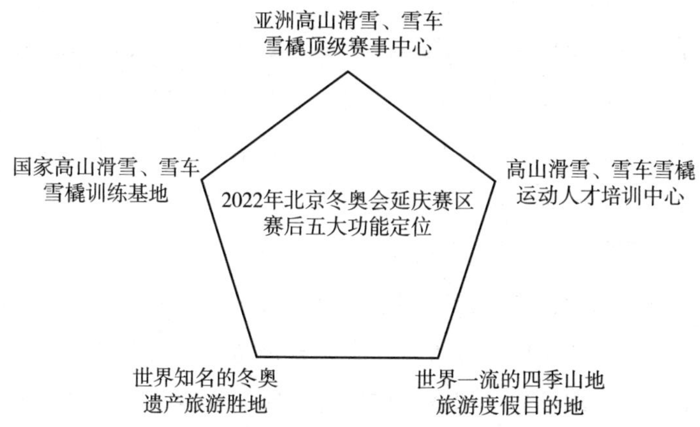

图 1　2022 年北京冬奥会延庆赛区赛后五大功能定位

1. 国家高山滑雪、雪车雪橇训练基地

国家高山滑雪中心、国家雪车雪橇中心符合国际单项运动训练场地要求和标准，冬奥会后将作为国家高山滑雪运动员、雪车雪橇运动员日常训练基地，为专业运动员提供训练场地和后勤服务，为提高国家雪上竞技水平提供硬件基础保障。

2. 亚洲高山滑雪、雪车雪橇顶级赛事中心

后冬奥时期，国家高山滑雪中心、国家雪车雪橇中心将创建亚洲一流的高山滑雪、雪车雪橇顶级赛事中心作为功能定位之一。国家高山滑雪中心、国家雪车雪橇中心将主办一系列国内外重大单项赛事，积极与世界单项运动组织对接，引进国际有影响力的品牌赛事，吸引高水平运动员前来参赛。

3. 高山滑雪、雪车雪橇运动人才培训中心

冬奥会后，国家高山滑雪中心、国家雪车雪橇中心将发挥培训运动人才的作用。国家高山滑雪中心、国家雪车雪橇中心日常将进行青少年等大众群体运动培训工作，打造高水平高山滑雪、雪车雪橇运动人才培训中心。通过运动人才培训工作，激发青少年等大众群体参与高山滑雪、雪车雪橇运动的热情，充分调动和提升大众群体参与冬季运动的积极性和体育训练意识。

4. 世界一流的四季山地旅游度假目的地

积极开发多种体育业态，满足群众多元运动需求。冬季打造雪上运动中心，夏季打造山地户外运动中心，创建四季山地旅游度假目的地。借助延庆赛区赛时已有的场地、人才、物质基础，构建集体育、休闲、旅游于一体的世界一流的四季山地旅游度假目的地。

5. 世界知名的冬奥遗产旅游胜地

借助 2022 年冬奥会产生的影响力、关注度，积极创建世界知名的冬奥遗产旅游胜地。冬奥会后，加大延庆赛区宣传力度，开发多种体育业态，吸引国际人士前来休闲度假。提高延庆区知名度，打造国际知名的冬奥遗产旅游胜地。将冬奥的文化氛围融入地区发展当中，整体提升延庆区的国际影响力和知名度。

B.7

冰雪节推升“冰雪热”

于 洋 赵昀昀*

摘 要： 冰雪节是冰雪文化最为重要的表现形式之一，是带动老百姓积极参与冰雪运动、加快冰雪文化发展、助力2022年北京冬奥会成功举办的重要推手。本文以我国冰雪节为研究对象，探讨冰雪节在我国的发展特征。研究认为：①我国传统冰雪旅游目的地均推出了冰雪节，在客源吸引上起到了重要作用；②目前国内知名的特色冰雪节主要有4个，分别是中国·哈尔滨国际冰雪节、长春净月潭瓦萨国际滑雪节、中国·满洲里中俄蒙国际冰雪节、中国·吉林国际雾凇冰雪节；③冰雪节发展特征主要朝3个方面靠拢，首先是冰雪节逐步成为集商业、旅游、文化、赛事等于一体的长周期综合业态，其次是冰雪节成为冰雪产业发展的重要组成部分及城市发展新名片，最后是冰雪节由周期短、内容单一、区域为主转变为周期长、内容丰富、国家甚至国际级活动。

关键词： 冰雪产业 冰雪旅游 冰雪节

一 引言

2015～2016年，在全国31个省份中，已有30个省份开展了冰雪运动，冰雪旅游市场规模迅速增长，冰雪旅游已成为大部分北方城市重要的旅游资

* 于洋，北京卡宾滑雪集团副总裁，专注于滑雪场规划与落地、冰雪文化传承与创新、冰雪产业资源整合等方面的研究；赵昀昀，北京卡宾冰雪产业研究院研究员，主要研究方向为冰雪产业。

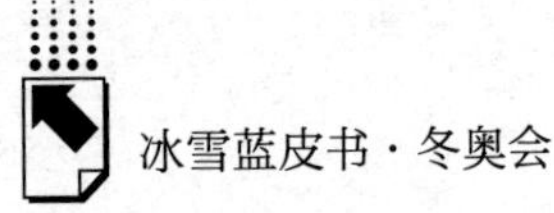

源和核心支柱。

2016 年，中国北方城市冰雪旅游市场规模达到 292.95 亿元，占北方冬季旅游市场规模的 17.66%。冰雪旅游产业地位正逐渐加强，成为冬季旅游发展的新风向。2016 年，中国冰雪旅游市场规模达 403.53 亿元，同比增长 27.04%，滑雪人数达 1510 万人次。

2017 年，中国冰雪产业规模达 3976 亿元，2017～2018 冰雪季中国冰雪旅游人数达到 1.97 亿人次①，冰雪旅游收入约合 3300 亿元。预计到 2021～2022 冰雪季，中国冰雪旅游人数将达到 3.4 亿人次，冰雪旅游收入将达到 6800 亿元，带动“三亿人参与冰雪运动”目标将超额完成。

按照联合国世界旅游组织（UNWTO）测算方式，预计到 2020 年中国冰雪产业总规模将实现 6000 亿元的目标，2021～2022 冰雪季中国冰雪旅游将带动冰雪特色小镇、冰雪文创、冰雪运动、冰雪制造、冰雪度假地产、冰雪展会等相关产业的产值达到 2.92 万亿元，冰雪旅游具有巨大的投资前景。并于 2025 年最终达成 1 万亿元冰雪产业总规模的目标。

冰雪旅游在中国快速增长，不仅带给游客愉悦惬意的体验，还刺激拉动了旅游目的地的经济发展。除了设施不断升级，冰雪旅游的产品日趋丰富，冰雪资源变身旅游产业，巨大的消费需求带动广泛的市场供给，冰雪旅游正在成为地方经济的有力支撑。

每年 11 月后，中国的北方就开始大雪纷飞，冰雪旅游正式开启，而飞雪将会一直持续到来年 4 月，通过旅行社组团、自助游等方式，以观光的形式体验冰天雪地的壮美景色成为越来越多游客的选择。在为期 6 个月的冰雪主题游中，出行高峰出现在 1～2 月，这 2 个月出行人数占 6 个月总出行人数的 54%，这是受元旦和春节影响，游客能够有充足的时间去领略北国风光。

在为期 6 个月的冰雪主题游期间，各地以冰雪为载体的节庆活动陆续拉开帷幕。根据携程跟团游和自由行的预订数据，2018 年 11 月至 2019 年 4 月，人气排名前十的传统冰雪旅游目的地分别是哈尔滨、雪乡、长白山、长春、

① 数据来自中国旅游研究院文化和旅游部数据中心。

尚志、乌鲁木齐、吉林市、牡丹江、张家口、兰州。哈尔滨成为冰雪旅游人气最高的城市，其冬季平均积雪天数在105天左右，已经打造出冰雪大世界、冰灯游园会、雪雕游园会和国际冰雕等旅游产品，成为国内最受追捧的冰雪节。

二　国内特色冰雪节

（一）中国·哈尔滨国际冰雪节

中国·哈尔滨国际冰雪节是在哈尔滨冰灯节的基础上发展起来的中国第一个以冰雪为载体的地方性节庆活动。随着这项活动的认同度不断提高，各地纷纷涌现出一批具有代表性的冰雪节，如长春净月潭瓦萨国际滑雪节、中国·满洲里中俄蒙国际冰雪节、中国·吉林国际雾凇冰雪节、中国沈阳国际冰雪节、鸟巢欢乐冰雪季以及北京欢乐水魔方冰雪狂欢节等，都是具有代表性的国内冰雪节。

中国·哈尔滨国际冰雪节与日本的札幌冰雪节、加拿大的魁北克冬季狂欢节以及渥太华冬乐节齐名，是世界四大冰雪节之一，是世界上少数几个内容最丰富、气氛最热烈的冬令盛典之一。截至2019年，中国·哈尔滨国际冰雪节已举办35届。

中国·哈尔滨国际冰雪节是世界上活动时间最长的冰雪节，它仅设开幕式，从每年的1月5日开始，未设闭幕式，最初规定为期1个月，事实上前一年年底节庆活动便已开始，一直持续到2月底冰雪活动结束为止，其间包含了新年、春节、元宵节、滑雪节四个重要的节庆活动。

1985年首届冰雪节在冰灯游园会所在地兆麟公园的南门外举行了隆重的开幕式。首届冰雪节准备略显仓促，但在国内外仍然引起强烈反响，在1个月的时间里，接待国内外游客200多万人次。首届冰雪节科技成果、产品交易会也吸引了全国20多个省份近万人参观，成交量160多项，交易额近200万元。国内外50多家新闻单位刊发反映冰雪节的新闻逾500条，大大提高了哈尔滨的知名度。

冰雪节期间，冰雪迪士尼乐园（哈尔滨冰雪大世界）和斯大林公园会展出大型冰雕群，太阳岛会举办雪雕游园会，兆麟公园会举办规模盛大的冰灯游园会；同时，还会举办冬泳比赛、冰球赛、雪地足球赛、高山滑雪邀请赛、冰雕比赛、冰上速滑赛、冰雪节诗会、冰雪摄影展、图书展、冰雪电影艺术节、冰上婚礼等。

伴随中国 · 哈尔滨国际冰雪节而生的中国 · 哈尔滨国际冰雪节经济贸易洽谈会（以下简称“冰洽会”）是一个大流通、大经贸、上档次、上规模的集会。冰洽会在发展冰雪文化、促进冰雪旅游的同时，进行了经贸交流、技术合作，促进了区域经济蓬勃发展。

2019 年，第三十五届中国 · 哈尔滨国际冰雪节以“冰雪之冠上的明珠——哈尔滨”为主题，开展了冰雪旅游、冰雪文化、冰雪时尚、冰雪经贸、冰雪体育五大类百余项活动。其中，哈尔滨国际冰雪之约活动有来自 27 个国家约 440 位外宾参加。

（二）长春净月潭瓦萨国际滑雪节

依托净月潭良好的生态资源，从 2003 年开始，长春市政府与瑞典诺迪维公司合作共同举办瓦萨国际滑雪节，开展越野滑雪运动，使中国成为继瑞典、美国和日本之后第四个举办瓦萨越野滑雪赛的国家。截至 2019 年，长春净月潭瓦萨国际滑雪节已经成功举办了 17 届。

2003 年 3 月 15 日，第一届长春净月潭瓦萨国际滑雪节有来自 15 个国家的 750 名滑雪爱好者参加了赛事，现场有 2000 多名观众；从 2004 年起，瓦萨国际滑雪节引领长春的冰雪旅游活动从单一的越野滑雪，扩大到包括 50 公里、25 公里、3 公里及儿童瓦萨（500 米）等不同级别的大众越野滑雪比赛，共有来自 15 个国家的专业运动员及滑雪爱好者参加比赛，参与人数上升至 2200 多人；2009 年，包括奥运冠军、世锦赛冠军在内的世界 25 个国家的 2 万多名滑雪精英齐聚长春净月潭瓦萨国际滑雪节，给正在发展中的中国越野滑雪运动提供了交流的舞台。

由于长春净月潭瓦萨国际滑雪节的带动，越野滑雪运动在长春市、在吉林省乃至在全国都受到很大关注。此后，在长白山、内蒙古、云南的香格里拉以及北京的长城都有越野滑雪比赛。2007 年，国际雪联把长春、内蒙古、云南作为越野滑雪巡回赛的三站，当时有 46 名世界顶级选手参加了这个巡回赛。一些国际的顶尖赛事包括国际雪联世纪杯赛、远东杯马拉松赛越野滑雪、国际雪联越野滑雪积分赛也纷纷移师长春净月潭。

同时，瓦萨国际滑雪节还为中国培养了大量的越野滑雪运动的储备人才。瓦萨国际滑雪节与吉林省教育厅合作，开展大学生越野滑雪培训，截至 2009 年，累计培训大学生 30 余万人次，为中国越野滑雪运动奠定了群众基础。通过瓦萨国际滑雪节这一平台，更多的中国滑雪运动员走向世界，李阁亮、李宏雪等一批优秀选手在国际舞台上大放异彩。目前，净月潭已经被国家体育总局批准为中国越野滑雪基地，长春市也因此赢得了“中国越野滑雪之都”的美誉。

每年瓦萨国际滑雪节期间除专业赛事外，还展出大体量的雪雕作品，举办冰雪运动乐园开园仪式和冰雪主题摄影展等以冰雪为主题的系列活动，先后吸引了几十万名国内外游客到长春观光游览。瓦萨国际滑雪节以人的运动体验为主，是注重参与性的体验式旅游活动，让游客在观看专业赛事的同时体验堆雪人、看冰凌、赏树挂、抽冰猴等活动，极大地推动了冰雪旅游业的发展。节日期间长春市旅游收入明显增加，被媒体誉为长春冬季的“白金产业”。在“瓦萨”的示范和带领下，越来越多的国际知名运动项目落户净月潭，如瓦萨国际定向赛、利丁国际森林徒步节、“毕克”国际山地车节、勇士残疾人国际越野滑雪赛等。

此外，瓦萨国际滑雪节也活跃了长春市的运动休闲生活。瓦萨国际滑雪节期间都会组织市民开展免费滑雪活动，举办残疾人滑雪专场，聘请专业教练现场传授滑雪知识，激发广大市民的积极性，让更多人群体验越野滑雪乐趣。目前，瓦萨国际滑雪节的参与人群中既有世界级的专业运动员又有普通群众，既有老人又有儿童，多元化的人群构成让瓦萨国际滑雪节成为大众参与的全民活动。瓦萨国际滑雪节已经成为吉林省冰雪节的品牌，也让长春这座城市释放出强大的冰雪活力。

为全面增强赛事的国际性、群众的参与性、产品的差异性，促进赛事规模和层次不断提升，2019 年的瓦萨国际滑雪节举办 17 项冰雪系列活动，来自32个国家和地区的1000多名专业运动员和滑雪爱好者参加比赛。此届滑雪节新增了“国际雪联世界罗佩特杯赛”，成为这一国际级越野滑雪马拉松赛事当中的最高级别比赛的首站。为积极响应国家“三亿人上冰雪”的号召，长春还与中国大学生体育协会联合举办了首届中国大学生长距离越野滑雪赛25公里比赛；同时，2019年的赛事也将作为“国际雪联越野滑雪中国巡回赛”第二站比赛。

经过17年的发展，如今的长春净月潭瓦萨国际滑雪节规模越来越大、内容越来越丰富、影响越来越广泛，已从最初单一的赛事演绎发展成为集体育健身、旅游休闲、文化交流和经贸合作于一体的大型国际性节庆活动，彰显出强大的生命力和国际影响力，入选了首批国家体育旅游精品赛事和中国十大最具影响力冰雪旅游节事。

（三）中国·满洲里中俄蒙国际冰雪节

中国·满洲里中俄蒙国际冰雪节是经党中央、国务院批准的一项大型冬季节庆活动。满洲里冰雪资源得天独厚，素有“冰雪之乡”的美誉，1999年首次举办，主要以北方冰雪资源为依托，以中俄蒙三国风情为主题；到2003年，发展成为中国内蒙古满洲里中俄蒙国际冰雪节，并同时运作实施中俄蒙美丽使者国际大赛；2009年更名为中国·满洲里中俄蒙国际冰雪节，充分体现满洲里的地域特点。截至2018年已成功举办20届，并于2006年、2007年两次被评为中国节庆产业十大自然类节庆。现今中国·满洲里中俄蒙国际冰雪节已成为内蒙古自治区四大节庆活动之一，成为内蒙古自治区节庆活动的典范，在国际上也引起了良好反响。

中俄蒙美丽使者国际大赛始办于2003年，大赛秉承着“健康、美丽、和平、友谊”的主题，三国佳丽阵容强大，选手综合素质较高，她们用智慧和风姿展现着文化与风情，传递着和平与友谊，这是本项大赛的最大亮点。每届大赛初选都在中俄蒙三国进行，最后在满洲里举办复赛、决赛、总决赛暨颁奖晚会。总决赛比赛环节包括活力泳装、民族服饰、魅力晚装三个环节，历届获奖冠军被授予“白雪公主”桂冠。

中国·满洲里中俄蒙国际冰雪节暨中俄蒙美丽使者国际大赛不仅是中外游客旅游观光的热点，还逐渐成为国内外客商开展经贸合作、进行友好交往的桥梁和纽带。如今，中国·满洲里中俄蒙国际冰雪节暨中俄蒙美丽使者国际大赛已成为展示冰雪艺术、交流三国文化、增进邻国友谊、推动区域合作的重要平台和文化品牌。

《2019 年中国城市冰雪节旅游影响力年度报告》对冰雪旅游现状、中国城市冰雪旅游影响力、冰雪节特色进行分析并发布相关排行榜：中国城市冰雪节旅游影响力 TOP10 榜单中，中国·满洲里中俄蒙国际冰雪节以总分 86.6 分位列第三，中国·哈尔滨国际冰雪节、长春净月潭瓦萨国际滑雪节分别以 93 分、87.7 分位居第一、第二；各地冰雪节创新指数榜中，中国·满洲里中俄蒙国际冰雪节以总分 95 分成为最具创新价值的冰雪节；选美大赛影响力 TOP3 榜单中，通过核心竞争力、舆论关注、美誉度的综合评分，中俄蒙美丽使者国际大赛榜上有名；而在最受欢迎冰雪旅游城市排行榜上，呼伦贝尔通过核心竞争力、美誉度、游客期待指数综合评分，以 90.51 分的总分低于哈尔滨的 98.41 分、长春的 94.48 分、北京的 91.39 分而位列第四。

（四）中国·吉林国际雾凇冰雪节

吉林市是雾凇的故乡。这里有北纬 42°上唯一一条不冻江，水汽蒸腾的寒江穿城而过形成雾凇奇观，每年都吸引着众多国内外游客。元旦前后吉林市将迎来观赏雾凇的最佳时期。元旦期间由于温度比较低，看到雾凇的机会也最多，且形成的雾凇大而美丽。到了春节气温略有回升的时候，雾凇就不会频繁出现了。

1991 年吉林市主办了首届中国·吉林雾凇冰雪节，截至目前雾凇冰雪节已经举办了 24 届。2019 年的冰雪节以“雾凇之都滑雪天堂北国江城·吉林市”为主题，包括开幕式、国际冬季龙舟邀请赛、2019 正和岛（北大壶）新年论坛暨新年家宴、北华大学冰雪学院揭牌仪式 4 个单元及 15 项文化、体育、商贸、旅游等系列主题活动。

第二十四届中国·吉林国际雾凇冰雪节国际冬季龙舟邀请赛在吉林市临

江游园松花江水域举行，共有16支队伍400多名运动员参加了200米直道竞速、500米直道竞速两个项目的角逐。这些运动员来自俄罗斯、北京、澳门、浙江、东莞的龙舟队，以及吉林市的北华大学龙舟队、东北电力大学龙舟队和吉林市龙舟队。

（五）齐齐哈尔冰球节

齐齐哈尔冰球节始于2017年，到2019年已成功举办3届。2019年冰球节推出2019中国·齐齐哈尔冰球节国际少儿冰球邀请赛、2019中国·齐齐哈尔冰球节业余成人冰球邀请赛两大冰球赛事。2019年同期举办黑龙江省第三届学生冬季运动会和2019年中国中学生冰球锦标赛，其中，黑龙江省第三届学生冬季运动会比赛于2019年1月14~20日在齐齐哈尔举行，来自全省的学生选手将在冰壶、短道速滑、花样滑冰、冰球、速度滑冰、高山滑雪6个项目展开激烈角逐；中国中学生冰球锦标赛于2019年1月24~26日在齐齐哈尔举行。

齐齐哈尔冰球节是全国第一个以运动项目命名的冰雪节，每年均有新变化，到2019年已发展成为国际性冰球活动。除与冰球文化等体育文化相结合之外，冰球节还同齐齐哈尔整个城市本身的文化底蕴相融合，举办冰球运动65周年庆典等，赛事邀请100多支国内外队伍，成为具有国际影响力的冰雪节。

三　结论

在过去，冰雪节只是以冰雪为媒的节日，随着我国冰雪产业的发展，冰雪节逐渐呈现以下几种特征。

一是冰雪节逐步吸纳了商业、旅游、文化、赛事等社会各类综合业态，成为一种多业态、长周期、综合性、相对成熟的活动集合，如中国·哈尔滨国际冰雪节和长春净月潭瓦萨国际滑雪节，冰雪节活动类型更加丰富、效果更加明显、影响力更加广泛，带动了经济、社会的发展。

二是各地通过举办冰雪节，拉动当地冰雪产业发展，提升城市影响力，使冰雪节成为冰雪产业发展的重要组成部分及城市发展的新名片。

三是冰雪节由以往周期短、内容单一、区域为主，转变为周期长、内容丰富、国家甚至国际级别的活动。除本文列举的多种冰雪节外，崇礼地区、延庆地区均有举办冰雪节、冰灯节等冰雪活动的历史，为当地冰雪产业发展提供了动力。

附表　第三十五届中国·哈尔滨国际冰雪节重点活动一览

项目	序号	活动名称	活动日期	主承办单位	活动地点
冰雪旅游活动	1	第三十五届中国·哈尔滨国际冰雪节开幕式	2019 年 1 月 5 日	哈尔滨市政府	松北香格里拉酒店
	2	第二十届哈尔滨冰雪大世界	2018 年 12 月 23 日至 2019 年 3 月	哈尔滨冰雪大世界股份有限公司	冰雪大世界
	3	第三十一届中国·哈尔滨太阳岛国际雪雕艺术博览会	2018 年 12 月 20 日至 2019 年 2 月 28 日	太阳岛风景区管理局	太阳岛风景区
	4	呼兰河口湿地公园欢乐冰雪世界	2018 年 11 月 20 日至 2019 年 3 月	黑龙江明达湿地旅游投资有限公司	呼兰河口湿地公园
	5	融创乐园冰雪奇园	2018 年 12 月 22 日至 2019 年 3 月	哈尔滨融创乐园	哈尔滨融创乐园
	6	极地馆冬季旅游系列活动	2018 年 12 月至 2019 年 2 月	哈尔滨极地馆	哈尔滨极地馆
	7	中央大街欢乐冰雪节	2018 年 12 月至 2019 年 2 月	道里区	中央大街
	8	哈尔滨世界雪人大观	2018 年 12 月至 2019 年 2 月	道里区	斯大林公园
	9	阿城区第二届冰雪嘉年华	2018 年 12 月	阿城区	阿城区体育场
	10	哈尔滨玉泉国际狩猎场狩猎滑雪活动	2018 年 12 月 1 ~ 31 日	玉泉国际狩猎场	玉泉国际狩猎场
	11	北大荒滑雪冬令营	2018 年 12 月 1 日至 2019 年 1 月 30 日	哈尔滨市教育局、香坊区	北大荒现代农业园
	12	哈尔滨市长岭湖冬捕冰钓旅游节	2018 年 12 月 22 日至 2019 年 1 月 23 日	道里区	长岭湖
	13	哈尔滨外滩德嘉冰雪嘉年华	2018 年 12 月 28 日至 2019 年 2 月	道里区政府	群力外滩德嘉游艇码头区域
	14	哈尔滨市职工冰雪乐园	2019 年 1 ~ 2 月	哈尔滨市总工会、哈尔滨铁路江上俱乐部	工会码头江面
	15	哈尔滨江上大众冰雪嘉年华	2019 年 1 ~ 2 月	道里区	防洪纪念塔区域江面
	16	哈尔滨新区江上公益冰雪活动基地	2019 年 1 ~ 2 月	松北区	哈尔滨大剧院区域江面
	17	道外区松花江冬泳健身浴场	2019 年 1 ~ 2 月	道外区	北十四道街区域江面

续表

项目	序号	活动名称	活动日期	主承办单位	活动地点
冰雪旅游活动	18	英杰风景区梦幻雪国	2019年1月1日至2月28日	英杰风景区	宾县英杰风景区
	19	五常奇幻冰雪之旅	2019年1月7日	五常市	五常市龙凤山景区
	20	伏尔加冰雪小工匠冬令营活动	2019年1月10日至2月25日	哈尔滨市教育局、香坊区、伏尔加庄园	伏尔加庄园
	21	889听众哈尔滨欢乐冰雪一日游	2019年1月12日	哈尔滨经济广播	中央大街、中华巴洛克、哈尔滨大剧院、关东古巷
	22	五常趣味冰雪之旅	2019年1月24日	五常市	五常市卫国乡
	23	五常浪漫冰雪之旅	2019年2月14日	五常市	五常市营城子“稻乡王国”
	24	网络媒体“兄弟城·冰雪情”采访报道推广活动	冰雪节期间	哈尔滨市委网信办	哈尔滨市
冰雪文化活动	1	北大荒冰雪文化节	2018年12月1~31日	哈尔滨电视台	北大荒现代农业园
	2	南岗区冰雪文化系列活动	2018年12月至2019年1月	南岗区	南岗区图书馆
	3	平房区冰雪塑活动	2018年12月至2019年2月	平房区	平房区各街道（镇）、社区、村
	4	第六届“雪博盛典”黑龙江省大学生雪雕比赛	2018年12月7~10日	黑龙江省教育厅、太阳岛风景区管理局	太阳岛风景区
	5	第十九届全省雪雕比赛	2018年12月14~17日	松北区、太阳岛风景区管理局	太阳岛风景区
	6	第二十五届全国雪雕比赛	2018年12月21~24日	松北区、太阳岛风景区管理局	太阳岛风景区
	7	冰雪大世界冰雕体验活动	2018年12月末至2019年3月	哈尔滨冰雪大世界股份有限公司	冰雪大世界
	8	“百口大锅炖”第二届通河美食节	2018年12月22~23日	通河县	大通河（桃花源）景区
	9	2018年全国“高校冰灯冰雕艺术创新设计大赛”、2018年黑龙江省高校冰灯冰雕艺术创新设计大赛	2018年12月30日	黑龙江省教育厅、道里区	中央大街

续表

项目	序号	活动名称	活动日期	主承办单位	活动地点
冰雪文化活动	10	第八届中国哈尔滨国际组合冰雕赛	2018 年 12 月 31 日至 2019 年 1 月 4 日	哈尔滨市外侨办	冰雪大世界
	11	城市风光冰雪画展	2019 年 1 月	南岗区	南岗区博物馆
	12	呼兰迎新春书画展	2019 年 1 月	呼兰区	呼兰区群众艺术馆
	13	黑龙江省科技馆冬季系列科技体验活动	2019 年 1 ~2 月	黑龙江省科技馆	黑龙江省科技馆
	14	“迎新春”雪地秧歌争霸赛	2019 年 1 ~3 月	南岗区	革新街教堂广场
	15	“醉”美冰城摄影大赛	2019 年 1 月 1 日至 3 月 1 日	爱城市网	哈尔滨市
	16	第六届全国大学生雪雕比赛	2019 年 1 月 4 ~7 日	中国艺术教育促进会、太阳岛风景区管理局	太阳岛风景区
	17	第十一届国际大学生雪雕大赛	2019 年 1 月 4 ~7 日	哈尔滨工程大学	哈尔滨工程大学
	18	全市中小学生冰雕比赛	2019 年 1 月 4 ~14 日	哈尔滨市城管局	兆麟公园
	19	第三十三届中国哈尔滨国际冰雕比赛	2019 年 1 月 6 ~8 日	哈尔滨市外侨办	冰雪大世界
	20	《一路向前》粉丝观影节	2019 年 1 月 8 日	哈尔滨经济广播	嘉兴影城
	21	第二十四届国际雪雕比赛	2019 年 1 月 10 ~13 日	哈尔滨市外侨办、太阳岛风景区管理局	太阳岛风景区
	22	哈尔滨市直机关干部冰雪雕比赛	2019 年 1 月 14 ~18 日	哈尔滨市直机关工委	兆麟公园
	23	哈尔滨市民家庭冰雕比赛	2019 年 1 月 15 日至 2 月 14 日	哈尔滨市城管局	兆麟公园
	24	“银多杯”冰雪旅游摄影大赛	2019 年 1 月 19 日	哈尔滨经济广播、银多网、太阳岛风景区管理局	太阳岛风景区
	25	哈尔滨市民家庭雪雕比赛	2019 年 2 月 16 ~23 日	松北区、太阳岛风景区管理局	太阳岛风景区
	26	“了不起的城市，了不起的冰雪”网络传播活动	冰雪节期间	哈尔滨市委网信办	哈尔滨市

续表

项目	序号	活动名称	活动日期	主承办单位	活动地点
冰雪时尚活动	1	冰雪大世界采冰节	2018 年 12 月 7 日	哈尔滨冰雪大世界股份有限公司	松花江江面
	2	融创乐园冰雪奇园系列主题活动	2018 年 12 月 22 ~ 31 日	哈尔滨融创乐园	哈尔滨融创乐园
	3	哈冰秀、T 台秀、儿童剧、6D 电影等室内演出	2018 年 12 月 23 日至 2019 年 3 月	哈尔滨冰雪大世界股份有限公司	冰雪大世界
	4	冰雪大世界梦想大舞台室外演出	2018 年 12 月 23 日至 2019 年 3 月	哈尔滨冰雪大世界股份有限公司	冰雪大世界
	5	冰雪大世界王者荣耀文创项目揭幕仪式	2018 年 12 月 31 日	哈尔滨冰雪大世界股份有限公司	冰雪大世界
	6	冰雪大世界跨年夜	2018 年 12 月 31 日	哈尔滨冰雪大世界股份有限公司	冰雪大世界
	7	冰雪大世界冰雪电竞比赛	2018 年 12 月 31 日至 2019 年 2 月 24 日	哈尔滨冰雪大世界股份有限公司	冰雪大世界
	8	冰雪创意大赛	2018 年 12 月 31 日至 2019 年 2 月末	哈尔滨市城管局	兆麟公园
	9	哈尔滨市第三十一届老年舞蹈百花赛	2019 年 1 月	哈尔滨市老龄办	工人文化宫
	10	“友城之声”音乐会	2019 年 1 月 4 日	哈尔滨市文广新局	哈尔滨音乐厅
	11	友城吉祥物巡游活动	2019 年 1 月 5 日	哈尔滨冰雪大世界股份有限公司	冰雪大世界
	12	友城厨艺交流会	2019 年 1 月 5 ~ 7 日	哈尔滨市外侨办	马迭尔宾馆
	13	哈尔滨第三十五届维纳斯国际冰雪集体婚礼活动	2019 年 1 月 6 日	共青团哈尔滨市委员会	防洪纪念塔广场
	14	2019 年第十三届中俄青少年艺术交流演出	2019 年 1 月 8 日	共青团哈尔滨市委员会	青年宫
	15	冰雪大世界冰雪动漫节	2019 年 1 月 11 ~ 13 日	哈尔滨冰雪大世界股份有限公司	冰雪大世界
	16	“冻龄女王”全民盛典暨“敢冻一切”哈尔滨城市冰雪盛宴	2019 年 1 月中旬	哈尔滨市委网信办、央视网	冰雪大世界
	17	哈广电台首届冰雪奇缘创意大赛	2019 年 1 月中旬	哈广电台、哈尔滨市教育局、哈尔滨市妇联	哈广电台万米草坪

续表

项目	序号	活动名称	活动日期	主承办单位	活动地点
冰雪时尚活动	18	冰雪大世界冰雪文化周	2019年1月14～25日	哈尔滨冰雪大世界股份有限公司	冰雪大世界
	19	2019中国哈尔滨国际冰雪节冰雪丽人选拔大赛	2019年1月20日	共青团哈尔滨市委员会	冰雪大世界
	20	冰雪大世界冰雪电影周	2019年1月26日至2月1日	哈尔滨冰雪大世界股份有限公司	冰雪大世界
	21	伏尔加新春音乐舞会	2019年2月	伏尔加庄园	伏尔加庄园
	22	平房区迎元宵节健身操、广场舞、秧歌比赛	2019年2月14日	平房区	平房区东轻广场
	23	太阳岛春龙节	2019年3月8日	太阳岛风景区管理局	太阳岛风景区
	24	亚布力音乐节	2019年3月19日	亚布力地中海俱乐部	亚布力新濠酒店
	25	亚布力光猪节	2019年3月30～31日	亚布力阳光度假村	亚布力阳光度假村滑雪场
冰雪经贸活动	1	哈尔滨新能源电动车及零配件东北地区订货会	2018年12月27～29日	哈尔滨长城国际展览有限公司	哈尔滨国际会展体育中心
	2	“哈尔滨－韩国富川市民友好之夜”联谊会	2019年1月3日	哈尔滨市外侨办	香格里拉酒店
	3	全国服务贸易创新发展试点城市圆桌会议	2019年1月3～6日	哈尔滨市商务局	敖麓谷雅酒店
	4	2019中国(哈尔滨)餐饮创新发展峰会暨“冰城美食”上线仪式	2019年1月4日	哈尔滨市商务局	巴黎四季酒店
	5	2019哈尔滨寒地博览会暨哈尔滨进口食品博览会	2019年1月5～9日	哈尔滨市贸促会	哈尔滨国际会展体育中心
	6	“哈尔滨国际冰雪之约”市长圆桌会议、企业对接会	2019年1月6日	哈尔滨市外侨办	松北香格里拉酒店
	7	亚布力雪具促销大集	2019年1月26～27日	亚布力阳光度假村	亚布力阳光度假村滑雪场钟楼广场
	8	中国亚布力企业家论坛	2019年2月	中国企业家论坛	亚布力地中海俱乐部
	9	哈尔滨广告四新展览会	2019年3月3～5日	哈尔滨神州行展览有限公司	哈尔滨国际会展体育中心

续表

项目	序号	活动名称	活动日期	主承办单位	活动地点
冰雪体育活动	1	2018～2019年哈尔滨市“百万青少年上冰雪”活动启动仪式暨全民冰雪日活动启动仪式	2018年12月	哈尔滨市教育局	道外区
	2	2018～2019学年哈尔滨市中小学生短道速度滑冰比赛	2018年12月	哈尔滨市教育局	哈尔滨市冰球馆
	3	2018～2019学年哈尔滨市中小学生速度滑冰比赛	2018年12月	哈尔滨市教育局	哈尔滨市冰球馆
	4	2018～2019学年哈尔滨市中小学生花样滑冰比赛	2018年12月	哈尔滨市教育局	哈尔滨市冰球馆
	5	2018～2019学年哈尔滨市中小学生冰壶比赛	2018年12月	哈尔滨市教育局	哈尔滨市冰球馆
	6	2018～2019学年哈尔滨市中学生滑雪比赛	2018年12月至2019年1月	哈尔滨市教育局	滑雪场
	7	呼兰区“百万青少年上冰雪”启动仪式暨中小学生户外趣味体育活动	2018年12月至2019年1月	呼兰区	呼兰区体育场、呼兰区中小学校
	8	玉泉威虎山滑雪场青少年冰雪健身挑战活动	2018年12月至2019年2月	玉泉威虎山滑雪场	玉泉威虎山滑雪场
	9	延寿县“全民上冰雪”暨“百万青少年上冰雪”活动	2018年12月10日至2019年3月10日	延寿县	蚂蜓河公园、长寿山公园
	10	平房区校园雪地足球赛	2018年12月12～18日	平房区	平房区东轻体育场
	11	平房区“赏冰乐雪”活动启动仪式	2018年12月14日	平房区	平房区冰壶馆
	12	香坊区“百万青少年上冰雪”启动仪式	2018年12月14日	香坊区	新成学校
	13	尚志市雪地足球比赛暨“全民上冰雪”启动仪式	2018年12月15日	尚志市	尚志市朝鲜族中学
	14	哈尔滨市“全民上冰雪”百日系列活动	2018年12月15日至2019年4月30日	哈尔滨市体育局、各区、县(市)	哈尔滨市区
	15	道外区“全民上冰雪”启动仪式	2018年12月20日	道外区	哈尔滨市第十二中学
	16	通河县“青少年上冰雪”活动	2018年12月20日	通河县	铧子山滑雪场、松花江畔公园

续表

项目	序号	活动名称	活动日期	主承办单位	活动地点
冰雪体育活动	17	太阳岛雪地风筝赛	2018年12月21日	太阳岛风景区管理局	太阳岛风景区
	18	平房区中小学冰壶比赛	2018年12月21~22日	平房区	平房区冰壶馆
	19	第二届“北方钓鱼城”哈尔滨通河冰钓大奖赛	2018年12月22~23日	通河县	大通河(桃花源)景区
	20	哈尔滨市“全民上冰雪”百日系列活动启动仪式暨家庭冰上趣味运动会	2018年12月22日	哈尔滨市体育局、南岗区	青年广场
	21	香炉山第二届国际雪山穿越大赛	2018年12月22~23日	香炉山国家森林公园	宾县香炉山国家森林公园
	22	道里区中小学校“百万青少年上冰雪”活动	2018年12月26日	道里区	群力实验小学
	23	平房区校园冰雪趣味运动会	2018年12月26~27日	平房区	平房区各中小学校园
	24	国际青少年冰球邀请赛	2019年1月	哈尔滨市体育局、哈尔滨市冰球协会	哈尔滨市冰球馆
	25	哈尔滨国际冰壶精英赛	2019年1月	哈尔滨市体育局、哈尔滨市冰壶协会	哈尔滨奥禹冰壶运动中心
	26	哈尔滨市国际大众冰球邀请赛	2019年1月	哈尔滨市体育局、锋翼冰球俱乐部	哈尔滨市冰球馆
	27	哈尔滨市国际大众五人制雪地足球邀请赛	2019年1月	哈尔滨市体育局、哈尔滨市足球协会	群力外滩德嘉游艇码头
	28	2019全国冰雪汽车锦标赛暨“一带一路”国际友好城市冰雪汽车挑战赛	2019年1月	哈尔滨市体育局	群力音乐公园江面
	29	中国·哈尔滨第十一届国际友好城市羽毛球邀请赛	2019年1月	哈尔滨市体育总会、哈尔滨市羽毛球协会	哈尔滨国际会展体育中心
	30	第二届“冰雪季·雪地足球嘉年华”活动	2019年1月	哈尔滨市教育局	呼兰河口湿地公园
	31	校园足球五人制联赛和啦啦操邀请赛	2019年1月	哈尔滨市教育局	哈尔滨技师学院
	32	家庭冰雪运动会	2019年1月	哈尔滨融创乐园	哈尔滨融创乐园
	33	尚志市冰上趣味运动会	2019年1月初	尚志市	尚志市公益冰场

续表

项目	序号	活动名称	活动日期	主承办单位	活动地点
冰雪体育活动	34	平房区学校冰球比赛	2019年1月2~8日	平房区	平房区各中小学冰场
	35	哈尔滨市"全民上冰雪"百日系列活动开幕式	2019年1月4日	哈尔滨市体育局、道里区	防洪纪念塔区域江面
	36	第十九届中国哈尔滨冬泳邀请赛	2019年1月5日	哈尔滨市总工会、哈尔滨铁路江上俱乐部	工会码头江面
	37	欣悦山庄滑雪比赛	2019年1月5~6日	延寿县	欣悦山庄
	38	2019"市长杯"哈尔滨国际青少年冰球邀请赛	2019年1月5~7日	哈尔滨市体育局	八区冰球馆
	39	新闻媒体滑雪赛	2019年1月12~13日	亚布力阳光度假村	亚布力阳光度假村滑雪场
	40	平房区社区冰上趣味运动会	2019年1月14~15日	平房区	平房区各社区
	41	尚志市迎新春体育比赛	2019年1月中旬	尚志市	尚志市各乡镇
	42	亲子冰上趣味运动会	2019年1月下旬	哈尔滨市体育局、南岗区	哈尔滨融创乐园
	43	伏尔加城堡滑雪挑战赛	2019年1月下旬	哈尔滨市体育局、伏尔加庄园	伏尔加庄园
	44	全市职工冰帆比赛	2019年1月19日	哈尔滨市总工会	工会码头江面
	45	头一庄滑雪场第二届青少年冬季运动会	2019年1月20~21日	延寿县	头一庄滑雪场
	46	889冰钓大赛	2019年1月26日	哈尔滨经济广播	松花江沿线
	47	中国哈尔滨大众滑雪精英赛	2019年2月	哈尔滨市体育局、哈尔滨市滑雪协会	亚布力滑雪场
	48	尚志市雪上徒步大会	2019年2月	尚志市	尚志市石嘴山公园
	49	全市职工冰上龙舟比赛	2019年2月9日	哈尔滨市总工会	工会码头江面
	50	北欧两项（跳台和越野滑雪）比赛	2019年2月15~17日	国家体育总局、黑龙江省体育局	亚布力滑雪场
	51	全市职工抽冰尜比赛	2019年2月16日	哈尔滨市总工会	工会码头江面
	52	2018~2019学年度哈尔滨市中小学生冰球比赛	2019年3月	哈尔滨市教育局	哈尔滨市冰球馆

资料来源：第三十五届中国·哈尔滨国际冰雪节官方网站（http://www.harbin.gov.cn/col/col20274/index.html）。

案 例 篇

Case Studies

B.8

冬奥机遇与石景山城市发展

北京市石景山区体育局

摘　要： 北京市是全球唯一的“双奥之城”，北京市石景山区曾参与承担2008年北京夏奥会服务保障工作，现作为2022年北京冬奥组委承载区。在2022年北京冬奥会机遇下，石景山区城市发展必将实现大步跃迁，迈出打造新时代首都城市复兴新地标的坚实一步。本文以北京市石景山区为研究对象，探讨石景山区的助奥路径，研究石景山区借势冬奥实现高质量发展的策略。研究认为：①2022年北京冬奥会为石景山区经济结构优化、提档升级提供了重要机遇；②石景山区主要通过扎实推进冬奥筹办、普及推广冰雪运动，加快重大项目建设、提升城市服务功能，打造冬奥文化名片、拓宽体育对外交流合作三个方面实现为冬奥会保驾护航；③石景山区以建设新时代首都城市复兴新地标、促进服务业转型升级、促进产业

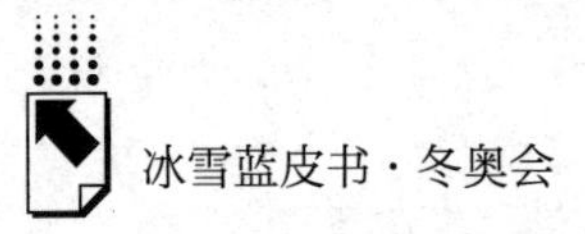

集聚融合发展三个策略推动该区经济高质量发展。

关键词： 冬奥会　石景山地区　城市发展

一　石景山区与奥运的不解之缘

石景山区是北京市六个主城区之一，地处首都西部、长安街西段，最东端距天安门14公里，总面积84.38平方公里，常住人口约59万人。石景山区因“燕都第一仙山——石景山”而得名，自古就是京西历史文化重镇，区内山地面积占23%，是北京市城区中山林资源最丰富、绿化覆盖率最高、人均拥有公共绿地最多的一个区。

石景山区与奥运有着不解之缘。1919年，在石景山区这片土地上矗立起石景山炼铁厂，开启了石景山区百年工业辉煌。2008年北京举办夏季奥运会，石景山承担了奥运会老山自行车馆、北京射击馆、飞碟靶场、小轮车赛场、山地自行车赛场5个奥运比赛场馆和石景山体育馆、首钢篮球馆2个训练场馆的相关建设改造和服务保障任务。奥运场馆数量居北京市第三位，产生奥运会金牌29枚，残奥会金牌33枚。与此同时，为举办2008年夏奥会，石景山区的十里钢城全面停产，创造了世界上大型钢铁企业有组织搬迁的典范。

2015年7月31日，北京冬奥会申办成功。随后，冬奥组委的入驻、首钢滑雪大跳台和国家冬训中心的四个场馆的落户，使石景山区与奥运结下了不解之缘。特别是作为冬奥组委办公区的所在地，有关冬奥筹办的许多重大会议、国际交流活动在这里举行，2022年北京冬奥会还将在此产生12块奖牌，世界的目光再次聚焦北京、聚焦石景山，为推动区域转型升级注入了强大动力。当前，石景山区正紧紧围绕新版北京城市总体规划赋予的“国家级产业转型发展示范区、绿色低碳的首都西部综合服务区、山水文化融合的生态宜居示范区”功能定位，牢牢把握北京举办2022年冬奥会和冬残奥会、打造新时代首都城市复兴新地标的重大历史机遇，推动冰雪运动普及推广、基础设施上档升级、经济结构调整优化、城市面貌焕然一新，高水平建设好首都城市西大门，全力书写从“铁与火”到“冰与雪”的时代传奇。

二 举全区之力，为冬奥保驾护航

为了更好地服务冬奥、参与冬奥、借势冬奥，石景山区成立了服务保障冬奥会、冬残奥会领导小组，由区四套班子一把手任组长，紧抓冬奥机遇，加快冰雪场地设施建设，普及发展冰雪运动，优化升级城市基础设施和生态环境，提升公共服务水平和市民文明素质，加强对外体育文化交流，汇聚全区之力，为举办一届精彩、非凡、卓越的奥运盛会而努力。

（一）扎实推进冬奥筹办，普及推广冰雪运动

1. 落实属地责任，推动冬奥场地设施建设

位于石景山首钢园区的滑雪大跳台是北京城区唯一一个冬奥会雪上项目比赛场地，将承担单板滑雪大跳台、自由式滑雪大跳台两项比赛，项目已完工，并具备测试赛条件，冬奥会后将成为世界首例永久保留和使用的滑雪大跳台场地。国家冬训中心短道速滑、花样滑冰、冰壶、冰球四个场馆利用首钢工业老厂房改造，2018 年已全部完工，并作为冰上项目国家队的训练场馆使用，后续将向公众开放。位于石景山老山区域的北京夏奥会遗产——5 公里赛道区域已改造成越野滑雪、北欧两项、冬季两项等雪上项目的转训基地，结合国家体育总局自剑中心夏奥场地设施和奥运文化遗产，将集中打造体育综合体的概念，使奥运场地焕发新的生机。同时，石景山通过 PPP 模式积极引导社会力量投建冰雪场地设施，市民冰雪体育中心、爱上雪旱雪体验中心等项目落地，进一步满足大众冰雪运动需求。此外，紧邻长安街、西五环的石景山区体育中心改扩建工程正加紧推进，项目建成后将提供 1800 平方米的标准冰场和 4 道冰壶场，石景山区逐步形成“八冰两雪”的冰雪

场地设施格局，为全面保障冬奥和大众冰雪推广提供有力支撑。

2. 推广冰雪运动，培育特色活动和人才队伍

石景山区结合区域特点，广泛推动冬奥文化和冰雪运动进校园、进社区、进单位。以青少年冰雪运动普及为重点，命名16所区级冰雪运动特色学校，普及中小学生上冰课程，开展校园冬奥主题活动，组织体育教师、舞蹈教师参加冰雪技能培训，实现全区中小学生100%上冰、冬奥知识100%进校园、体育教师100%完成冰上技能培训的目标。为进一步扩大冬季运动覆盖人群，以冬奥为主题，举办冰雪节、冬季运动会、“徒步石景山奔向2022”健步走、“连线冬奥会再创新骑迹”耐力骑行等大众冰雪活动，强化市民的冬奥“主场”意识。在普及的基础上，石景山区发动学校、协会、社区、专业俱乐部力量，选拔培养冰雪运动人才，联合组建石景山冰球、冰壶、短道速滑、花样滑冰、滑雪等项目专业运动队，先后组队参加首届北京市冬运会、第二届全国青年运动会，取得奖牌突破，并定期开展冰雪项目社会体育指导员、志愿者专项培训，培育冰雪运动推广队伍和冬奥志愿服务队伍。

（二）加快重大项目建设，提升城市服务功能

1. 全力提升市政设施水平和生态环境，为冬奥会筹办提供强有力的服务支撑

以冬奥会为契机，推动轨道交通和路网建设，地铁M11线（冬奥支线）已开工建设，未来两年内石景山辖区将有1号线、M6号线、S1线之后的第四条地铁，并在北京西部最大的枢纽——苹果园综合交通枢纽实现多线换乘。永引渠南路、古城南街等城市主干道建成，长安街西延工程、新首钢大桥竣工通车，石景山区将形成“五横六纵”顺畅高效的交通网络。加快推进石景山水厂、五里坨污水处理厂、变电站等水电气热基础设施建设，实现全区供水、供电能力在现有基础上翻一番。石景山区计划2021年在北京中心城区率先完成“国家森林城市”创建，构建“山、河、轴、链、园”生态体系，打造山水融城、绿色低碳、宜居宜业的绿色生态

示范城区。

2. 全面提升城市服务质量和社会文明程度，为冬奥会筹办发挥积极的引导作用

随着冬奥组委的入驻，石景山区在公共安全、医疗、文化、旅游、商业等方面的服务和配套设施不断完善，并逐步向国际化、规范化的标准靠拢。组建冬奥安保专班，进一步织严织密视频监控网络，确保城市安全稳定。推动西部医院等医疗场所建设，开展冰雪体育医疗救助培训演练，推动冬奥中医药国际保障中心项目落地，为冬奥训练和赛时服务提供保障。设置石景山图书馆冬奥主题分馆，推进模式口文保区改造，广泛开展冬奥主题的冰雪非遗技艺展示、展演和互动体验。开发冰雪主题旅游线路，规划建设星级标准酒店，提速大悦城等商业设施建设，提升“吃、住、娱、购、游”服务供给水平。以创建全国文明城区为牵引，充分发挥“石景山老街坊”作用，促进社区环境和服务改善，增强市民的文明素质和冬奥“主场”意识，助力北京冬奥会。

（三）打造冬奥文化名片，加强体育对外交流合作

1. 传播冬奥文化，搭建对外交流的窗口和名片

石景山区以广宁街道高井路社区为试点，推广冬奥文化和冰雪运动，将奥林匹克教育融入社区建设和居民生活，推进社区环境改善和居民素质提升，使“冬奥社区”成为宣传优秀文化、展示冬奥建设成果、传递北京城市名片、代表石景山区形象的重要窗口。2019 年 5 月 11 日，在北京冬奥会倒计时 1000 天之际，高井路社区正式成为北京市第一家被授牌的“冬奥社区”，居民的冬奥“主人翁”意识进一步增强，借助各类沟通平台和渠道，深化与各个国家和地区的友好交流。

2. 扩大沟通平台，强化对外交流合作

冬奥组委入驻以来，石景山区积极参加京交会、冬博会等行业展会，举办石景山冰雪产业论坛、2019 年京交会石景山首钢园区分会场活动，展示地区冬奥筹办和冰雪体育的工作成果，推介重点产业项目，提升区域知名

度。主动与延庆、张家口崇礼等冬奥赛区联系，加强沟通对接，开展合作洽商，与延庆、张家口崇礼两地体育部门共同签署开展体育战略合作的框架协议，深化在冰雪人才培养、场馆建设运营、品牌活动打造、产业协同发展等方面的合作交流。

三　借冬奥之势，推动竞技高质量发展

（一）紧抓机遇，打造新时代首都城市复兴新地标

2018 年底，北京市印发了《加快新首钢高端产业综合服务区发展建设打造新时代首都城市复兴新地标行动计划（2019 ~ 2021 年）》，明确了 8 个方面 25 项任务，集全市之力推进 55 个重点工程，未来 3 年将完成投资 1263 亿元，全力打造城市更新标杆工程，全面带动首都西部地区发展，力争形成全球示范意义。未来两年，石景山区将大力推进文化复兴，加快建设首钢工业遗址公园，保护延续老工业文化脉络，规划保护山、水、工业一体的特色景观和整体风貌；大力推进生态复兴，建设后工业景观休闲带和永定河生态带，打造大尺度生态空间；大力推进产业复兴，推动首钢北区建设和东南区土地入市，优化首钢南区规划，重点发展“体育 +”等高端服务业；大力推进活力复兴，完善配套设施，加强公共服务供给，焕发百年首钢的深厚底蕴，营造文化体验和城市交往的魅力场所，吸引服务人才，激发创新活力。

（二）紧抓机遇，促进服务业转型升级

积极推进“体育 +”与文化、旅游产业融合发展，充分发挥西山永定河文化带、八大处、模式口等优势资源，壮大产业规模。充分利用国家服务业综合改革试点区政策，大力培育壮大以现代金融为主导，以科技服务、数字创意、新一代信息技术为特色，以商务服务为支撑的“1 +3 +1”高精尖产业体系，充分发挥中关村石景山园、北京银行保险产业园、北京“侨梦

苑”、海外院士专家北京工作站、新首钢国际人才社区、博士后成果转化基地、苹果园大悦城等载体资源优势，加快推进石景山这个传统重工业基地向国家级产业转型发展示范区的华丽转身。

（三）紧抓机遇，促进产业集聚融合发展

借势冬奥，加快推动冰雪产业发展，依托地区资源，打造集大众健身、竞技训练、赛事表演、娱乐休闲于一体的冰雪体育服务圈，培育奥运经济新亮点。鼓励体育与科技、文创、旅游、金融等跨界融合，首钢集团是北京冬奥会官方城市更新服务合作伙伴，中译语通成为北京冬奥会官方语言服务商，京西首个国际对接项目“首钢园 - 铁狮门冬奥广场产业项目”落户石景山区。大力发展冰雪体育健身休闲业，优化冰雪产业链，AST 中国、卡宾滑雪、启迪冰雪等行业龙头企业入驻，为区域高端绿色转型增添新动力。依托场地资源，国际雪联中国北京越野滑雪积分大奖赛（首钢站）、2018 ~ 2019 赛季冰壶世界杯总决赛、国际冰联女子冰球世锦赛甲级 B 组比赛、KHL 大陆冰球联赛、中芬冬季运动年开幕式以及中国花样滑冰俱乐部联赛、首届北京市冬运会冰上项目竞赛等国内外高水平赛事活动在石景山区举办，赛事等级和关注度不断提升。

未来三年将是石景山区大手笔、大建设、大发展的黄金窗口期。未来的石景山区不仅是首都西部发展的核心，更是北京中心城区建设的热土。石景山区在服务冬奥、紧抓机遇、加快发展的过程中，将着力优化营商环境，加大产业扶持力度，推进冬奥经济和“冰雪 +”“体育 +”产业发展，激发体育消费潜力，形成区域经济新支点，共谋发展大计，共创美好未来，共享冬奥红利。

B.9

大型体育用品集团助力2022年北京冬奥会

——以安踏体育为例

刘煜　谢春龙*

摘　要： 2017年，安踏体育市值破千亿，保持本土第一，成为全球第三大运动品牌，是我国大型体育用品集团的领军者。如此优异的答卷，与安踏体育“携手奥运十年”不无关系。本文以安踏体育为研究对象，梳理安踏体育的“十年奥运渊源”，探究安踏体育助力冬奥的路径。研究发现：①安踏体育已成长为我国大型体育用品集团的领头羊，是2022年北京冬奥会申办、举办的忠实支持者；②安踏体育与奥运已牵手十年之久，是2022年冬奥申委唯一一家体育用品支持企业，也是北京2022年冬奥会和冬残奥会官方合作伙伴；③安踏体育主要通过积极参与2022年冬奥会申办、加大奥运赞助力度、创新供给冰雪运动产品、组织活动助力冰雪运动进校园四条路径助力冬奥。

关键词： 安踏体育　运动品牌　2022年北京冬奥会

一　安踏体育简介

安踏（福建）鞋业有限公司（现更名为安踏体育用品有限公司，以下

---

* 刘煜，北京卡宾冰雪产业研究院研究员，体育学硕士，主要研究方向为体育产业；谢春龙，安踏体育用品集团品牌市场部总监。

简称“安踏体育”）于1991年在福建省晋江市成立。经过20多年耕耘，安踏已成为国内体育用品领先品牌。2014年，安踏体育全面开展零售转型，逆境下成功扭跌为升，全年营收近90亿元。2015年，安踏体育以全年营收111.3亿元的成绩，突破国内体育用品品牌之前从未到达过的100亿元大关。之后，安踏体育继续保持快速增长，并在2018年以同比增长超44%、全年营收241亿元的成绩收官。

目前，安踏体育是一家专门从事设计、生产、销售和运营鞋服、帽子、背包等运动装备的综合性体育用品集团，并且已经成长为行业领军企业。2017年11月，安踏体育市值历史上首次突破千亿港元。同年，安踏体育确立了“单聚焦、多品牌、全渠道”的全新发展战略。安踏集团现已拥有安踏（ANTA）、斐乐（FILA）、迪桑特（DESCENTE）、斯潘迪（SPRANDI）、可隆体育（KOLON SPORT）、安踏儿童（ANTA KIDS）、小笑牛（KINGKOW）等国内和国际多个知名品牌。安踏体育旨在发掘中国体育用品市场的潜力，并满足日益变化的消费者需求，在不同的零售渠道为消费者提供他们所喜爱的产品和服务；安踏体育的愿景是成为受人尊重的世界级多品牌体育用品集团；安踏体育的使命是将超越自我的体育精神融入每个人的生活。

二　安踏体育的“十年奥运渊源”

从某种意义上而言，安踏体育与奥运的渊源始于1999年签约中国乒乓球名将孔令辉。2000年，孔令辉力克名将瓦尔德内尔圆梦悉尼，安踏体育随同奥运冠军孔令辉的名字一起进入千家万户，从区域性知名到全国性知名，几乎只在一夜之间。

但从严格意义上来说，安踏体育与奥运的渊源真正始于2009年。是年，安踏体育与中国奥委会达成战略合作协议。在此之后，安踏体育在每个奥运周期都牢牢把握住了与奥运同行的机会（见表1）。

表1　安踏体育的奥运渊源

年份	大事件
2009	安踏体育签约中国奥委会,达成安踏体育发展史上一个新的里程碑。成为2009～2012年中国奥委会体育服装合作伙伴,在2010年温哥华冬奥会、2012年伦敦夏奥会等重大奥运赛事上为中国体育代表团提供冠军装备和"冠军龙服"领奖服。同年,安踏体育以主赞助商和运动装备供应商的身份,为国家体育总局水上运动管理中心旗下帆船帆板队、赛艇队、皮划艇队、激流回旋皮划艇队、蹼泳队等五支国家队量身打造科技运动装备
2011	签约奥运冠军郭晶晶作为安踏女子训练代言人
2012	安踏作为中国奥委会的合作伙伴,2012年开展"冠军龙服龙征伦敦"奥运营销
2013	安踏体育续约中国奥委会。成为新一个奥运周期"2013～2016年中国奥委会体育服装合作伙伴"。正式牵手奥运乒乓球冠军张继科、奥运拳击冠军邹市明。此外,安踏体育还相继与国家体育总局水上运动管理中心、国家体育总局冬季运动管理中心、国家体育总局拳击跆拳道运动管理中心、国家体育总局举重摔跤柔道运动管理中心开展全面合作,为各中心麾下的所有国家队提供专业比赛服和训练服。至此,安踏体育初步形成"三位一体"的奥运赞助体系
2014	安踏体育签约成为2022年冬奥申委唯一一家体育用品支持企业。同时,与国家体育总局体操运动管理中心正式签约,双方开展全面战略合作
2016	安踏体育助力中国体育代表团征战里约夏奥会,为中国国家队赞助了31000套运动装备,安踏冠军龙服伴随着中国奥运健儿的夺冠登上领奖台
2017	安踏体育成为北京2022年冬奥会和冬残奥会官方合作伙伴。标志着安踏体育连续四个奥运周期成为中国奥委会的合作伙伴。除此之外,安踏体育还与国家体育总局冬季运动管理中心达成协议,成为2018～2022年国家体育总局冬季运动管理中心旗下短道速滑队、速度滑冰队、花样滑冰队、冰壶队、冰球队、自由式滑雪空中技巧队、单板滑雪大跳台和坡面障碍技巧队、单板滑雪平行大回转队、雪橇队、雪车队、钢架雪车队、越野滑雪队、高山滑雪队等国家队的运动服装类赞助商
2018	安踏体育董事局主席丁世忠和集团总裁郑捷双双担任2018年平昌冬奥会火炬手

三　安踏体育助力2022年北京冬奥会的路径

（一）积极参与2022年冬奥会申办

2015年10月10日上午，2022年冬奥会申办工作总结大会顺利召开。会上，2022年冬奥会申办工作领导小组组长刘延东对2022年申奥团队给予了充分肯定，正是申奥团队的全力以赴、协调配合，有效完成了各项重大任务，才得以确保申办的最终成功。

其中，安踏体育也受到了表扬。安踏体育也是申奥团队中的重要一员。2014 年，安踏体育与中国奥委会达成共识，签约成为 2022 年冬奥申委唯一一家体育用品支持企业，为申奥团队贡献一份来自社会企业的力量。安踏体育的付出，在京张联合申奥成功后获得了回报。申办工作领导小组对安踏体育做出的杰出贡献予以了肯定和赞誉，同时也表达了对安踏体育的期冀，支持安踏体育继续为中国奥运健儿打造“冠军龙服”与训练比赛装备，在奥运赛场和领奖台上向全世界展示中国冰雪运动的魅力。

（二）加大奥运赞助力度

根据奥运赞助体系，赞助商共有三个级别，分别是国际奥委会赞助商、奥运会组委会赞助商以及国家奥委会赞助商。自 2009 年安踏体育首次与中国奥委会达成战略合作协议以来，安踏体育所争取的一直都是第三级别奥运赞助商的权益。2009 年安踏体育签约中国奥委会，享有 2009 ~ 2012 年国家奥委会赞助商权益；2013 年安踏体育续约中国奥委会，继续享有 2013 ~ 2016 年国家奥委会赞助商权益，成为这一个奥运周期的中国奥委会体育服装合作伙伴。

2017 年，安踏体育在奥运赞助方面的动作发生了些许变化，简单来说，就是加大了奥运赞助力度。安踏体育在继续争取到第三级别奥运赞助商权益的同时，还重金投入争取到了第二级别奥运赞助商权益。是年 9 月 28 日，北京冬奥组委宣布，安踏体育正式成为北京 2022 年冬奥会和冬残奥会官方体育服装合作伙伴。与此同时，安踏体育还续约成为中国奥委会体育服装合作伙伴，2017 ~ 2024 年，安踏继续参与平昌 2018、东京 2020、北京 2022、巴黎 2024 奥运会和残奥会等奥运赛事，为中国奥委会提供周到全面的装备保障。这意味着，安踏体育达成连续四个奥运周期成为中国奥委会体育服装合作伙伴的成就。

（三）创新供给冰雪运动产品

安踏体育虽已深耕体育用品市场 20 余年，但在 2015 年之前，安踏体育产品线几乎全部集中在夏季体育用品，对冬季体育用品则是长期抱持观望态度。一方面，安踏体育刚从2011～2014年中国体育用品行业的寒冬中调整过来，仍然处在战略转型期，并且他们认为，夏季体育用品行业还有诸多细节值得去精雕细琢，还有很大空间值得做深做好；另一方面，成功申办2022年北京冬奥会之前，中国冰雪运动市场受众面偏窄，需求较小，而且海外品牌基本上占据了绝大部分市场，所以安踏体育没有第一时间投资跟进。

2015年，北京携手张家口成功拿下2022年北京冬奥会举办权后，中国冰雪运动市场的活力得以充分释放，而安踏体育也逐渐意识到有必要抢抓机遇扩展现有产品线，推出冬季体育用品产品，满足广大市场和消费者对冰雪运动用品需求。2016年，安踏体育迈出了他们在冰雪运动产品领域的重要一步，与主打滑雪用品的日本知名运动品牌迪桑特（DESCENTE）成立合资公司，合资公司享有在中国地区的独家经营权及从事带有“DESCENTE”商标的所有类别产品的设计、销售及分销业务的权益，主要针对高端冬季体育用品市场。同年，安踏体育也确认，将会在已有的小部分冰雪产品的基础上，进一步完善安踏品牌的冰雪产品线，安踏品牌将有别于定位高端的迪桑特品牌，其产品将主要面对大众消费群体。接下来的几年里，安踏体育一直与冬奥同行，持续发力冰雪装备（见表2）。

表2　安踏体育2016年以来在冰雪运动领域的动作

时间	事件
2016年2月	安踏体育与日企迪桑特成立合资公司，享有在中国地区的独家经营权及从事带有“DESCENTE”商标的所有类别产品的设计、销售及分销业务的权益，主要针对高端冬季体育用品市场
2017年10月	迪桑特中国门店数量突破100家
2019年3月	以安踏体育为首的财团宣布收购芬兰高端体育用品集团公司亚玛芬（AMER SPORTS），包括“运动装中的爱马仕”始祖鸟（ARC'TERYX）、法国户外品牌萨洛蒙（SALOMON）、奥地利滑雪装备品牌阿托米克（ATOMIC）等著名品牌，极大地扩充了安踏体育的冰雪产品线，提升了安踏体育在冰雪体育用品这个垂直领域与细分市场的知名度和专业度
2019年4月	安踏体育“北京冬奥会备战保障工作室”在厦门揭牌并正式投入使用，该工作室将围绕不断提升装备服装科技含量以及冰雪项目国家集训队装备保障水平做文章。据了解，实验室配备了3D打印机、可穿戴式传感器、高速摄影系统、服装材料光学显微镜等技术设备，整合了世界冰雪装备高端原材料，能够实现冰雪装备的个性化研发和定制，从技术等方面全面保障支撑北京冬奥会“扩面、固点、精兵、冲刺”备战方略

（四）组织活动助力冰雪运动进校园

2016 年，国家发改委、国家体育总局、教育部、国家旅游局四部委联合印发的《冰雪运动发展规划（2016～2025 年）》强调，大力发展冰雪运动，各级部门共同推进冰雪运动进校园。支持以政府购买服务的方式，支持学校与社会培训机构合作开展冰雪运动教学活动；2018 年，“推进冰雪运动进校园”被正式列入《教育部 2018 年工作要点》；2019 年，中共中央办公厅、国务院办公厅印发的《关于以 2022 年北京冬奥会为契机大力发展冰雪运动的意见》指出，大力开展“冰雪运动进校园”活动，促进青少年冰雪运动普及发展。可以看到，在国家意志推进下，“冰雪运动进校园”活动蓬勃开展。

基于此，安踏体育与真爱梦想公益基金会达成合作，在全国范围内推广“安踏梦想训练营－燃动冰雪”活动。如长春市玉潭小学于 2019 年 2 月 13 日应邀赶赴吉林北大壶滑雪场参加“安踏梦想训练营－燃动冰雪”活动，学习冰雪文化知识，参与滑雪运动实践；张家口经济开发区第二小学于 2019 年 3 月 1 日应邀到吉林参加该活动，让学生有机会学习冰壶的比赛规则与技巧，参与冰雪文化美术创作以及滑雪实践活动。此外，安踏体育投资创建的首家“安踏茁壮成长公益计划－冬奥宣传教育基地”于 2019 年 3 月 27 日在河北省张家口经济开发区第二小学启动，在帮助贫困地区青少年提高身体素质和心智素养的同时，还将结合运动梦想课程，把冰雪运动和冰雪文化作为一个重点突破口，让孩子们参与冰雪课程学习，提升从事冰雪运动的兴趣和专长。

四　安踏体育发展历程

（一）安踏体育发展概述

2014 年，我国体育产业迎来新的发展“春天”。国务院印发《关于加快发展体育产业促进体育消费的若干意见》（以下简称“46 号文”），决定把体育产业作为新兴产业、绿色产业、朝阳产业培育扶持。文件指出，到

2025年体育产业总规模将超过5万亿元，成为推动经济社会持续发展的重要力量。国家意志的推进、政策利好的驱动、5万亿元的市场目标等吸引了一大批社会资本的目光，体育产业顺势成为社会资本的新宠。

显然，安踏体育是国务院“46号文”的受益者。这一点，安踏体育近几年的年度营收可以反映。2014年之前的两年里，也就是2012~2013年，安踏体育受行业寒冬的影响，不仅未能稳住根基，与“百亿营收”失之交臂，还吞下了年度营收连续两年下跌的苦果，2012年、2013年年度营收分别下降14.4%、4.5%（见图1）。2014年，在战略发展思路主动求变以及行业逐渐回暖的推动下，安踏体育完成自我变革，扭跌为升，年度营收再次来到90亿元水平附近，“百亿营收”又一次近在咫尺。这一次，安踏体育步步为营、稳扎稳打，于2015年率先成为中国首家进入百亿元俱乐部的体育用品企业，全年营收高达111.3亿元。接下来的3年里，安踏体育继续保持良好发展势头，2018年以241亿元的成绩收官，成为目前中国体育用品企业200亿元俱乐部的唯一成员。

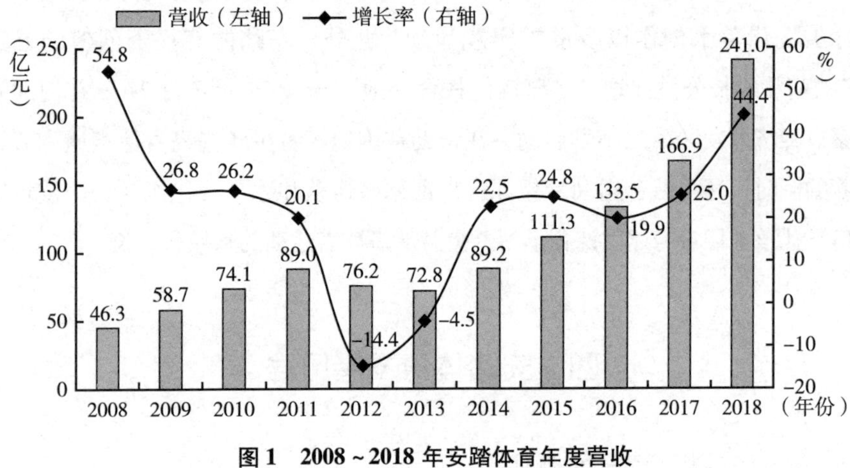

图1　2008~2018年安踏体育年度营收

（二）安踏体育发展历程

经过详尽梳理，安踏体育发展历程可分为以下五个阶段（见图2）。

1991～1996年：国内海外两头抓；1997～2006年：多维度构建品牌；2007～2011年：布局多品牌战略；2012～2013年：主动求变转零售；2014～2019年：深耕垂直与细分。

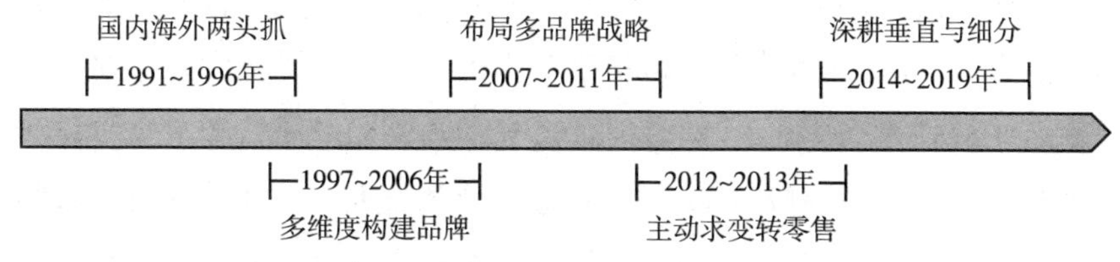

图2　安踏体育发展历程（1991～2019年）

1. 1991～1996年：国内海外两头抓

1991年，丁世忠创建安踏（福建）鞋业有限公司（现更名为安踏体育用品有限公司，以下简称“安踏体育”），总部定于中国三大鞋都之一的福建晋江。1993年，安踏体育在生产自家产品、开拓国内市场分销渠道的同时，开始大量承接跨国公司贴牌代工订单，扩大原始资本积累。此时的安踏体育，绝大部分资源和精力投入在设计、生产和销售上，营销推广方面的投入几乎可以忽略不计，几年下来，产销虽顺风顺水，但品牌却一直不声不响。

2. 1997～2006年：多维度构建品牌

品牌不声不响，产品附加值和利润也就高不起来。于是，安踏体育决定抛弃“酒香不怕巷子深”的经营思路，转向学习海外企业的品牌化路子，多维度构建品牌。第一，优化品牌辨识度。1997年，安踏体育开始着手VI（全称Visual Identity，可译作视觉识别系统）设计，规范商标识别的使用。这标志着安踏体育迈出了品牌化运营的第一步。第二，扩大体育赞助投资。1999年，安踏体育聘请中国乒乓球名将孔令辉出任安踏品牌形象代言人。次年，孔令辉就顶住巨大压力摘得悉尼奥运会乒乓球男单桂冠，博得全民喝彩，而安踏体育也随之一炮而红，几乎一夜之间就成了妇孺皆知的民族品牌。除此之外，安踏体育还赞助第十三届泰国曼谷亚运会、中国男子篮球职业联赛（CBA）等大型赛事活动，夯实品牌知名度。第三，实施海外推广战略。21 世纪初，越来越多的国货走出国门，这对品牌而言具有巨大的推动力。2004 年，安踏体育相继在新加坡、希腊、匈牙利等国家和地区开设专卖店，是“国货走出国门”的先行者。第四，加大创新科研投入。2005 年，安踏体育投资 2500 多万元聘请 50 多位研究人员，建设行业首家“运动科学实验室”，专业从事篮球、跑鞋等专业运动装备的研发设计，弥补我国体育用品在科技含量上的巨大短板。第五，升级品牌推广玩法。2006 年，安踏体育推出全新品牌口号 Keep Moving（永不止步），同时搭配全球体育界经典曲目《We Are The Champions》做成电视广告投放至中央一套、中央五套等多家电视台展开高频次的宣传，目的就是让观众潜移默化、自然而然地将体育精神与安踏体育相关联。

3. 2007 ~2011年：布局多品牌战略

通过多维度构建品牌，安踏体育取得了十分可观的市场反响，尤其是运动鞋的销量，在 2001 ~2007 年连续 7 年蝉联了中国运动鞋市场年度综合占有率第一的宝座。2007 年，安踏体育在香港交易所主板上市，丁世忠担任公司董事局主席兼首席执行官。上市首日，安踏体育股价大涨 42%，并在这之后迎来高速发展期。这一时期，基于对市场的洞察与判断，安踏体育更新了发展思路，决定布局多品牌战略。首先，推出儿童青少年品牌。2008 年，安踏推出目标客群为 3 ~ 12 岁儿童青少年的 ANTA KIDS 品牌，产品涵盖服装、鞋品与相关配件等，是我国第一批进入童装童鞋领域的运动品牌。其次，收购国际高端品牌。2009 年，安踏体育高调收购国际运动休闲品牌 FILA 在中国内地、香港及澳门的业务，定位高端市场，逐步占领国内各大高端百货商场渠道。在完成对 FILA 中国区业务的收购后，安踏体育多品牌矩阵初步成形（见图 3）。ANTA KIDS 主要面向儿童青少年鞋服市场，安踏主要面向大众中低端性价比体育用品市场，FILA 面向大众高端运动休闲市场。

4. 2012 ~2013年：主动求变转零售

2011 年，一股寒流席卷中国体育用品行业。国内品牌运动服、运动鞋产品的年度市场销售额在 2008 年北京夏奥会后首次出现下跌，诸多常年保

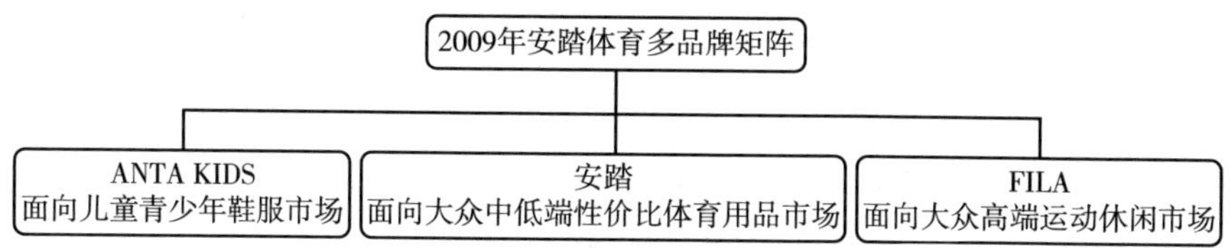

图3　2009 年安踏体育多品牌矩阵初步成形

持两位数增长的国产品牌企业也出现了不同程度的业绩下滑。这一年，安踏体育是一众国产体育用品企业当中为数不多的“幸运儿”，仍然将同比增长率保持在20%的水平。但随着行业寒流的进一步加剧与扩散，安踏体育也受到了强烈的影响和波及。2012 年，安踏体育同比增长率急转直下，由正转负，从正增长 20.1% 跌至负增长 14.4%，次年虽做出及时调整，情况有所好转，但同比增长率仍然是负增长 4.5%。基于“行业寒冬”的大环境，安踏体育只好主动求变，审时度势“拿自己开刀”，抛却传统的品牌批发模式，拥抱更适合当下形势的品牌零售模式。

5. 2014 ~2019年：深耕垂直与细分

这一时期，一方面，安踏体育实现了转型升级。鉴于国内体育用品行业受“寒冬”影响发展放缓的全局环境，安踏体育加快自身变革，实施零售转型战略，从原来的品牌批发模式转型升级为品牌零售模式。在以品牌零售为主的导向下，安踏体育将组织架构全面贴近消费者，重点提升终端店铺和零售商的竞争力，合理削减资源布局和品牌推广支出，投入大量资金资源对终端店铺进行改造，提升终端售罄率及表现力，提升终端跟消费者之间的亲和力，进而提升售卖力。另一方面，安踏体育进一步深耕垂直领域与细分市场。凭借更具底气的资本实力，安踏体育回归多品牌战略，扩充多品牌矩阵。①发力户外市场。2015 年安踏体育作价千万美元收购俄罗斯户外品牌斯潘迪（SPRANDI），借此发力中国低价运动鞋及俄罗斯市场。②开拓滑雪细分市场。2016 年，安踏体育与日企合资拿下迪桑特（DESCENTE）在中国的独家经营权以及从事带有“DESCENTE”商标的所有类别产品的设计、销售及分销业务的权益。DESCENTE 是日本知名运动品牌，主打滑雪用品。

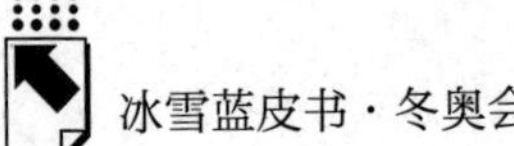

③扩充童装童鞋市场。2017 年，安踏体育完成对童装品牌小笑牛（KINGKOW）100% 收购，瞄准中高端儿童青少年体育用品市场，扩充原本只有 ANTA KIDS 的童装童鞋品牌队伍。④加大户外布局力度。2017 年，安踏体育与韩国户外品牌 KOLON SPORT 成立合资公司，拿下中国大陆与港澳台地区的独家经营权，主打登山、徒步、野营等户外体育用品。⑤并购国际品牌集团。2019 年，以安踏体育为首的财团宣布收购芬兰高端体育用品集团公司亚玛芬（AMER SPORTS），包括“运动装中的爱马仕”始祖鸟（ARC'TERYX）、法国户外越野品牌萨洛蒙（SALOMON）、美国网球装备品牌威尔逊（WILSON）、奥地利滑雪装备品牌阿托米克（ATOMIC）、芬兰运动腕表颂拓（SUUNTO）等著名品牌，极大地提升了安踏体育在各个体育用品垂直领域与细分市场的知名度和专业度。

B.10
“互联网 + 大数据 + 冰雪”的探索之路
——以国际数据亚洲集团“冬博会”为例

国际数据亚洲集团（IDG Asia）*

摘　要： 国际数据亚洲集团（IDG Asia）是世界知名的创业投资、展览会议、市场研究、媒体传播整合服务平台。北京携手张家口成功申办2022年冬奥会推动了冬季运动展会蓬勃发展。国际数据亚洲集团（IDG Asia）与北京奥运城市发展促进会共同主办的国际冬季运动（北京）博览会逐渐发展成为国内乃至世界冰雪展会的典范。本文从国际数据亚洲集团（IDG Asia）业务入手，阐述与分析其对冰雪产业发展的带动作用及其为“三亿人参与冰雪运动”做出的贡献，诠释了中国社会力量积极参与中国冬季奥运会的重大意义。

关键词： 冰雪展会　体育产业　风险投资　社会力量

一　关于国际数据亚洲集团

国际数据亚洲集团（IDG Asia）是世界知名的创业投资、展览会议、市场研究、媒体传播整合服务平台，依托雄厚的国际资源，深耕中国市场三十

* 国际数据亚洲集团（IDG Asia），世界知名的创业投资、展览会议、市场研究、媒体传播整合服务平台，依托雄厚的国际资源，深耕中国市场三十多年，积累了丰富的中西文化融合、共赢发展之经验，拥有良好的政府关系和稳定创新的国际化专业团队。

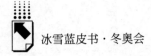

多年，积累了丰富的中西文化融合、共赢发展的经验，拥有良好的政府关系和稳定创新的国际化专业团队。

二 主要冰雪项目介绍

（一）国际冬季运动（北京）博览会

国际冬季运动（北京）博览会［World Winter Sports（Beijing）Expo，以下简称“冬博会”］于2016年起每年在中国北京举办，经过3年发展，已成为全球规模最大、最权威的冰雪产业展会之一。

冬博会由北京奥运城市发展促进会与国际数据亚洲集团（IDG Asia）共同主办，由北京奥运城市发展促进中心与爱奇会展有限公司承办，以专业化、国家级水准定位，得到北京2022年冬奥会和冬残奥会组织委员会、中国奥林匹克委员会、中华全国体育总会等组织的支持。冬博会以推动中国冬季运动知识普及和带动“三亿人参与冰雪运动”为目标，逐步发展成为全球性的专业权威的冬季运动展会，并将助力冬奥会筹备，促进中国体育运动的全面进步，引领冬季运动产业在中国蓬勃发展。

图1　2019国际冬季运动（北京）博览会LOGO

冬博会通过资源整合，搭建"一站式"采购平台，深入挖掘中国巨大的冰雪产业市场；致力于构建国际冬季运动交流渠道，引入国际冰雪产业产品和服务链，充分拉动中国乃至全球冰雪产业发展；促进中国冬季运动全面进步，吸引民众广泛关注和全面参与。冬博会为国内国际相关企业实现品牌推广、拓展全球市场、发展渠道商和经销商带来前所未有的机遇。

国际奥委会主席托马斯·巴赫在致2018年冬博会的贺信中表示，冬博会自2016年举办以来，现已成为2022年北京冬奥会举办前一个促进冬季运动发展的最好平台，是助力实现带动"三亿人参与冰雪运动"目标、促进冰雪产业快速发展的强有力推手。"国际奥委会和中国将携手实现在奥运之城北京再次创造历史的梦想。与我们的中国朋友并肩合作，将举办一届精彩的北京2022年冬奥会的'中国梦'变为现实，为此我们深感荣幸。"

国际奥委会副主席、北京2022年冬奥会协调委员会主席胡安·安东尼奥·萨马兰奇在率领协调委员会完成对北京冬奥会筹办的考察后，在2018年冬博会开幕式暨主论坛上表示，"三亿人参与冰雪运动"不仅是中国的目标，也是国际奥委会的目标；为了实现这个目标，国际奥委会、国际单项体育组织将联合起来支持中国；冬博会是个非常好的机会，让人们更加关注中国冬季运动，提高大家的参与度。

（二）冰雪孵化中心

2017年9月，国际数据亚洲集团（IDG Asia）与北京首钢集团共同发起冰雪产业基金，成立冰雪产业创业孵化器，聚焦冰雪产业，打造冰雪行业生态，共同推动2022年北京冬奥会备战和国家体育产业示范区建设高效有序发展，致力于将首钢园区打造成为奥林匹克运动推动城市发展的典范以及工业遗址再利用和工业区复兴的典范。

IDG亚洲冰雪孵化中心位于北京市石景山区首钢园区内，毗邻冬奥会组委会，是国内第一个针对冰雪行业的创业孵化中心，是吸纳体育、科技、文化创意类企业的创新型孵化中心，旨在孵化国内外冰雪体育创新创业项目，为中小型冰雪行业创新机构提供新平台。IDG亚洲冰雪孵化中心已筹备50

亿元专项体育基金，为全面挖掘和培养中国冰雪体育产业的独角兽、共同推动 2022 年北京冬奥会备战和国家体育产业示范区建设做准备。

孵化中心让“体育 + 产业”集聚冬奥广场，入驻企业将按照发展需求分布在三大功能区域：国际型办公区域，进驻企业重点发展方向为国际体育组织运行、赛事运营、体育 IP 交易等；高速成长型办公区域，进驻企业重点发展方向为体育科技、体育装备研发、体育传媒、体育中介、体创孵化等；体育休闲体验区域，进驻企业重点发展方向为场馆运营、体育休闲、体育装备、运动体验消费、体育培训、体育文化等。

IDG 亚洲冰雪孵化中心将为入驻企业提供六大服务：①设立投资者联盟，依靠强大的资本网络和丰富的资本运营经验，通过资本的有效利用培养体育科技类的下一个独角兽；②提供从投融资服务到市场推广的一系列必要服务，为具有发展潜力的公司和项目加速赋能；③提供市场渠道，通过企业资源池或定向对接，为企业打通产业上下游及走向市场的业务渠道，促进达成交易；④提供体育科技展示及体验专区，通过智能设备、互动屏幕等多种形式展示体育科技前沿技术和创新型运动体验，直观呈现加速成果；⑤与政府对接、享有专项优惠政策，同专业服务形成配套，提供方便、舒适和专业的办公空间；⑥通过整合优质服务商，提供面对面、一对一的专业咨询及企业服务。

图 2　冰雪孵化中心

（三）中国体育文化博览会和中国体育旅游博览会

中国体育文化博览会由国家体育总局和中国奥委会主办，是经国务院批准，目前国家体育总局唯一主办的博览会；中国体育旅游博览会由中华全国体育总会、中国奥委会和中国旅游协会主办（中国体育文化博览会和中国体育旅游博览会以下简称"两博会"）。"两博会"均由广州市人民政府、国家体育总局体育文化发展中心、国际数据亚洲集团、爱奇体育有限公司承办。

2018年"两博会"展览面积3万平方米，吸引了530余家参展品牌、15.3万人次参观参与，同期举办了平行论坛及配套活动20余场。国内外550余家媒体对"两博会"的国际化、专业化、市场化、高端化进行了客观、积极、正面的宣传报道，充分肯定了"两博会"平台的高标准、高品位、高水平，以及其促进体育文化、体育旅游融合发展的作用。

2019年"两博会"于2019年11月28～30日在广州保利世贸展览馆举行。"两博会"以"华章七十载体育新起点"为主题，展览面积3万平方米，预计吸引600余家参展品牌、16万人次参观参与，举办20余场平行论坛及配套活动，会聚240余名演讲嘉宾，吸引来自全球的600余家媒体，预计报道篇幅超2000篇。

2019中国体育文化博览会 中国体育旅游博览会
CHINA SPORTS CULTURE EXPO CHINA SPORTS TOURISM EXPO 2019

图3　2019中国体育文化博览会和中国体育旅游博览会LOGO

"两博会"立足国家战略，面向国际，全方位构建国际化、专业化、市场化、高端化的体育文化、体育产业融合发展及展示交易平台，提升国际化水准，开创发展的新局面。"两博会"连接国际国内体育文化和旅游产业渠道，推动国内外的体育文化、体育旅游的聚集整合和对接交流，促进体育文化建设和体育旅游融合发展。

三 2019国际冬季运动（北京）博览会

在2022年北京冬奥会的筹办任务的推动下和国家对冰雪事业发展政策的促进下，有关冰雪的各项活动如火如荼，冰雪主题的各种展会次第拉开序幕。伴随冰雪成为近期焦点，冰雪展会经济正在形成，成为冰雪事业发展的重要成果和受益者。具有官方背景的冬博会成为其中代表性的冰雪专业展会。作为展示装备产品、汇聚行业信息、进行商贸洽谈的平台，冬博会已经成为行业经济发展非常重要的助推器。

2019年冬博会将延续“冰雪力量”的主题，以国际化（深化国际交流合作：国际奥委会支持、国际冬季单项体育组织参与、主宾国活动举办、海外推介及项目对接）、产业化（助力冰雪产业创新：冰雪创业争霸赛、打造冰雪孵化专区、国内外初创冰雪企业展示、助力优质冰雪项目落地）、大众化（大众冰雪嘉年华：夏末娱乐冰雪盛会、冬奥知识普及、冰雪运动体验）为亮点，含展览展示、主题论坛、产业交流及配套活动等模块，展览面积3万平方米，将举办平行论坛及配套活动20余场，吸引来自全球的600余家参展品牌、240余名演讲嘉宾、600余家媒体跟进、参与，参观人数16万人次，专业观众2.4万人次。

图4 2019国际冬季运动（北京）博览会主宾国——芬兰

冬季奥运项目国际单项体育联合会协会有国际雪橇联合会、国际雪车联合会、国际滑雪联合会、国际冰球联合会、国际滑冰联盟、世界冰壶联合会、国际冬季两项联盟。

国内协办单位有国家体育总局体育器材装备中心、中国残疾人联合会宣传文化部、北京市委宣传部、北京市教育委员会、北京市公安局、北京市财政局、北京市商务委员会、北京市旅游委员会、北京市延庆区人民政府、北京市人民政府外事办公室、北京市体育局、共青团北京市委员会、张家口市人民政府、北京奥林匹克公园管理委员会、北京市国有资产经营有限责任公司、北京北辰实业集团有限责任公司等。

（一）往届回顾

2018 年第三届冬博会以"冰雪力量"为主题，通过展览展示、"主论坛 + 平行论坛"、产业对接、专场推介等形式，融合冬季运动、冰雪产业、旅游休闲、青少年培训等多个方面内容，全面涵盖冰雪产业链。2018 年冬博会吸引了中外 530 余家参展品牌，参观人数 15.3 万人次，专业观众 2.4 万人次（见表 1）。

表 1　冬博会概况

项目	2018 年概况	2019 年概况
展览面积	3 万平方米	3 万平方米
参观人数	15.3 万人次	16 万人次
参展品牌	530 余家	600 余家
平行论坛及配套活动	20 余场	20 余场
专业观众	2.4 万人次	2.4 万人次
演讲嘉宾	220 余名	240 余名
媒体跟进	550 余家	600 余家

2018 年冬博会观众主要来自采购系统，占比 30%。其次分别为冬季运动行业占比 15%、体育系统占比 12%、旅游系统占比 10% 等（见图 5）。

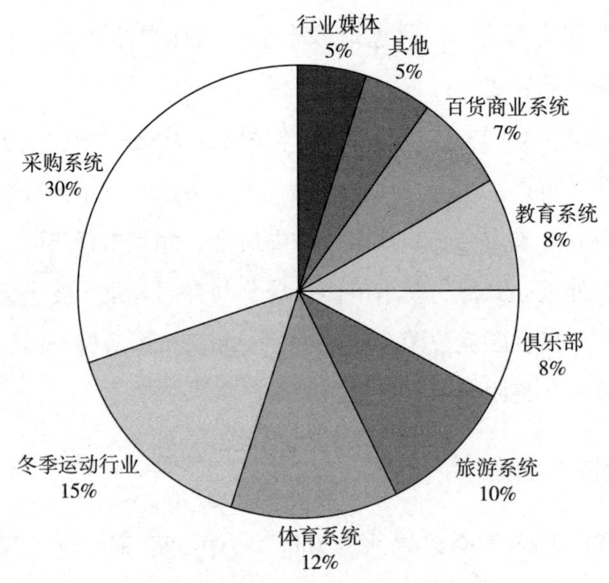

图5　2018 年冬博会观众构成

相比 2016 年首届冬博会，2018 年冬博会展览面积增长 36%，参展品牌增长 155%（见图 6）。

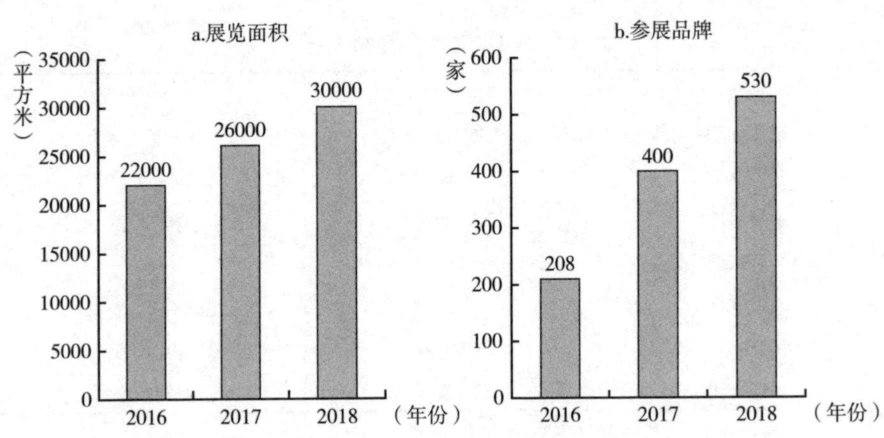

图6　冬博会展览面积与参展品牌

相比2016年冬博会，2018年冬博会专业观众数量增长300%，参观人数增长53%（见图7）。

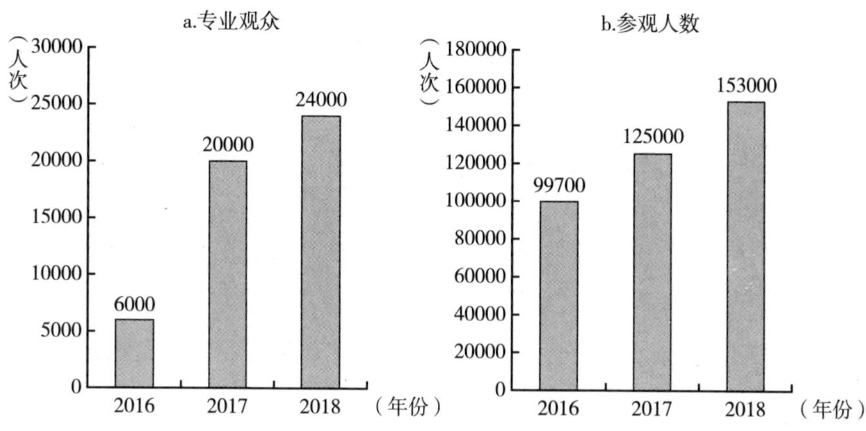

图7　冬博会专业观众与参观人数

相比2016年冬博会，2018年冬博会媒体跟进数量增长10%，国内外媒体报道数量增长15%（见图8）。

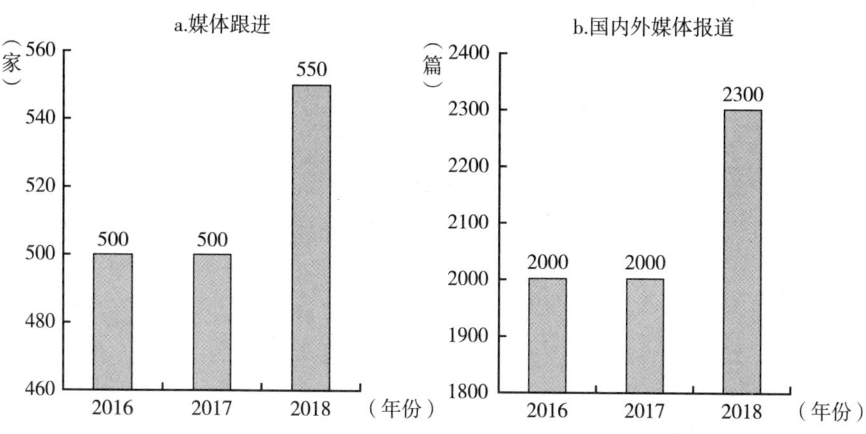

图8　冬博会媒体跟进与国内外媒体报道数量

（二）板块介绍

1. 展览展示

省市组团及冬季运动文化：省市组团、冰雪文化展示、冰雪运动培训、冰雪赛事 IP、体育科技。

冰雪孵化专区：冰雪初创企业、冰雪孵化项目、体育科技及优质冰雪孵化器。

合作伙伴专区：合作伙伴展示专区、携手推动行业发展、促进冰雪产业升级。

冰雪运动进校园：冰雪运动培训机构、青少年装备制造商、冰雪运动进校园解决方案、知名体育大学。

媒体展区：冰雪媒体联盟、冬博会官方合作媒体、体育传媒。

大众冰雪嘉年华：现场真冰秀场、冰壶、冬季两项、移动化极地冰雪、虚拟视频（AR）等系列冰雪运动体验。

奥运主题展区：奥运主题展示、国际运动组织、冬季运动知名赛区、奥运相关企业。

国家组团：主宾国和冰雪国家主题展区、地区组团。

冬季及高山技术：场地建设及设施、山地和冬季运动相关技术。

室内冰雪技术：室内冰雪技术，室内滑雪场、冰场、旱冰旱雪解决方案及配套设备设施。

户外和个人装备：冬季及户外顶级装备、冰雪运动产品、服装装备以及其他配饰。

冬季旅游目的地：中外知名雪场、旅游机构、海外及省市旅游局。

2. 主题论坛

为期 3 天的国际冬季运动（北京）博览会主题论坛是冬季运动行业关键决策者们会面、交流以及战略性地塑造地区、国家、全球冬季运动格局的平台。

主题论坛采用“开幕式 + 主论坛 + 平行论坛 + 专场活动”的形式，邀请政府领导、国际专业组织领导、国际领先企业高管、国内外专家学者、专业投资机构、国内外媒体、渠道商、产业链相关人士等参与，国际嘉宾与国内嘉宾比例为1:1，预计吸引8000名论坛听众，产生超过2000篇深度报道与超过200个签约项目。

（1）户外装备创新论坛

回顾奥运会百年历史，每一次科技进步都会大大提升奥运会的影响力，并从全新的视角，加速推进奥运进入一个完全不同的时代。智能体育会带来一个庞大的产业，包括软件的开发，智能装备硬件的升级，以及云平台的搭建和一系列智能化的服务。冬季运动行业要前瞻性地瞄准这个方向，大力推动体育智能产品的研发及市场化发展。

（2）雪场运营管理论坛

随着经济发展、社会进步、申办冬季奥运会的成功，中国的滑雪产业迎来了快速发展期，滑雪产业的快速发展也带动了雪场数量大幅增加，同时，雪场的开发和运营面临着更大的挑战。来自欧美日韩优秀雪场的经营者会聚于“雪场运营管理论坛”，他们将分享欧美日韩雪场先进的经营理念和管理经验。同时，他们还将与来自中国本地雪场的经营者展开讨论，寻找出一条适合中国雪场的发展道路。

（3）冰雪旅游发展论坛

近十年，冰雪旅游产业呈现高速增长趋势。《中国冰雪旅游发展报告（2018）》数据显示，2017～2018冰雪季，我国冰雪旅游人数达到1.97亿人次，冰雪旅游收入约3300亿元。随着北京、张家口获得2022年第二十四届冬奥会主办资格，国内冰雪旅游市场发展增速明显。冰雪旅游已经成为大部分北方城市最重要的旅游资源。冰雪旅游产业地位正逐渐加强，成为冬季旅游发展的新风向。

（4）冬季运动人才发展论坛

伴随社会发展、冬奥会进入“北京周期”，冰雪运动热潮正席卷中国，包括黑龙江省在内的很多地方甚至将冰雪运动作为振兴当地经济发展的“白色产业”。但在愈演愈烈的建设热潮中，这样的产业“转身”仍要面对一系列短板，而主要短板就是人才缺乏。“冬季运动人才发展论坛”将邀请体育局领导、体育高校校长与雪场经营者共同探讨中国冬季运动人才短缺问题的解决之道。

（5）营地设计与营地教育论坛

北京、张家口成功申办2022年冬奥会给中国冰雪运动带来了历史性机遇，随着国家和地方冰雪运动发展规划陆续出台，冰雪运动开始进入“南展西扩”阶段。青少年作为中国冰雪运动推广的突破口，“冰雪运动需从娃娃抓起”已经成为共识。“营地教育”和“冰雪运动”是相互依存的关系。近两年来，以冰雪运动为主题的优质冬令营开始出现供不应求的局面，不少雪场也开始积极探索四季运营的亲子业态和教育形式。

3. 配套活动

冬博会期间，配套活动主要有国际冰雪智库、中芬冬季运动年系列活动、《中国冰雪产业发展研究报告》发布、WS TOPS冰雪产业大会、冰雪大咖说、冰雪创业争霸赛、青少年冰雪赛事、大众冰雪嘉年华等。

（1）国际冰雪智库

国际冬季运动（北京）博览会组建的国际冰雪智库是由国际奥委会、国际七大冬季运动单项体育组织、奥运主办城市等政府和组织中的高级官员、冰雪行业细分领域领袖、跨国冰雪企业高管、顶级冬季运动院校专家、冬季运动世界冠军等组成的综合性、高规格的行业研究咨询机构。

它依托冰雪行业各领域高层次人才，集中欧美冰雪产业创新的思维、丰富的专业资源和强大的人脉关系，围绕中国冰雪产业发展过程中的实际问题，搭建政策、规划、运营、财务等专业领域的沟通交流平台，集合专家权威意见发布前沿理念趋势报告，提供专业的策略性研究咨询服务，为冰雪产业大项目输出综合解决方案。

（2）中芬冬季运动年系列活动

中国与芬兰以举办2022年北京冬奥会为契机，开展冬季项目和冬季奥运会筹办方面的合作，将 2019 年确立为“中芬冬季运动年”。冬博会上将进行两国冰雪资源推介、优质企业对接、重点项目签约、城市交流会、冬季旅游精品项目推介等多个活动。

（3）《中国冰雪产业发展研究报告》发布

由国际数据亚洲集团联合华腾冰雪产业机构于 2016 年推出的融合冰、雪两大产业板块的行业报告《中国冰雪产业发展研究报告》（以下简称《报告》），已连续 3 年在冬博会上正式发布。2018 年冬博会期间，首次以中英文双语向国内外发布。

《报告》每年调研和盘点中国冰雪产业发展情况与趋势变化，通过数据调研与资料收集，对包括政府主管部门、协会组织、冰雪场馆、业界企业、冰雪俱乐部、冰雪爱好者等群体进行走访与科学统计。《报告》在国家和政府层面开展冰雪产业相关调查研究，在为国家冰雪产业相关政策制定提供数据支持等诸多方面起到了重要的协同作用。《报告》期冀通过持续的调查研究和深度的趋势洞察，更好地为促进中国冰雪业界同国际冰雪业界间更加紧密的交流与合作服务。

（4）WS TOPS 冰雪产业大会

WS TOPS 冬季运动奖作为中国深具影响力的冰雪行业年度评选奖项，秉承权威、专业、客观、全面的评选理念而深受认可，对发掘和彰显中国冰雪行业优秀品牌与领导力量做出了突出贡献。WS TOPS 冬季运动奖精准深入地剖析整个冰雪行业的发展，旨在通过专业团队的调研与统计工作，融冰雪运动、文化娱乐、教育培训、装备设备等于一体，面向广大公众全方位展示和推介冰雪行业前沿动态。

（5）冰雪大咖说

由冬博会联合人民体育推出的冰雪产业人物专题《冰雪大咖说》将于 2019 年正式上线，该栏目将对来自相关政府部门、国际组织机构、冰雪院校、领头企业等业界人士结合当下冰雪最热话题，进行人物访谈与主题讨论，深入探讨、梳理中国冰雪产业发展脉象，给予行业发展更多创新思想和启示。

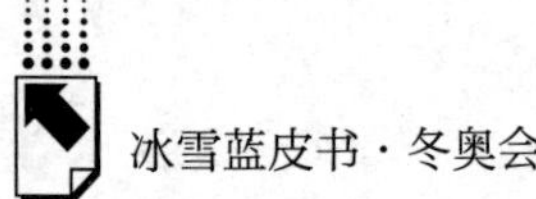

作为2019年冬博会全年重点宣传活动之一，《冰雪大咖说》也为行业内重点企业提供发声平台，对企业而言无疑是一次高质量的媒体曝光。

（6）冰雪创业争霸赛

中国冬季运动方兴未艾，体育产业发展和创新创业大潮也为冰雪市场注入无限商机。国际数据亚洲集团联合多家投资机构开展冰雪创业争霸赛，从冰雪运动装备、雪场及旅游目的地、冬季旅游文化、赛事推广营销、冰雪AR/VR等相关领域中选拔优秀创业项目，在冬博会进行集中路演、交流与投资，通过冬博会这个平台发现孵化一批冰雪创新创业项目，创造中国冰雪产业的“未来之星”。2018年冰雪创业争霸赛活动主题是希望通过冰雪运动来点燃冰雪创业，探讨冰雪体育领域创新创业项目和投资趋势。

（7）青少年冰雪赛事

为激发大众对冰雪运动的热情，鼓励广大青少年参与冰雪运动，全面培养冰雪人才，2019年冬博会筹备期间将推出一系列观赏性高的青少年冰雪赛事，如冰球邀请赛、滑雪比赛、花滑比赛、冰壶比赛等。邀请深度参与冰雪运动的青少年参加竞技类赛事。

赛事以俱乐部或学校为参赛单位，采用多轮对决淘汰赛制，最终对决赛将呈现于冬博会现场。

（8）大众冰雪嘉年华

以“大众冰雪嘉年华”为主题，整体规划冰雪体验区，打造为期4天的夏末娱乐冰雪盛会，通过吸引市民积极参与体验冰雪系列活动，普及冬季运动。如室内真雪体验、真冰场互动、冰壶体验、模拟滑雪体验、越野滑雪体验、冰雪电子音乐派对、冰雪Baby评选、冰雪旅游线路定制、户外服饰秀、冬季装备采购会等。

作为2019年冬博会大众冰雪嘉年华亮点活动之一，冰雪Baby评选以传播中国冰雪形象、普及冬季运动及奥运知识、带动大众参与热情为宗旨，将从高等院校及社会各界评选出1～2名公众形象健康，有较高知名度、美誉度、影响力、感召力的冰雪大使。

（三）冬博会特点

1. 承担使命助力北京冬奥

冬奥会2022年在北京举办，打破了冰雪产业发展以冰雪运动水平为基础的经济规律，随着冰雪竞技运动的发展、冰雪运动在群众中的普及，冰雪产业发展得到同步推动。从2015年底开始，与冰雪有关的各种政策、通知及规划层出不穷，冰雪场地设施、冰雪赛事活动、冰雪机构公司、冰雪业态种类均呈快速发展趋势。正是在这样的特殊背景下，中国的冰雪展会业获得了巨大的发展契机。

冬博会是我国在申办2022年冬奥会时对国际社会做出的庄严承诺。自2016年首届冬博会举办以来，国际奥委会、冬季奥运项目国际单项体育联合会以及海内外相关机构深度参与、积极支持，并给予高度评价。配合2022年北京冬奥会的筹办，冬博会在推动冬季运动普及、促进中国体育运动的全面进步、引领冬季运动产业在中国蓬勃发展等方面的作用日益凸显。

展会经济缘起于市场需要，目标是服务市场。在政府强力推动下，冰雪产业快速发展，国际展会为冬奥会提供交流和展示平台。2022年北京冬奥组委连续三年亮相冬博会，宣传冬奥会筹办工作进展、赛区分布和场馆规划、冬奥会和冬残奥会运动项目，以及举办知识竞赛。

2. 立足高点打造国际盛会

冬博会立足国际化、专业性、权威性、大众化，经过三年的发展，已成为我国冬季运动产业展会的新品牌。从展览的面积、论坛的规模、吸引观众的数量，以及专业人士的构成和数量上来讲，冬博会已是世界上最大的冰雪产业专业博览会之一。

2019年冬博会将进一步突出国际化。2019年是中芬冬季运动年，继瑞士和奥地利，芬兰成为第三个冬博会主宾国。此外，冬博会也吸引了越来越多国家，从冰雪强国到“一带一路”沿线的冰雪特色国家都以不同形式参与。随着冬奥会进入“北京周期”，冬博会加强与国际体育组织和相关机构的沟通，为北京建设国际体育中心城市创造了良好的国际环境。

3. 打造永不落幕的冰雪盛会

冬博会不仅帮助参展商在展会期间实现签约，在展会之后，继续帮助参展商牵线搭桥，招商引资，通过搭建平台，促进冰雪旅游、冰雪文化、冰雪教育、冰雪科技等行业的融合，推动产业的可持续发展。打破展会行业单一的、短期的线下展览模式，使展会全年度常态化地进行，让交易和展览不局限于每年一届的大会，保持整个体育行业高频互动。

国际借鉴篇

International References

B.11 由1998年长野冬奥会看冬奥会影响力

赵昀昀　宋志勇*

摘　要： 日本滑雪产业发展已有超过百年的历史。受两次冬奥会影响，日本滑雪产业在1970～1990年经历了快速发展，滑雪人数创造了历史新高。本文将以1998年长野冬奥会为例，通过描述日本在筹办长野冬奥会过程中的有效举措，分析冬奥会对举办国家与城市的积极影响，以助力2022年北京冬奥会，实现中国冰雪产业再发展。

关键词： 长野冬奥会　人才优势　志愿者服务

* 赵昀昀，北京卡宾冰雪产业研究院研究员，主要研究方向为冰雪产业；宋志勇，北京安泰雪业企业管理有限公司副总裁，中国滑雪指导员培训师、考官，主要研究方向为滑雪场运营与滑雪学校运营。

一 日本长野县概况

日本长野县（Nagano-ken）位于日本本州岛中部多火山地区，地处东京西北方向，距离东京200多公里，拥有13座3000米以上的火山，旅游资源与自然资源丰富。长野县被日本阿尔卑斯山脉环绕，海拔高达2000~3000米，常被称为“日本的屋顶”，是全日本海拔最高的地区，设有许多宇宙观测设施，开展了极具特色的“星空观赏旅游”项目，是日本首屈一指的观光县。长野县空气质量高，是所有县中$PM_{2.5}$唯一未曾超标的地区。

长野县全县地势较高，平均气温偏低，天气较干燥，温差非常大。北部靠近新潟县境附近，海拔约1100米，多降雪，属日本海式气候，降雪量充足，在冬季有3米以上的积雪，是开展冬季滑雪运动的胜地，以及夏季高尔夫、网球和徒步旅行的度假区。

长野县拥有百年滑雪历史，滑雪场积雪丰厚，粉雪松软天然，堪称“粉雪天堂”，每年吸引大量国外滑雪爱好者前往，因此长野县被称为“日本的瑞士”。

表1　1998年冬奥会前长野县滑雪场设施情况

单位：个

年份	滑雪场总数	引用人工造雪的滑雪场	含单板滑雪的滑雪场	引用自动检票闸机的滑雪场
1988	107	44	—	—
1989	109	50	—	—
1990	109	61	—	—
1991	109	65	34	—
1992	110	69	40	—
1993	109	71	47	28
1994	108	73	56	31
1995	107	75	70	33
1996	110	77	78	35
1997	108	78	81	40
1998	108	82	83	40

资料来源：长野县工商部旅游科。

二　1998年长野冬奥会

日本长野县曾获得1940年冬奥会主办权，但因二战无缘举办。[①] 1990年，长野第三次提出申办。1991年6月，国际奥委会第九十七届会议上，长野县击败西班牙的哈卡、美国的盐湖城、瑞典的俄斯特松德和意大利的瓦尔达奥斯塔，获得了1998年冬奥会的主办权。

1998年2月7~22日，长野以长野奥林匹克体育场为主体育场，举办了第十八届冬季奥林匹克运动会。继1972年札幌冬奥会之后，长野冬奥会是第二届在日本举办的冬季奥运会。

长野冬奥会共有6个大项68个小项的比赛，吸引了72个国家和地区的2176名运动员、2333名官员参加，其中女运动员787名、男运动员1389名，[②] 参赛代表团数目及参加运动员人数均为冬奥会史上最多。参与报道此届赛会的新闻记者共有8329名，其中文字记者2586名，广播记者5743名。大会共招募超过32000名志愿服务者。

长野冬奥会申办委员会秉承“尊重自然之美与恩惠”“促进和平与善意”的原则、围绕“冬奥源于心——与爱同在”理念规划了此届冬奥会，并为实现这一理念设定了儿童参与、致敬自然与和平友谊三个基本目标。

（一）冬奥元素

长野冬季奥运会会徽为“五彩的雪花”，由富有动感的运动员与雪花图案混合组成，象征着冰雪项目的角逐。长野冬奥会火炬高55厘米，重1.3千克，设计理念源自日本古代火把。

长野冬奥会奥运圣火分为三部分在日本各地传递，传递人数达到6901人，有超过550万参与者。1998年2月6日，三团圣火在长野县汇聚。

---

① 冬季奥运会1940年及1944年因战争停办两届，1948年恢复举办。

② 数据来自国际奥委会官网。

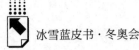

1998年长野冬奥会印制了五种官方海报和七种运动专用海报。其中，为开幕式制作的特别海报被指定为第十八届冬奥会的官方海报，供后人保留。海报显示了黎明时分在山上滑雪杖上栖息的画眉（见图1），寓意人与大自然和谐相处。

图1　1998年长野冬奥会会徽、火炬、海报

长野冬奥会吉祥物是4只猫头鹰（见图2），分别为寸喜（Sukki）、能城（Nokki）、家喜（Lekki）和都木（Tsukki），代表火、风、地和水4种不同的森林生命组成要素。4只吉祥物取名为“snowlets”，即“snow”和“let′s”，寓意“让我们参加冬奥会”。这是首次以4只动物做吉祥物的奥运会。

为了突出地方特色，1998年长野冬奥会奖牌使用了涂漆技术。即将漆涂在圆形的黄铜板上，运用泥金画、景泰蓝和精细的金属加工技术制作而成。奖牌正面是橄榄枝环绕的朝阳，以及奥运会标志。奖牌背面是用泥金画技术描绘的信州地区群山及此届冬奥会的标志（见图2）。奖牌直径8厘米，厚度9.7毫米，金牌重256克，银牌重250克，铜牌重230克。

（二）成绩

1. 总成绩

1998年长野冬奥会是日本继1972年札幌冬奥会后举办的第二届冬奥会，

图 2　1998 年长野冬奥会吉祥物与奖牌

也是20世纪最后一届冬奥会。此届冬奥会创造了多项世界纪录与奥运纪录，具有非凡的历史意义，是冬奥会历史上的一次盛会。

荷兰获得5金4银2铜的战绩，从以往金牌榜上的十几名上升至第六名；阿塞拜疆、肯尼亚、前南斯拉夫马其顿共和国、乌拉圭和委内瑞拉首次参加了冬奥会；单板滑雪第一次成为冬奥会的正式比赛项目；冰壶重新成为冬奥会的正式比赛项目；冰球比赛第一次向职业运动员开放；女子冰球也成为冬奥会的正式比赛项目。

在长野冬奥会中，德国获得12枚金牌、9枚银牌和8枚铜牌，位居奖牌榜第一；挪威排名第二，金牌、银牌、铜牌分别是10枚、10枚、5枚；俄罗斯以9金、6银、3铜排名第三；美国在此届赛会总共获得6金、3银、4铜，排名第五；东道主日本获得5枚金牌、1枚银牌、4枚铜牌，位居奖牌榜第七（见表2）。

表 2　1998 年长野冬奥会奖牌榜

单位：枚

名次	国家/地区	金牌	银牌	铜牌	总数
1	德国	12	9	8	29
2	挪威	10	10	5	25

续表

名次	国家/地区	金牌	银牌	铜牌	总数
3	俄罗斯	9	6	3	18
4	加拿大	6	5	4	15
5	美国	6	3	4	13
6	荷兰	5	4	2	11
7	日本	5	1	4	10
8	奥地利	3	5	9	17
9	韩国	3	1	2	6
10	意大利	2	6	2	10
11	芬兰	2	4	6	12
12	瑞士	2	2	3	7
13	法国	2	1	5	8
14	捷克	1	1	1	3
15	保加利亚	1	0	0	1
16	中国	0	6	2	8
17	瑞典	0	2	1	3
18	乌克兰	0	1	0	1
19	丹麦	0	1	0	1
20	白俄罗斯	0	0	2	2
21	哈萨克斯坦	0	0	2	2
22	英国	0	0	1	1
23	澳大利亚	0	0	1	1
24	比利时	0	0	1	1
总数		69	68	68	205

2. 中国的成绩

长野冬奥会上，中国代表团参赛人数达到新高，共有 60 名运动员参加了滑冰、冰球、滑雪、冬季两项四大项，短道速滑、女子冰球、花样滑冰、自由式滑雪、冬季两项、越野滑雪等共 40 个单项的比赛，获得 6 枚银牌和 2 枚铜牌，创下中国参与冬奥会以来取得奖牌数量的新高。尤其是短道速滑项目，男女 6 个项目均获得奖牌。徐囡囡以 186.97 分夺得女子自由式滑雪空中技巧比赛银牌，为中国代表团实现了冬奥会雪上项目奖牌“零”的突破，李佳军夺得短道速滑男子 1000 米银牌，是中国冬季奥运会史上获得的第一枚男子奖牌（见表 3）。

表3　长野冬奥会中国队奖牌榜

姓名	项目	成绩
杨阳	短道速滑女子500米	银牌
杨阳	短道速滑女子1000米	银牌
杨扬、杨阳、王春露、孙丹丹	短道速滑女子3000米接力	银牌
李佳军	短道速滑男子1000米	银牌
安玉龙	短道速滑男子500米	银牌
徐囡囡	女子自由式滑雪空中技巧	银牌
李佳军、安玉龙、袁野、冯凯	短道速滑男子5000米接力	铜牌
陈露	花样滑冰单人滑女子组	铜牌

（三）主要场地

1. 志贺高原

志贺高原位于长野县东北部，平均海拔接近2000米，是长野冬奥会单板滑雪和高山滑雪项目举办地。志贺高原有70多个湖泊、池塘及大量的植物，入口处有汤田中温泉、涩温泉、奥志贺温泉等九大天然温泉，自然景观丰富。

志贺高原共分布着18个滑雪场，是日本规模最大的国际化滑雪度假目的地。最初在1947年1月对外营业，拥有日本第一条滑雪缆车，曾培养出日本第一位获得冬奥会奖牌的运动员。

2. 白马村

白马村坐落在日本北部阿尔卑斯山脉脚下，是北欧滑雪项目和高山速降项目的比赛场地。其中男子和女子速降、超级大回转和综合项目比赛在八方尾根滑雪场举行，同时新建了跳台滑雪场地和越野滑雪场地。

白马村平均年降雪量11米，曾被称为“日本的阿尔卑斯山”。白马村最初由荷兰国际集团开发作为登山和滑雪基地，搭配各种体育和休闲活动，如网球、跳伞、露营、山地自行车等。冬天，不同的滑雪场为滑雪爱好者提供各种地形。白马村是世界上唯一将跳台滑雪场地向游客全面开放的冬奥会举办地。

3. 轻井泽

轻井泽位于长野县东南部、海拔2568米的活火山下，是长野冬奥会冰壶比赛场地。1964年，轻井泽曾举办东京夏奥会马术比赛。

轻井泽距离东京约1个小时火车车程，是一处综合度假区，涵盖高尔夫球场、网球场、商店和其他休闲设施，还有130多种不同种类的野生鸟类，吸引了世界各地游客，被称为"东京的后花园"。2017年轻井泽官方数据显示，轻井泽常住人口约8500户19083人，其中大部分是日本人，外国人仅有367人，全年游客超850万人，是全球知名的旅游胜地。

4. 野泽温泉村

野泽温泉村位于长野县，曾是1998年长野冬奥会冬季两项比赛场地。

1912年，滑雪首次被引入野泽温泉村，1924年，野泽温泉村已渐有滑雪度假胜地的趋势，并在1950年安装了第一条吊椅缆车。目前共拥有44条雪道，总长度44.5公里，垂直落差超过1000米。同时，野泽温泉村拥有日本唯一的滑雪博物馆，是日本和世界各地滑雪历史的宝库。

自1956年以来，野泽温泉村已培养多名奥运会参赛选手，当地不仅具备跳台滑雪的设施和其他专门的训练场地，还有滑雪团体提供的专家指导。

野泽温泉村拥有13处免费天然温泉资源，每年举办各类相关节日活动，使游客体验滑雪温泉小镇的简单生活。

（四）预算

1998年长野冬奥会的冬奥组委成立于1991年，并于1999年解散。1994~1995年期间，外汇市场的剧烈波动使长野冬奥会预算出现赤字。受经济困难和预算限制，日本奥委会集中精力最大限度地利用如出售电视转播权等方式来增加收入，同时通过努力开展简单而有效的赛事业务来削减消耗。修订后的财务计划于1997年3月在执行委员会第十七次会议上通过。

修订后的财务计划的主要变化包括重新计算美元兑日元汇率，从原来的1美元兑95日元调整为1美元兑115日元，以反映现行汇率。此外，还修订了开支，如增加对信息和电信系统的支持，以便能够实时准确地提供赛事结果；还增加了对广播设施的投入，以便提供最高标准的国际信号。此外，政府拨款在每个赛场装设巨型电视屏幕，并改善场地设施，提高比赛对观众的吸引力。

通过出售电视转播权和采取积极主动的营销计划而产生的收入为冬奥会运营提供了主要的资金来源。赞助商提供的高质量、环保的产品和技术服务也是举办“高科技奥运会”的重要组成部分，有助于实现“尊重自然之美”这一长野冬奥会的目标。

冬奥组委在1997年3月的财务计划中，制订了电视转播权持有人及市场推广计划的收入目标。其中，电视转播权346亿日元，赞助计划281亿日元。①

最终的收入超过了这些目标，其中，电视转播权实现了354亿日元收入，营销实现了313亿日元收入。

长野奥委会在1998年3月冬奥会结束后公布了1991～1998年期间的收入和支出估计数，并在1998财政年度结束后的1998年7月再次公布了相关估计数（见表4、表5）。

表4　1998年长野冬奥会收入

单位：亿日元

项目	1998年3月(估)	1998年7月(估)
电视转播权收入	352	354
营销	297	313
门票销售等	102	105
地方政府补贴(人员)	72	66
地方政府补贴(运营)	50	50
彩票	100	100
设施使用/住宿	40	40
捐款、公开比赛	87	97
其他	0	14
合计	1100	1139

① 此处美元兑日元汇率以115为准。

表 5　1998 年长野冬奥会支出

单位：万美元

项目		1998 年 3 月(估)	1998 年 7 月(估)
行政/人事		143	144
操作费用	规划及联络	51	50
	营销	61	59
	公共关系及媒体支持	221	216
	资讯及电信系统	189	184
	赛场运作	158	159
	设备	198	207
	住宿、交通、安全	78	74
	奥林匹克运动推广	0	45
	小计	956	994
储备资金		1	1
合计		1100	1139

三　冬奥会推动长野发展

（一）基础设施建设

1. 交通网络

面对来之不易的冬奥会机遇，日本在面临严重经济衰退的情况下，投资 11.4 亿美元，积极建设冬奥会所需场馆及交通体系。新干线的开通，提高了长野县与其他地区间的交通效率；对长野高速公路和上信越高速公路进行改造，使高速公路网不断完善，改善了长野县内部及通往东京的外部交通；新建的 115 公里的公路，连接了长野与志贺等旅游康养胜地，为改善当地的旅游交通发挥了巨大作用；长野与筱之井等主要铁路枢纽站得以扩建，乘火车由长野至东京的时长由 3 个小时缩短至 80 分钟，每年载客量超过 1000 万人次，大大刺激了日本社会经济的发展。

长野冬奥会的筹备得到了中央财政和地方财政的补助，如对重大设施建设，中央负责 50%，长野县和长野市各负责 25%。由于仅需承担部分投资，财政压力尚在政府可承受的范围之内。虽然在巨额投资下长野经济陷入长期的“后奥运萧条”，1999 年制造业产值整体水平下降 30%，211 家企业宣布破产，下降速度创造了二战以来地方经济衰退的最高纪录，经济衰退至赛前全国水平，但举办长野冬奥会依旧为日本带来了前所未有的发展机遇。

2. 景区质量

为提高长野县的知名度，长野县政府于 1992 年颁布了规范建设和限制广告牌的指导方针。全州的市、镇、村减少广告牌的数量并缩小广告牌的尺寸，铺设地下电缆。1997 年 10 月，日本长野县政府举办了以“向世界介绍长野风景”为主题的专题讨论会，并将其纳入冬奥会文化主题活动的一部分。

1997 年 4 月，县政府主办了会议，讨论如何处理比赛场地附近住宿的高需求。这些会议汇集了来自申办委员会、酒店业、旅游业及东道国政府代表的各类意见。

1997 年 5 月，日本设立咨询电话及传真热线。随着冬奥会的临近，咨询数量不断增加。1997 年 10 月，日本成立长野冬奥会住宿观光中心。除处理国内和国际电话及传真查询外，该中心还通过全国范围内相互连接的计算机系统提供资料。每天约收到 105 次问询，运行期间累计收到 10775 次问询。

3. 公关活动

从 1991 年起，长野地区举行了一系列会议，讨论在长野县打造国际环境的建议，使当地居民更多地接触国际思想，为外国居民在长野县的生活提供便利。长野县设立语言训练班和资讯站，出版简便的语言指引。语言义工班自 1992 年起设立，提供语言训练及鼓励义工活动。1997 年，共有 197 门课程提供英文、法文、德文、西班牙文、俄文、葡萄牙文、韩文及中文培训服务，学员约 2400 人，邀请了来自北美、欧洲和亚洲的 50 名国际关系协调员进行授课。

冬奥会期间，长野县政府利用广播、电视和纸媒，让公众了解冬奥会最新情况，并鼓励公众参与其中，营造浓厚的冬奥氛围。此外，长野县政府建立了一个互联网主页，提供长野地区包括旅游信息在内的各方面资讯。

（二）环境保护

“爱自然、爱生命”是长野冬奥会的主题之一。冬奥组委为体现这一主题采取多种措施。1996 年起，长野县自然保护研究所针对冬奥会期间环境保护政策有效性进行了为期 4 年的研究，研究成果以英文和日文发表，提供给未来的主办城市。

冬奥会提升了长野居民的国际化意识，长野官方和民间组织以前所未有的力度和自觉弘扬了环保精神。冬奥会带来的这些无形资产，让长野受益匪浅。

冬奥会后，长野积极推行环保理念。1998 年 3 月 12 日，志愿者组成的“从长野到盐湖城”国际环保考察队，通过步行、骑自行车、坐帆船和其他低碳方式，由长野前往盐湖城，希望通过这一行动将环保理念传播到世界各地。

1. 交通

长野县为冬奥会搭建了一个包括新干线、高速公路和普通公路在内的交通网络。除了为冬奥会开辟合适的通道外，经过改进的交通网络还将长野县与主要都会区连接起来，消除了长野县交通高峰时段的拥堵，缓解了冬季滑雪旺季和夏季旅游旺季的交通问题。

长野冬奥会的主要宗旨之一是尊重自然环境，交通网络的建设遵循“与自然和谐相处的道路建设”的理念。在施工过程中，将被迁移的土壤量和受新道路影响的地区范围控制在最低限度。裸露的石头被重新用于道路建设，以免破坏当地环境。过量的土壤以适当的方式分散。所有这些措施都尽量减少了对自然景观的改变。

为保护当地动物，志贺公路沿线修建隧道，供动物在路面下穿过。

2. 场馆

在冬奥会申办委员会指导下，长野冬奥会共设置 60 个场馆运营团队，计划安排逾 20000 名工作人员参与赛事场馆相关工作。比赛期间现场工作人员超过 40000 人。

日本在比赛区域外植树70000棵（其中雪橇赛场外植树40000棵），以填补为建设场馆而砍伐的约5500棵树木，并新建一个4000平方米的动物保护区。为保持冬奥会期间空气清新，所有车辆全部使用天然气。

在最初的申办方案中，长野计划将速降滑雪比赛场地设置于志贺高原岩手山，但线路将穿越一处国家公园。之后经过彻底的审查与协商，将速降项目改为白马村八方尾根现有场地。同时，长野冬奥组委为保护国家公园植物，针对滑雪速降比赛出发点高度与国际滑雪联合会经历了长期磋商。最终双方议定，以1765米作为出发点，同时雪道顶部不使用任何特殊设备及化学试剂。

冬季两项比赛场地原定于白马村八方尾根，建设之初进行的环境调查发现，此处有受《华盛顿公约》保护的苍鹰及秃鹰巢穴。鉴于此，日本将冬季两项比赛场地搬至野泽温泉现有雪道。同时，多处场地围栏下留有空隙，方便当地小动物自由通过。

3. 废物利用

1998年长野冬奥会场馆内所有建筑均采用复合保温材料，所有器具全部使用再生纸制品，所有垃圾实行分类回收。

冬奥会24000名官方工作人员制服均由完全可回收材料制成，可以将布料、拉链和纽扣完全分解；志贺高原高山大回转比赛场地使用了当地儿童收集的12.2万个可回收塑料瓶；冬奥会使用的90万个纸盘均由苹果浆和纸浆混合制成，使用后可回收为固体燃料或纸板制品；餐厅产生的食物垃圾脱水制成肥料，用于场馆内植被维护。

（三）科技冬奥

1. 赛事转播系统

长野冬奥会期间，日本开通网络主页，由IBM软件解决方案构建起Web网点，向全世界观众进行实况转播。网点提供赛事的虚拟座位，实时更新冬奥会比赛结果、运动员传记、现场照片、国家和地区信息等，让观众直观感受冬奥会的氛围。

2. 信息传输系统

长野冬奥会首次运用了区域信息传输系统。长野县富网中心是邮电部“富网”试点项目的一部分，旨在开发区域信息传输系统。冬奥会期间，在比赛场馆和公共建筑设置了点播终端，观众可以通过与中心服务器相连的视频点播（VOD）终端观看冬奥会直播与录像。系统采用了最新的检索技术，可根据需要即时获取比赛录像。同时，信息系统通过在电子广告牌上显示市中心是否有停车位，帮助缓解交通拥堵。

3. 天气预报系统

在筹备长野冬奥会过程中，申办委员会在日本气象厅（JMA）的协助下开发了精确的天气预报系统，早于冬奥会几年开始研究所有赛场天气模式，以提高预报准确性。然而，由于人工造雪筹备不充足，长野冬奥会仅能“靠天吃饭”，出现赛前降雪不足、赛中降雪过多的局面，导致部分比赛延期举行。

（四）志愿者服务

长野冬奥会期间，共有32579名志愿者参与场馆安全保障、场地维修、运输及其他方面的服务，年龄区间为16～83岁（见表6）。另有15489名志愿者参与文化项目。

表6　长野冬奥会志愿者年龄区间分布

单位：人，%

年龄区间	数量	占比
16～19岁	993	3.0
20～29岁	8853	27.2
30～39岁	7606	23.4
40～49岁	7038	21.6
50～59岁	5201	16.0
60～69岁	2426	7.4
70～83岁	462	1.4
合计	32579	100.0

32579名志愿者中，31%是司机，16%是停车场或穿梭巴士服务员，9.8%是保安人员，8.9%是交通管制人员，4.9%是处理购票及场地维修事宜人员。

32579名志愿者中，绝大部分来自日本长野、东京、神奈川、千叶等地，少量来自美国、法国、德国及其他国家和地区（见表7）。

表7　长野冬奥会志愿者来源地分布

单位：人

国家/地区	数量
长野	27244
东京	1636
神奈川	794
千叶	463
埼玉	389
日本其他地区	1993
美国	36
法国	4
德国	4
其他	16

1. 98队

长野冬奥会延续1994年挪威利勒哈默尔冬季奥运会94队传统，成立98队，搭建相互讨论与交换意见的网络，成立团队委员会，推广独立的义工活动。组织培训和家庭学习，使志愿者们熟悉自己的职责，研究如何更好地统筹志愿者工作。98队在冬奥会筹备初期便参与了销售长野冬奥会纪念品、运营冬奥会信息亭等服务活动。1998年5月冬奥会后，长野县成立志愿者交流中心，供人们研究、讨论和交流关于冬奥会志愿者工作的想法，为志愿服务活动的推广提供了交流论坛。

2. 接待服务

冬奥会期间接待服务处处体现用心。冬奥会申办委员会邀请日本天皇作为长野冬奥会名誉赞助人，在冬奥会期间出席系列官方仪式、媒体活动及体育赛事。在奥运村内，运动员可收到长野县人民手工制作的纪念品；约

2000名当地居民参加了冬奥会欢迎仪式，仪式中分发5000份自制汤及热饮，营造了良好的冬奥氛围。

3. 语言服务

长野冬奥会配备5800名语言专业人员及志愿者，提供6种语言专业服务；同时，超过300名专业翻译公司人士在冬奥会现场包括各类会议上提供同传服务。

4. 文化服务

长野冬奥会开幕前一年，申办委员会为国际奥委会成员、国际体育联合会总会主席与秘书长等安排长野一日游。188个团体共15489名文化志愿者在长野31个景点进行了表演，介绍了长野县及日本的自然、文化、传统及艺术，呼应了“冬奥源于心——与爱同在”的主题。当地团体为世界各地的游客提供了热情的接待，并通过茶道、插花、和服体验和“一家商店、一个国家”计划，展示东道国传统，带给海外游客宾至如归的感觉。

（五）青少年参与

1. “一校一国”活动

长野冬奥会赛前，日本推出“一校一国”活动。1995年，长野县76所小学和特殊学校与预计派队前往长野县的国家和地区配对。学生们学习对方国家的历史和文化，参与各种教育交流活动。在冬奥会之前，孩子们接待游客并迎接各国运动员。在冬奥会期间，学生们在奥运村用国歌欢迎他们的伙伴国家奥运代表团。这一活动鼓励各国运动员和教练员与长野各小学进行联欢活动，促进了长野县乃至日本青少年与世界各国人民的交流，推动了日本冬季运动走向世界。同时，“一校一国”方案中设立了儿童国际交流基金，以促进儿童之间的国际交流，并鼓励全世界发展国际教育。长野冬奥会结束后，盐湖城市长承诺在2002年盐湖城冬季奥运会上继续实施这一计划。

2. Snowlets营

自1964年东京夏奥会以来，国际青年营成为每届夏季奥运会的常规项目。1995年3月，长野冬奥会组织者决定筹办国际青年冬令营，并于9月设立执行委员会，以监督、规划和筹备青年营工作。青年营位于日本轻井泽大学研讨中心，总面积37000平方米。从1997年6月起，日本花费6亿多日元对现有设施进行改造。长野冬奥会期间，日本组织了冬奥会上第一个获得国际奥委会正式批准的青年营——“Snowlets营”。

Snowlets营为期16天，吸引了51个国家217名年龄在15~20岁的营员（102名男性营员和115名女性营员）参加，有16个成员国没有派出运动员参加。青年营以“全球社区”为主题，分主题为“分享爱、分享和平”，成员可参加冬奥会的开幕式，现场观看冬奥会比赛项目，并有机会尝试滑雪和滑冰。通过各种各样的文化活动以及与当地社区的交流、实地考察和寄宿家庭的活动，营员们对日本文化和长野有了更深的了解。

Snowlets营同期举行青年论坛，讨论如何建立一个人人分享爱与和平的理想社会。Snowlets营使参加者分享奥林匹克运动会和体育运动的激情，在发展冬季运动、推动奥林匹克运动和促进世界和平方面发挥了关键作用。

3. 奥林匹克俱乐部

1989年1月，旭川、盛冈、山形和长野等城市成立奥林匹克女孩/男孩俱乐部，吸引了5000名儿童加入，旨在增进孩子们之间的友好关系。来自其他三个城市的儿童每年被邀请到长野，通过体育活动和其他有趣的活动与当地儿童建立友谊。冬奥会期间，孩子们观看了冰球比赛，并召开庆祝俱乐部成立的第十次会议。

4. 培养当地运动员

长野县政府利用冬奥会机遇，从1992年起，积极培养当地运动员。1998年长野冬奥会，166名日本运动员中有29名来自长野，取得了理想的成绩。

5. 教育计划

为提升和增进人们对长野冬奥会的兴趣和认识，日本教育部和长野县教育委员会开发了专门的教科书，供日本各地的教师使用。教育部在1994年和1995年出版了《冬季奥运会》彩色读本，分发给全国小学、特殊学校及高中、大学图书馆，并在书店销售。书中配有彩色插图，介绍了长野冬奥会的前景，并对冬奥会进行了概述。这些举措引起了学生们的高度关注，促进了奥林匹克运动精神在全国各地的传播。

四　长野冬奥会赛后运营

（一）场馆

1998 年长野冬奥会结束后，速滑场馆成为当地重要的地标性建筑。除开展冰上运动外，建立长野奥林匹克博物馆，展出奥运会火炬、奥运会奖牌、奥运会现场视频图像等，宣传冬奥知识，持续运营。曾作为冬奥会雪上项目赛场的白马村滑雪场，利用滑雪索道作为旅游设施，将非雪季奥运场地转变为“避暑胜地”。同时，当地还充分利用地形，发展山地越野自行车运动等。

奥运场馆设施及围绕奥运场馆建设的奥运村、媒体村等设施，经过后期改造，在赛后作为体育活动及其他活动的举办场所，得到了很好的利用，激活了处于泡沫经济破灭后的建筑行业。冬奥会筹办期间，日本大部分地区经济一路下滑，只有长野经济保持着高速增长。

冬奥会前，日本针对长野制定优先发展策略与措施，实行大量资金倾斜政策，鼓励财团企业进入滑雪产业；引入星野集团等顶级集团开发轻井泽康养胜地，充分利用奥运窗口期树立国际化、高端化形象。然而，长野的后冬奥经济规划以康养、文旅等消费型产业为主，在 1998 年亚洲金融危机爆发后受到冲击。科研能力匮乏的长野，未能借助冬奥会机遇导入高新产业与科技人才，导致内部供血动力不足和发展后劲不足，影响经济持续增长。

1998 年长野冬奥会之后，滑雪产业逐渐衰弱，日本滑雪风潮日渐式微。总务省数据显示，日本滑雪人口的顶峰是 1992 年的约 1860 万人，2013 年减少至 770 万人。

（二）活动

为纪念 1998 年长野冬奥会，日本于 1999 年起设立“长野奥林匹克纪念长野马拉松大会”，并成为当地持续的体育赛事。赛事旨在延续奥运精神，推广长野县当地文化。长野马拉松是国际田径联合会铜标赛事，仅包含全马一个项目组别。赛场赛道极为平缓，湿度适宜，风景优美，每年都会吸引全球各地马拉松爱好者加入。2018 年，“长野奥林匹克纪念长野马拉松大会”已成功举办 20 届。

B.12

2018年平昌冬奥会赛后运营现状

赵昀昀　于 韬*

摘　要： 1988 年首尔夏奥会当年，韩国实现了 12.4% 的创纪录 GNP 增长和 142 亿美元的贸易顺差，2018 年平昌冬奥会是否能够以良好的赛后运营实现经济的再一次增长，成为冬奥会举办地关注的问题。本文以 2018 年平昌冬奥会场馆赛后利用为切入点，分析其场地条件、运营设计、赛事保障等特点，阐述 2018 年冬奥会后韩国场馆赛后运营现状，为 2022 年北京冬奥会场馆赛后运营提供参考。

关键词： 平昌冬奥会　赛后运营　冬奥会遗产

一　2018年平昌冬奥会概述

2018 年第二十三届冬季奥林匹克运动会于 2018 年 2 月 9 ~ 25 日在韩国平昌举行，赛事共吸引 92 个国家的 2833 名运动员参与，共决出 102 枚奖牌。① 从规模来看，平昌冬奥会为历届之最，其中门票销量达到目标值（106.8 万张）的 100.2%，截至 2018 年 2 月 23 日，付费购票观众数量累计达到 114.2 万人次。② 同时，平昌冬奥会是第一届覆盖 5G 网络的冬奥会，

---

* 赵昀昀，北京卡宾冰雪产业研究院研究员，主要研究方向为冰雪产业；于韬，北京安泰雪业企业管理有限公司总经理，主要研究方向为滑雪场运营管理。

① 数据来自国际奥委会官网。

② 《平昌奥组委主席：望韩国奥运场馆赛后被积极利用》，新浪网，http://news.sina.com.cn/w/2018-02-24/doc-ifyrvaxf0059839.shtml，2018 年 2 月 24 日。

提高了奥林匹克宣传力度；奥林匹克转播服务公司（OBS）5600 小时现场报道、奥运会持权转播机构（RHBs）157812 小时转播，与 2014 年索契冬奥会相比，时长分别增长 55%、38%；360 小时 4K 超高清覆盖、56 小时 VR 体育直播、6.7 亿全球在线用户、32 亿数字视频浏览量，打造了平昌冬奥会多个世界纪录。

自 2011 年成功申办 2018 年冬奥会后，为响应国际奥委会“奥运瘦身计划”和“2020 年国际奥委会改革规划”的节俭办奥运理念，韩国冬奥组委发布了《冬奥会可持续性发展报告》，提出了一系列可持续愿景，明确环境、经济、社会三大目标。为了向国际奥委会和平昌人民履行这一承诺，平昌冬奥组委制定了 17 项管理举措，将可持续理念融入冬奥会筹备和建设的全过程，主要举措包括减少规划对环境的破坏、碳和废弃物的管理、可再生能源的使用、环境友好技术的使用、冬奥会遗产的管理等方面。①

面对冬奥会契机，江原道提出“文化奥林匹克”和“旅游奥林匹克”的发展目标，将文化、娱乐、节庆活动与教育活动等相关内容融入冬奥会中，通过冬奥会将江原道打造为世界级旅游目的地，将韩国传统文化传播到世界。

二　2018年平昌冬奥会场馆赛后利用②

冬奥会遗产的利用是可持续性管理的重要环节，冬奥会场馆是冬奥会遗产的重要组成部分，场馆赛后利用决定着冬奥会遗产的利用程度。

以综合性运动会办赛成本昂贵、赛后利用率低下为代表性问题，大型赛事后遗症出现在多个国家。1998 年，日本长野县利用当时的最大预算举办了长野冬奥会，之后面临财政赤字和巨额债务的困扰，而且需要巨额资

① 岳阳春：《平昌奥运会：致力人与自然的可持续发展》，《WTO 经济导刊》2017 年第 10 期。

② 本部分美元兑韩元汇率以1116.7为准。

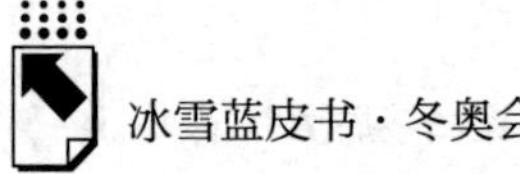

金运营管理的体育场成为问题所在；雅典、加拿大等国也由于债务问题，在奥运会结束后经历了严重的财政困难。韩国国内存在类似案例。2014 年仁川亚运会结束后，由于场馆后期管理问题，面临严重的财政困难，釜山市每年投入 10 多亿韩元用于日常设施设备维护。

在 2018 年冬奥会举办前，平昌冬奥组委针对新建及改造场馆（见图 1）确定了赛后综合开发利用方案（见表 1、表 2、表 3）。其中一类场馆保留其低温特性，作为训练基地等冬季运动场馆和设施服务亚洲地区，并在未来发展成为亚洲冬季运动中心，如阿尔卑西亚滑行中心设计了亚洲首个室内冰上训练场，一年四季均可作为国内外运动员的训练基地，旌善高山滑雪中心将面向大众开放，江陵速滑馆将作为冰上活动中心或低温仓库；另一类

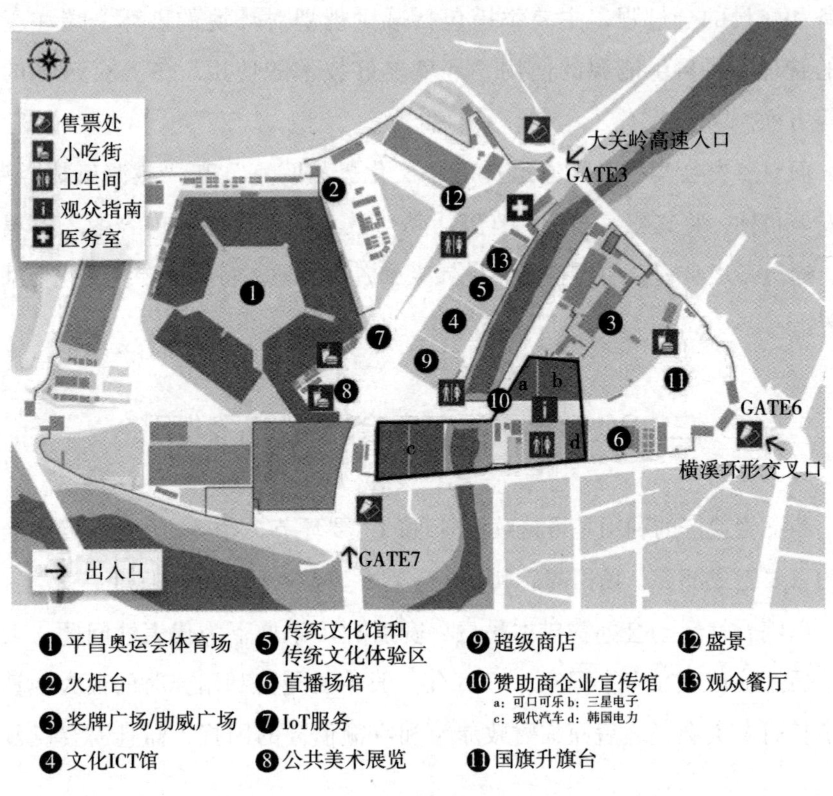

图 1　2018 年平昌冬奥会场馆布局

场馆改造为常温场馆，转交由高校或协会管理，灵活自主运营，减轻政府负担，如江陵冰球中心将作为关东大学的多功能体育馆，关东冰球中心将作为市民体育馆，江陵冰上运动场将增建游泳池，同样作为市民体育馆。

表1　平昌冬奥会开闭幕式场地——平昌奥林匹克体育场利用计划

场馆	建成时间	特点	赛后利用	席位/面积
平昌奥林匹克体育场	2017 年	五边形看台，装配式	拆除	35000 个/62504 米^2

表2　平昌冬奥会冰上项目场地——江陵海岸场馆群利用计划

场馆	项目	建成时间	特点	赛后利用	席位/面积
江陵速滑馆	速度滑冰	2017 年	一块冰面，温度分区	冰上活动中心、低温仓库	8000 个/39870 米^2
江陵冰上运动场	花样滑冰、短道速滑	2016 年	两块冰面，膜材料	市民体育馆	12000 个/32184 米^2
江陵冰球中心	冰球	2017 年	一块冰面，模块装配	多功能体育馆	10000 个/30059 米^2
关东冰球中心	冰球	2017 年	一块冰面	市民体育馆	6000 个/19666 米^2
江陵冰壶中心	冰壶	1998 年	两块冰面	原用	—

表3　平昌冬奥会雪上项目场地——平昌山脉场馆群利用计划

场馆	项目	建成时间	特点	赛后利用	席位
阿尔卑西亚滑行中心	雪橇、雪车、钢架雪车	2017 年	室内，G-SEED 一级认证	训练基地	7000 个（坐 1000 个/站 6000 个）
旌善高山滑雪中心	高山滑雪滑降、超级大回转、全能	2017 年	合并男女赛道，避开植被设计	大众开放	6500 个（坐 3600 个/站 2900 个）
阿尔卑西亚跳台滑雪中心	跳台滑雪、单板滑雪、北欧两项	2009 年	比赛 2 座，练习 3 座	原用	8500 个（坐 6300 个/站 2200 个）
龙平高山滑雪中心	高山滑雪大回转和回转	1998 年	5 条自由赛道，4 条单板赛道	原用	6000 个（坐 2500 个/站 3500 个）
阿尔卑西亚越野滑雪中心	自由式滑雪、单板滑雪	1995 年	场地毗邻	原用	18000 个（坐 10200 个/站 7800 个）
阿尔卑西亚冬季两项中心	越野滑雪、北欧两项、冬季两项	1995 年		原用	7500 个（坐 4500 个/站 3000 个）

2018年10月，在国际奥委会（IOC）第133次全会上，平昌冬奥组委发布了赛场事后利用计划及成立平昌冬奥会纪念财团等奥运会遗产计划。平昌冬奥会12个体育场基本用于比赛，并积极与国际体育联盟协商，使场地成为2022年北京冬奥会训练场地。截至2018年10月，尚有江陵速滑馆、江陵冰球中心、阿尔卑西亚滑行中心、旌善高山滑雪中心等4处场地尚未确定管理主体，计划继续协商管理费用与运营费用负担比例。未确定管理主体的体育设施仍存在维护费用来源等问题。

（一）场馆利用形式

在奥运会损益计算书中，奥运会设施赛后管理费用占据较大比重。2014年索契冬奥会盈利为2200万美元，但维护奥运会相关设施每年需要花费1.11亿美元。江陵速滑馆、江陵冰球中心和阿尔卑西亚滑行中心三处场馆年均运营费分别为22.54亿韩元、21.43亿韩元和9亿韩元。

1. 临建拆除

平昌冬奥会各场馆中，平昌奥林匹克体育场冬奥会闭幕式结束后原计划将演出设施与观众席全部拆除，投资50亿韩元，建设奥运会纪念馆与广场，在2020年平昌冬奥会2周年纪念日时竣工。但实际由于项目预算不足，2019年3月才初步动工，目前仍处于停滞状态，场地未能得到有效利用。

2. 维持原用途

江陵冰壶中心、凤凰雪上公园以及龙平高山滑雪中心对现有设施进行了回收利用，基本实现收支平衡。其中，凤凰雪上公园与龙平高山滑雪中心将赛事雪道向大众开放为高级赛道，凤凰雪上公园周边被利用为奥运会举办地宣传纪念公园。

3. 专业场地

在平昌冬奥会举办前，江原道预计江陵冰球中心、江陵速滑馆、阿尔卑西亚滑行中心、阿尔卑西亚跳台滑雪中心、阿尔卑西亚越野滑雪中心、阿尔卑西亚冬季两项中心等冬季运动场馆管理费用必然会很高，每年可能产生52亿韩元的赤字。特别是阿尔卑西亚滑行中心、阿尔卑西亚跳台滑雪中心等4处场馆仅用于专业选手训练，需要国家财政支持。

阿尔卑西亚滑行中心共投入1141亿韩元建设费用，配置了世界最先进的冰上运动设施。赛道设置了不同高度的5处起点，包括难度较低的大众娱乐性起点及便于开展青少年雪车、雪橇培训的起点，以便于赛后利用，在保证国家队项目训练的同时，更好地发展韩国雪车、雪橇项目。然而，场馆每次冻冰费用约为2亿韩元，年均管理费用为12.52亿韩元。2018年底，由于缺少运营管理费用，阿尔卑西亚滑行中心无法正常使用，韩国雪橇国家队转而进行海外训练。

江陵冰球中心原本计划履行专门赛场职能，通过租赁收入来支付运营管理费用，但青少年冰球比赛因缺乏专门的运营管理人员而被取消，面临尴尬境地。

4. 场地改造

从2019年1月开始，江陵冰上运动场开始进行花样滑冰和短道速滑比赛，由江陵市统筹管理。根据2019年2月公布的计划，韩国利用国家经费，将江陵冰上运动场改造为含游泳馆的国民奥运会博物馆，年收益达9亿韩元，其他设施也将通过场馆租赁获取收益。

（二）其他利用举措

1. 举办大型活动

为有效管理平昌冬奥会遗产，江原道政府正进行多种尝试。如利用冬奥场地，举办“2019和平与可持续发展论坛”及“文化经济学会学术大会”等，加强与世界各地的交流，提高奥运场地利用率。

2. 成立社会组织

韩国开发研究院负责对场馆赛后利用进行研究，计划将组委会剩余的619亿韩元及各级组织捐赠的基金合并，2019年5月1日设立1000亿韩元规模的“平昌冬奥会纪念财团”，以政府、江原道、大韩体育会等派遣到财团的理事们为主导，以“体育、和平、人”为口号，推进2018年冬奥会遗产的利用事业。

为解决旌善郡居民与山林厅的尖锐矛盾，韩国政府于2019年4月成立“加里旺山合理恢复协议会”，并开展现场调查，以合理利用赛后场馆资源。但是针对国家支援比例及冬奥会设施赛后利用等问题，仍与冬奥会举办地区社会存在诸多矛盾，设施赛后利用任务任重道远。

3. 申办大型冬季赛事

为最大化利用2018年冬奥会场地，江原道发布赛事申办计划，计划与朝鲜共同申办2021年冬季亚运会。但前提条件是朝美关系取得进展，联合国放宽对朝制裁。

2018年9月19日，《9月平壤共同宣言》指出，韩国与朝鲜将组建朝韩共同联队积极参加包括2020年夏季奥运会在内的各类国际比赛，共同申办2032年夏季奥运会。2019年2月12日，两国共同提交申办申请书，确定首尔为申办城市，与印度孟买、中国上海、澳大利亚墨尔本、埃及开罗－亚历山大、俄罗斯符拉迪沃斯托克等正式展开竞争。这将为2018年平昌冬奥会遗产利用带来积极效应。

三　韩国平昌冬奥会投入及效益

（一）预测投入及收益

举办冬季奥运会，国家、社会将投入大量设施准备资金，并带来众多就业机会，提高当地居民收入。2011年韩国现代经济研究院发布的《平昌冬奥会创造的经济效益》预测，2018年平昌冬奥会成功申办将给韩国带来64.9万亿韩元（约合600亿美元）的经济效益（见表4）。

表4　平昌冬奥会预测值

预测项目	韩元(万亿)	兑美元(亿)
预测经济效益	64.9	600.0
预测场馆设施建设	7.3	67.5

续表

预测项目	韩元(万亿)	兑美元(亿)
预测场馆设施收益	16. 4	151. 6
预测游客消费支出及冬奥会经费支出	2. 9	26. 8
预测游客消费支出及冬奥会经费支出收益	4. 7	43. 5
未来十年旅游收益	32. 2	297. 7
预测韩国国内生产诱发额	20. 5	189. 5
预测全国附加值诱发额	8. 8	81. 4
预测江原道国内生产诱发额	11. 6	107. 2
预测江原道附加值诱发额	5. 4	49. 9

注：本表中美元兑韩元汇率以《平昌冬奥会创造的经济效益》编写时的汇率 1081. 7 为准。

平昌冬奥会对经济的影响可分为直接影响和间接影响。

直接影响为中央政府或地方政府的财政支出扩大，如铁路、公路等基础设施建设支出，体育场馆建设和运营支出，国内外运动员及游客消费支出等。平昌冬奥会计划支出 7. 3 万亿韩元（约合 67. 5 亿美元）用于冬奥会体育场馆等主要设施建设。以韩国银行生产诱导系数为标准，场馆设施总投资预计产生的经济效益约为 16. 4 万亿韩元（约合 151. 6 亿美元）。消费支出的经济效应分为国内外游客消费支出及冬奥会经费支出。根据平昌冬奥会预计增加的国内外游客数量和平均支出，估计游客消费总支出约为 0. 96 万亿韩元，冬奥组委经费支出约为 1. 9 万亿韩元，合计约为 2. 9 万亿韩元（约合 26. 8 亿美元），游客消费支出及冬奥会经费支出收益（生产诱发额）估计约为 4. 7 万亿韩元（约为 43. 5 亿美元）。

间接影响可以被视为一种积极的经济效应，例如当冬奥会后，平昌成为亚洲代表性冬季旅游胜地时将吸引大量游客前来观光，届时将提升韩国国家形象，提高国内公司品牌认知度。现代经济研究院指出，日本札幌冬奥会后，游客数量飞速上涨，预计未来十年，平昌冬奥会将产生 32. 2 万亿韩元（约合 297. 7 亿美元）的旅游收益。与此同时，金属、机械、运输及通信等领域全国附加值诱发额为 8. 8 万亿韩元（约合 81. 4 亿美元），创造就业岗位 23 万个。除此之外，预计通过全国宣传及企业销售增长等实现的间接效益至少为数十万亿韩元。该报告还预测，江原道将通过此次冬奥会产生5.4万亿韩元（约合49.9亿美元）附加值诱发额，全道内创造就业岗位14万个。

现代经济研究院强调，韩国政府申办平昌冬奥会，将使韩国经济实现跨越式发展，同时也将通过利用国家品牌，实现自身的提升发展。

另外，经济连锁效应确实是由政府投资和游客消费支出引起的，但也有必要对成本和收益加以判断。成本包括基础设施场馆投资、冬奥会期间的支出以及比赛后的基础设施和体育场馆运营成本。收益应包括基础设施、体育场馆的未来营业收入等。因此，为了取得成功，有必要在冬奥会开始前尽量减少投资支出，并考虑如何利用基础设施、体育场馆来吸引未来游客。

2010年温哥华冬奥会结束后，三星经济研究所在《冬季奥林匹克运动会经济价值及效果》中指出，通过冬奥会进行国家宣传，产生1.2万亿韩元收益；三星电子、现代汽车等韩国企业销售额增加约14.8万亿韩元，企业形象提升收益为0.8万亿韩元，国民凝聚力收益为3.3万亿韩元，韩国代表队位列奖牌榜第五，取得有史以来冬奥会的最好名次，产生经济价值20.2万亿韩元（见表5）。

表5　温哥华冬奥会对韩国的影响

影响项	韩元(万亿)	兑美元(亿)
国家宣传收益	1.2	11.1
企业销售额增加	14.8	136.8
企业形象提升收益	0.8	7.4
国民凝聚力收益	3.3	30.5
韩国代表队产生经济价值	20.2	186.7

注：本表中美元兑韩元汇率以1081.7为准。

在平昌冬季奥运会开幕时，过去投资的部分应被视为已经花费的投资成本。因此，为了打造成功的奥运会，有必要提高铁路和公路的利用率，找到合适的体育场馆利用方式。由于江原道人口较少，有必要将临近的大城市人口引入江原道，使用体育场馆等设施。除此之外，冬奥场馆可吸引邻国冬奥会代表团进行场地训练。采取吸引国内外游客的策略，为缺乏冬季运动设施的东南亚游客提供专门的旅游产品。

正如1988年首尔夏季奥运会和2002年韩日世界杯等国际体育竞技大会一样，冬奥会带来的不仅是巨大的经济效益，也会带来强化国家品牌等长期而有利的附属宣传效果。除相关产业生产诱致、社会工作岗位增加等直接影响外，也包含通过国家宣传、游客数量增加、国民凝聚力增强、运动热潮兴起等产生的间接效果。总体来讲，据经济学家分析，通过举办蕴含巨大商业价值的国际体育盛会，除了规模巨大的可见经济效益外，还能享受间接收益。

（二）实际投入及收益

平昌冬奥会共投入13.8万亿韩元，其中包括大赛运营费2.8万亿韩元，赛场建设费2万亿韩元，高速铁路建设费9万亿韩元。组委会公布的收入超过13.9496万亿韩元，并评价2018年平昌冬奥会为“以最少的费用创造最大经济效果的奥运会”“史无前例的顺差奥运会”。

2018年10月9日，在阿根廷布宜诺斯艾利斯举行的国际奥委会（IOC）第133次全会上，2018平昌冬奥会暨冬残奥会组委会就平昌冬奥会成果及财政、事后管理等问题做了最后的报告，称通过IOC、政府、赞助公司的支持及支出效率化，平昌冬奥会至少实现了620亿韩元的盈利，[①] 消除了当初3000亿韩元冬奥会赤字的担忧。

2016年，组委会在2016年第四次财政预算中预测，冬奥会后将出现3000亿韩元的亏损，冬奥会之前发布的第五次财政预算是400亿韩元左右。[②]

实际上，冬奥会后赞助及捐赠收入达9.84亿美元（见表6），比第四次财政预算预测的高出19%，资产处置收益也比计划高出72%。另外，组委会还通过紧缩支出，节约了1.82亿美元（见表7）。

---

① 朴基墨：《平昌冬奥会最少盈利620亿韩元，是否属实?》，韩国CBS电视台NOCUT NEWS，http://www.nocutnews.co.kr/news/5044221，2018年10月13日。

② 朴基墨：《平昌冬奥会最少盈利620亿韩元，是否属实?》，韩国CBS电视台NOCUT NEWS，http://www.nocutnews.co.kr/news/5044221，2018年10月13日。

表6　2018 年平昌冬奥会税收收入

单位：百万美元，%

收入项	第四次财政预算	实际	指标完成情况
赞助 & 捐赠	824	984	119
赞助	761	762	100
捐赠	63	222	352
特许经营	86	79	92
资产处置	18	31	172

注：①本表中美元兑韩元汇率以 1116.7 为准；②特许经营包含特许权使用费、特许经营收入、纪念邮票/纪念币/纪念钞发行收入。

表7　2018 年平昌冬奥会支出节约

单位：百万美元

支出节约项	节约金额
财务审查委员会成本控制	114
通过开放竞标节约采购成本	59
优先租赁	9
合计	182

注：本表中美元兑韩元汇率以 1116.7 为准。

四　2018年平昌冬奥会经验

从全国范围来看，平昌冬奥会支出包括建设费用、人工费用、设施赛后运营费用、加里旺山恢复等费用，但从平昌冬奥组委依据 IOC 剩余资金计算标准得出的盈余结果来看，与冬奥会预算基本吻合，2018 年平昌冬奥会社会经济影响力得以发挥和利用，各类问题正在得到有效解决。

（一）场馆利用经验

1. 场馆恢复计划保护生态环境

以旌善高山滑雪中心为例，旌善高山滑雪中心建设时，存在国有林损毁问题，冬奥会闭幕后，江原道及旌善居民建议保留旌善高山滑雪中心设施，作为地区增长动力加以利用，韩国山林厅和环境部坚持拆除计划，恢复生态，仅保留缆车、运营道路等部分设施，坚持国有林使用申请期限于2018年12月31日到期。旌善高山滑雪中心建设投资2064亿韩元，全面恢复需持续投入2000亿韩元。

2. 交通网络解决场馆利用率问题

冬奥会体育场馆性质不同，但使用目的一致。江陵速滑馆、江陵冰上运动场、江陵冰球中心等均计划被用作多功能体育休闲设施或文化场所，但截至2019年6月，韩国江陵市人口为21.34万人，若仅靠江陵市内部使用，无法满足设施全面利用的要求。

2018年1月，韩国推出提供往返于韩国各城市与赛场间交通信息的手机应用程序（App）“GO平昌”，能使观众更加便捷地利用高铁、长途客车、免费公交和班车等公共交通工具前往赛场观赛。同时，原州－江陵高铁（KTX）的开通，吸引了众多韩国各地乃至邻近国家的旅游滑雪者。同时，发达的交通网络产生虹吸效应，国际级别赛事、活动开展得如火如荼，延续2018年平昌冬奥会知名度和影响力。韩国力争将平昌打造成为国际滑雪旅游基地。

3. 冬奥会遗产遗留经验

以凤凰雪上公园为例，由于经济补偿等问题，场馆业主未及时签订场馆使用协议，为平昌冬奥会遗产的利用造成较大阻力；赛事所有雪务工作均通过从国外聘请专家及人员解决，缺少本地专家及基础工作人员参与；组委会仅从外语能力出发聘请体育经理，相关人员缺乏对冰雪项目的认知与实践经验等，不利于韩国体育遗产的保留。

（二）文化及科技经验

1. 冬奥会有功人士表彰

2018年平昌冬奥会作为大型国际冰雪赛事，因缓和朝鲜半岛局势、促进朝鲜半岛和平发展而被评为奥运史上最成功的奥运会。2019年7月，韩国政府表彰了1006名成功筹备2018年平昌冬奥会的有功人士，提高了冬奥会赛后的社会效益。

2. 科技奥运与现代奥运结合

2018年平昌冬奥会是科技奥运和现代奥运相结合的奥运会，主题便紧扣ICT（信息与通信技术），从开幕式到闭幕式，均体现了众多的科技元素。在奥运村内，利用机器人提供日常服务。在信息传递方面，搭建5G网络提供服务保障。

3. 民族文化与冬奥会结合

2018年平昌冬奥会将民族传统文化和奥林匹克运动、各个国家的文化进行高度融合，赛场内外均展示非物质文化遗产，体现了民族文化既是民族的又是世界的。

信息来源与鸣谢

《中国冬季奥运会发展报告》是北京卡宾冰雪产业研究院每两年一辑的系列研究报告，本书为第二辑。四年来，随着中国冰雪产业飞速发展，北京卡宾冰雪产业研究院不断强化品牌塑造、加强专家顾问团队建设、提升研究报告质量，其研究成果受到社会各界的广泛关注。在多位业内专家的助力下，《中国冬季奥运会发展报告》的成长步伐愈加坚实有力。

2022 年北京冬奥会的经济效应带动中国冰雪产业进入全面发展阶段，中国冰雪产业发展空间巨大。此书出版发行之日，距离 2022 年北京冬奥会开幕式已不足 1000 天。北京卡宾冰雪产业研究院期待与各位同仁一起，见证冬奥会进入北京周期以来中国冰雪产业的发展变化，为中国冰雪产业描绘更为清晰的画像，为中国冬季运动发展做出更多的贡献。

感谢以下单位对本书提供数据与信息支持：

北京市石景山区政府

北京市石景山区体育局

北京安泰雪业企业管理有限公司

中雪众源（北京）投资咨询有限责任公司

国际数据亚洲集团（IDG Asia）

安踏体育用品有限公司

Abstract

With the closing of the PyeongChang 2018 Winter Olympic Games, the Winter Olympic Games has officially entered the "Beijing Period". The preparatory stage of the 2022 Winter Olympic Games and the Winter Paralympic Games has changed from "basic planning" to "special planning". The construction of venues has changed from "planning and construction" to "comprehensive construction". The preparatory work has changed from "learning and accumulation" to "innovative practice" to organize. The splendid, extraordinary and outstanding Olympic Games laid a solid foundation. Based on this background, Report on Winter Olympics Development in China (2019) is divided into four parts: general report, hot reports, case studies, and international references.

General Report, beginning from the analysis of the development and situation of the 2022 Beijing Winter Olympic Games. It then analyzed the preparatory work since 25, February 2018, when Beijing officially took over the host of the Winter Olympic Games, the construction process of venues, training of professional talents, the project training of the International Olympic Committee and relevant issues.

Hot reports follow the international trend closely. In accordance with the operation concept of the 2022 Beijing Winter Olympic Games, these topics have expounded the new highlights brought by the Winter Olympic Games to China's ice and snow sports and social development through lots of activities, e. g. "300 million people participate in winter sports", regional ice and snow industry development, sustainable development of new trends in the Winter Olympic Games, calling for social forces to participate in the development of ice and snow sports, the PPP project in Yanqing District of the Winter Olympic Games, Winter Culture Festival and so on.

Starting with government departments, domestic enterprises and relevant organizations, the case study selected the Shijingshan District where the Winter Olympic Organizing Committee is located, Anta Sports which has been hand in hand with the Chinese Olympic Committee for ten years, and IDG Asia which is the host of the International Winter Sports Exposition (Beijing), to interpret the classic domestic cases.

In the international references, two international cases, Nagano Winter Olympic Games in 1998 and PyeongChang Winter Olympic Games in 2018, are selected to be interpreted from various perspectives, in order to provide some references for the successful preparation of the Winter Olympic Games in 2022.

Keywords: 2022 Winter Olympic Games; "300 Million People Participate in Winter Sports"; Ice and Snow Industry; Sustainable Development; Social Forces

Contents

I General Report

Abstract: The 2022 Winter Olympic Games is approaching, less than 1000 days from the official opening. It is important to study the development situation of the Winter Olympic Games and explore the development trend. This paper studies the development of the 2022 Winter Olympic Games with the methods of literature review and on-the-spot investigation. The results show that: ① The preparations for the 2022 Winter Olympic Games are basically normal in five aspects: venues and infrastructure, test events, cultural elements, Winter Olympic talent training, and project training; ② The 2022 Winter Olympic Games have the advantages of building winter cities and Winter Olympic business cards, favorable policies for winter, full social power, creating a new record in the development of China's winter sports, and the Olympic movement entering a new development process; ③ The 2022 Winter Olympic Games mainly involves 300 million people in the continuous development of winter sports, the continuous promotion of winter activities on campus, the concept of sustainable development deeply rooted in the hearts of the people, and the implementation of the heritage strategic plan as scheduled; ④ The 2022 Winter Olympic Games mainly describes the prospects of changing the development trend of "strong ice and weak snow", accelerating the construction of winter sports venues and facilities, holding winter cultural theme promotion activities, accelerating the construction of winter sports competition system, and significantly improving the level of winter sports.

Keywords: 2022 Winter Olympic Games; Ice and Snow Industry; Winter Sports; Winter Sports Talents

Ⅱ Hot Reports

Abstract: Under the promotion of President Xi Jinping, it is an important strategy to promote "300 million people promotion to winter sports" in the context of the 2022 Beijing Winter Olympic Games. This paper takes " 300 million people promotion to winter sports" as the research object, and considers that " 300 million people promotion to winter sports" has played an important role in three aspects: winter events and activities, "winter sports into the campus", and North ice's expansion to the West and East. ① In terms of winter sports events and activities, the overall pattern of international winter sports events, regional winter sports events, mass winter sports activities, and winter sports cultural activities has been formed; ② In terms of " winter sports entering the campus", it is conducive to enriching the physical education and culture system of primary and secondary schools and universities, strengthening the students' physique and the quality of winter sports, reserving talents for China's winter sports, and serving the important significance of winter sports movement; ③ In terms of the expansion of the North ice from the west to the East, the "expansion from the south to the west to the East" was carried out in an orderly manner. In the process of promotion, it is found that there are several pain points, such as the imperfect talent team, the lack of professional skills, the low level of public participation, the weak foundation of winter industry, the lack of capital investment, and the incomplete infrastructure and equipment; it is necessary to seize the opportunity, focus on creating characteristic winter sports, expand publicity and implementation

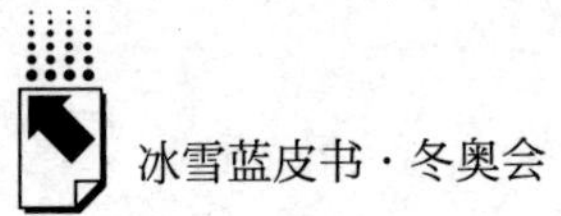

of brand strategy, develop chain operation, and carry out brand output.

Keywords: 2022 Winter Olympic Games; "300 Million People Participate in Winter Sports"; Ice and Snow Industry

Abstract: The 2022 Winter Olympic Games is an important development opportunity once in a blue moon in China. Seize the opportunity to make the 2022 Winter Olympic Games the "main engine" to accelerate the development of regional winter sports industry. The research on the development of China's regional winter sports industry shows that the development of China's winter sports industry has the following five characteristics: the Winter Olympic Games promote the rapid development of winter sports industry, the government guidance, policy support, the whole industry chain operation mode, industrial integration and resource integration, and the "Internet + Skiing" foreign army protuberance. The development of winter sports in Liaoning, Jilin, and Heilongjiang regions is shown in the following aspects: the leading scale of development in China, the well-known winter tourism in China, the solid foundation of the masses, and the enrichment of winter sports talents. Beijing and Hebei have witnessed the significant expansion of the ice and snow industry, the remarkable development opportunities ushered in Yanqing, the creation of a new business card for the city's ice and snow culture, the combination of ice and snow with folk customs, as well as the full development of the ice and snow industry chain. Xinjiang is known for its tourism industy, its breathtaking ice and snow, and its new winter highlight Altay. Sichuan is represented by the exploration and development of winter sports, the preliminary formation of the market pattern of winter sports industry, policy guidance, popularization, and steady improvement.

Keywords: 2022 Beijing Winter Olympic Games; Ice and Industry Snow; Regional Development

Abstract: In the *Olympic Agenda* 2020 which is issued by the International Olympic Committee, sustainable development has become one of the three themes, and its importance has been further enhanced. In this paper, 2022 Winter Olympic Games as the research object, to explore its new trend of sustainable development. The results show that: ① Sustainable development of venues, environment, region, and people's life are the four key points of sustainable development measures of 2022 Winter Olympic Games; ② Olympic heritage is an important part of 2022 Winter Olympic Games, which will create sports heritage, economic heritage, social heritage, cultural heritage, environmental heritage, urban development heritage, and regional development heritage.

Keywords: 2022 Beijing Winter Olympic Games; Beijing-Zhangjiakou Region; Sustainable Development

Abstract: The Opinions on Vigorously Developing Winter Sports by Taking 2022 Winter Olympic Games as an opportunity issued by the General Office of CPC Gentral Committee and the General Office of the State Council in 2019 stressed that social forces should be actively encouraged and supported to participate in the development of winter sports in various forms. This paper takes social forces as the research object. The connotation of social forces in winter sports is legal social organizations, enterprise institutions, and the public outside the government, public institutions, and the Ministry of formal education. The research results show that the participation of social forces in the development of winter sports has three important values: implementing the requirements of top-level design, accelerating the release of effective demand for winter sports, and strengthening the professional ability of the main body of social forces. The situation of social forces' participation in the development of winter sports is mainly shown in four aspects: the main body of social forces presenting a diversified trend, the field of social forces' participation appearing vertical trend, the way of participation of social forces showing the trend of specialization, and the characteristics of participation of social forces showing the trend of differentiation.

Keywords: Social Forces; Winter Sports; Effective Demand

Abstract: In order to strengthen the participation of social forces and promote the joint construction and sharing of the Winter Olympic Games, the 2022 Winter Olympic Games takes the approach of actively introducing social capital to participate in the construction and operation of venues. As one of the three core competition areas of the 2022 Winter Olympic Games, Yanqing competition area adopts the PPP (public private partnership, i. e. cooperation between the government and social capital) method to complete the investment construction and operation management of the competition venues in the preparation process of the 2022 Winter Olympic Games. This paper takes Yanqing District PPP project of 2022 Winter Olympic Games as the research object, discusses the connotation and advantages of PPP mode, analyzes the value of implementing PPP mode in 2022 Winter Olympic Games, and combs the new trend of PPP project. The research conclusion mainly includes the following aspects. ① The connotation of PPP refers to the formation of partnership between the government (public) and the private (private) based on the starting point of providing products and services, and the formation of "benefit sharing, risk sharing, and whole process cooperation". Its advantages mainly include higher economic efficiency, higher time efficiency, increased investment in infrastructure projects, improved financial stability of the public sector and private institutions, improved quality of infrastructure / public services, long-term planning, new image of the public sector, and stable development of private institutions. ② The 2022 Winter Olympic Games actively promotes the cooperation between the government and social capital. The first is to attract social capital and balance capital needs; the second is to introduce investors with advanced technology and scientific management to serve the Beijing Winter Olympic Games; the third is to introduce social capital to participate in the construction and operation of the project, which has a significant impact on the cultivation of China's ice operators and the improvement of upstream and downstream industry chains The meaning of standard pole. ③ Yanqing District government will take Beikong real estate as the representative of the government's investor, and form a cooperation project company of Yanqing District government and social capital, Beijing alpine skiing Center Operation Co., Ltd. with Beijing Housing Group, Vanke Group, and China Construction First Engineering Bureau, to invest and construct the PPP project (government and social capital cooperation project) Operation management. We will work together to build Yanqing Olympic heritage into a national alpine skiing and snowmobiling training base, a top Asian alpine skiing and snowmobiling event center, a alpine skiing and snowmobiling talent training center, a world-class four season Mountain Tourism Resort, and a world-famous Winter Olympic heritage resort.

Keywords: 2022 Beijing Winter Olympic Games; Yanqing District; PPP Project

Abstract: Winter Culture Festival is one of the most important manifestations of winter culture. It is an important driving force for people to actively participate in winter sports, accelerate the development of winter sports culture, and contribute to the success of the 2022 Beijing Winter Olympic Games. This paper takes China's Winter Culture Festival as the research object to explore the development characteristics of Winter Culture Festival in China. The results is shown in the following aspects. ① The traditional winter tourism destinations in China have launched Winter Culture Festivals, which play an important role in attracting tourists. ② There are four well-known characteristic Winter Culture Festivals in China, including China Harbin International Winter Culture Festival, Changchun Jingyuetan Vasa International Winter Culture Festival, China Manchuria China Russia Mongolia International Winter Culture Festival, and China Jilin International Rime Winter Culture Festival. ③ The development features are mainly close to three aspects: Firstly, the Winter Culture Festival has gradually become a long-term comprehensive business form integrating commerce, tourism, culture, events, etc.; Secondly, the Winter Culture Festival has become an important part of the development of winter industry and a new business card for urban development; Finally, the Winter Culture Festival has changed from a short cycle, a single content, and a regional focus to a long cycle, rich content, and national or even international level activities.

Keywords: Ice and Snow Industry; Ice and Snow Tourism; Winter Culture Festival

Ⅲ Case Studies

B. 8 The Opportunities of Winter Olympic Games and Urban Development of Shijingshan District

Beijing Shijingshan Sports Bureau / 135

Abstract: Beijing is the only "twin Olympic cities" in the world. Shijingshan District of Beijing once took part in the service and guarantee work of

Beijing Summer Olympic Games in 2008, and now it is the office area of Beijing Winter Olympic Organizing Committee in 2022. Under the opportunity of the 2022 Beijing Winter Olympic Games, Shijingshan District will realize a great leap forward in urban development and take a solid step to create a new landmark for the revival of the capital city in the new era. Taking Shijingshan District of Beijing as the research object, this paper discusses the ways to help the Olympic Games in Shijingshan District, and studies the strategies to achieve high-quality development in Shijingshan District. The results is shown in the following aspects. ① The 2022 Beijing Winter Olympic Games provides an important opportunity for the optimization of economic structure and upgrading of the files in Shijingshan District. ② Shijingshan District mainly guarantees the Winter Olympic Games through solid promotion of Winter Olympic preparation, popularization and promotion of ice and snow sports, acceleration of major project construction, improvement of urban service function, creation of the cultural name card of the Winter Olympic Games, and expansion of sports foreign exchange and cooperation. ③ Shijingshan District promotes the high-quality economic development by three strategies: building a new landmark for the revival of the capital city in the new era, promoting the transformation and upgrading of service industry, and promoting the integration and development of industrial agglomeration.

Keywords: Winter Olympic Games; Shijingshan District; Urban Development

Abstract: In 2017, Anta Sports market value exceeded 100 billion Hong Kong Dollar, kept the first place in China, became the third largest sports brand in the world, and was the leader of China's large sports goods group. Such an excellent answer has something to do with Anta Sports' "ten years of working together for the Olympic Games". This paper takes Anta Sports as the research object, combs its "ten-year Olympic origin", and explores the path of Anta sports to help the Winter Olympic Games. The results show that: ① Anta Sports has grown into the leader of China's large-scale sporting goods group and a loyal supporter of the 2022 Beijing Winter Olympic Games; ② Anta Sports has been hand in hand with the Olympic Games for ten years and is the only sporting goods support enterprise of the 2022 Winter Olympic bid committee and the Official partner of the 2022 Beijing Winter Olympic Games and the winter Paralympic Games; ③ Anta Sports mainly assists the Winter Olympic Games through four paths of actively participating in the 2022 Winter Olympic bid, increasing Olympic sponsorship, innovating the supply of winter sports products, and organizing activities to pave the way for winter sports entering campuses.

Keywords: Anta Sports; Sport Brand; 2022 Beijing Winter Olympic Games

Abstract: International Data Asia Group is a world-renowned technology media, content marketing, and data service company. It builds a full channel and diversified marketing service model to help brands achieve market goals. With the successful bid of Zhangjiakou for the 2022 Beijing Winter Olympic Games, the Winter Games and Exhibitions have flourished. The International Winter Sports (Beijing) Exposition co-sponsored by IDG Asia and Beijing Olympic City Development Promotion Association has gradually developed into a model of ice and snow exhibitions in China and even in the world. Starting from the business of IDG Asia, this paper will elaborate and analyze its driving role in the field of ice and snow and its contribution to 300 million people participating in winter sports, and describe the great significance of Chinese social forces actively participating in the Winter Olympic Games.

Keywords: Ice and Snow Exhibition; Sports Industry; Venture Investment; Social Forces

Ⅳ International References

Abstract: The development of Japan skiing industry has a history of more than one hundred years. Influenced by the two Winter Olympic Games, Japan's skiing industry experienced rapid development from 1970 to 1990. The number of skiers reached a record high. Taking the Nagano 1988 Winter Olympic Games in Japan as an example, this paper describes the effective measures taken by Japan in preparing for the Winter Olympic Games, and analyses the positive impact of the Winter Olympic Games on the host countries and cities, so as to realize the re-development of China's ice and snow industry with the help of the 2022 Beijing Winter Olympic Games.

Keywords: Nagano Winter Olympic Games; Talent Advantage; Volunteer Service

Abstract: In the year of the 1988 Seoul Olympic Games, Korea achieved a record GNP growth of 12. 4% and a trade surplus of 14. 2 billion US dollars. Whether the 2018 PingChang Winter Olympic Games can operate well after the Games and achieve a further economic growth has become a matter of concern for the host of the Winter Olympic Games. This report will analyze the characteristics

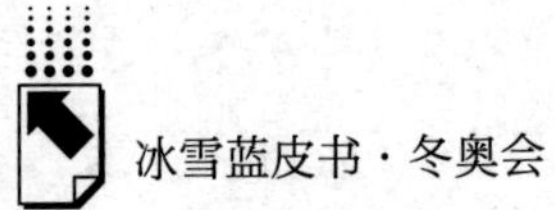

of the venues of the 2018 PyeongChang Winter Olympic Games, such as site conditions, operation design, and event guarantee, and elaborate the present situation of Korean venues after the 2018 Winter Olympic Games, so as to provide a reference for the post-event operation of the 2022 Beijing Winter Olympic Games.

Keywords: PyeongChang Winter Olympic Games; Post-Games Operation; Heritage of the Winter Olympic Games

S 基本子库
UB DATABASE

中国社会发展数据库（下设 12 个子库）

整合国内外中国社会发展研究成果，汇聚独家统计数据、深度分析报告，涉及社会、人口、政治、教育、法律等 12 个领域，为了解中国社会发展动态、跟踪社会核心热点、分析社会发展趋势提供一站式资源搜索和数据服务。

中国经济发展数据库（下设 12 个子库）

围绕国内外中国经济发展主题研究报告、学术资讯、基础数据等资料构建，内容涵盖宏观经济、农业经济、工业经济、产业经济等 12 个重点经济领域，为实时掌控经济运行态势、把握经济发展规律、洞察经济形势、进行经济决策提供参考和依据。

中国行业发展数据库（下设 17 个子库）

以中国国民经济行业分类为依据，覆盖金融业、旅游、医疗卫生、交通运输、能源矿产等 100 多个行业，跟踪分析国民经济相关行业市场运行状况和政策导向，汇集行业发展前沿资讯，为投资、从业及各种经济决策提供理论基础和实践指导。

中国区域发展数据库（下设 6 个子库）

对中国特定区域内的经济、社会、文化等领域现状与发展情况进行深度分析和预测，研究层级至县及县以下行政区，涉及地区、区域经济体、城市、农村等不同维度，为地方经济社会宏观态势研究、发展经验研究、案例分析提供数据服务。

中国文化传媒数据库（下设 18 个子库）

汇聚文化传媒领域专家观点、热点资讯，梳理国内外中国文化发展相关学术研究成果、一手统计数据，涵盖文化产业、新闻传播、电影娱乐、文学艺术、群众文化等 18 个重点研究领域。为文化传媒研究提供相关数据、研究报告和综合分析服务。

世界经济与国际关系数据库（下设 6 个子库）

立足"皮书系列"世界经济、国际关系相关学术资源，整合世界经济、国际政治、世界文化与科技、全球性问题、国际组织与国际法、区域研究 6 大领域研究成果，为世界经济与国际关系研究提供全方位数据分析，为决策和形势研判提供参考。

法律声明